JN126097

改訂版

新しい
英語科授業の実践

グローバル時代の人材育成をめざして

石田　雅近
小泉　　仁
古家　貴雄
加納　幹雄
齋藤　嘉則　著

KINSEIDO

は　し　が　き

　21世紀に入り，人や情報の国境を越えた往来が急激に加速しています。このようなグローバル化の進展と共に，多様で複雑で予測困難な変化が地球規模で起きています。また，電子情報の入手・交換は驚くほど簡単になりましたが，溢れる情報と加速的に高度化する情報技術をどうしたらコントロールできるのか，既存の知識から答えは導けません。

　今の児童・生徒は10年後，20年後に大人になり，この予測困難な未来に立ち向かうことになります。コミュニケーション力を伸ばし，文化や言語の違いを超えて誰とでも協働しながらさまざまな課題に取り組むことができる資質を育み，新しい複雑な変化に前向きに対応できる「生きる力」を備えることが期待されるのです。

　このような時代を背景に，この度，『新しい英語科授業の実践―グローバル時代の人材育成をめざして』を大幅に改訂しました。本書は，英語科教育関係科目の担当教員や英語科教職課程を履修する学生をはじめ，新任英語教員，小学校「外国語」・「外国語活動」の担当教員を対象としています。2017年告示の学習指導要領に示される新しい教育観の下，コミュニケーション力育成のため英語授業力の向上と強化を図ることに重点を置いて，内容を一新しました。具体的な授業展開や指導の留意点を中心に，英語教育の初心者にも理解しやすい，明解な内容で構成されている点が特徴です。

本書の構成

　本書の全体は21章で構成され，序章，第Ⅰ部，第Ⅱ部，第Ⅲ部，そして終章となっています。

第Ⅰ部　実践・展開編（1章〜7章）―豊かな授業展開と指導のために―

　この「実践・展開編」は，本書の中核を占める内容として，あえて最初に掲げてあります。ここでは授業で実際に使用されている検定教科書や各種の教材を用いた指導例を取り上げています。さまざまな指導技術や教え方の工夫を提示し，さらにその裏付けとなる考え方や理論などを，具体的な授業展開に沿って解説しています。

第Ⅱ部　基礎理論・指標編（8章〜13章）―現状の理解と進展のために―

　この「基礎理論・指標編」では，授業方法を裏付ける理論や，指導要領に

示されている小学校から高等学校までの外国語（英語）に関する捉え方や枠組みなど，そして指導と評価の関係や観点別評価について論じています。どの学校段階においても教員が理解しておくべき共通事項を解説してあります。第Ⅰ部「実践・展開編」に関連した事項については，相互参照（クロスレファランス）を記して，関連性が把握できるように配慮してあります。

第Ⅲ部　応用・発展編（14章〜19章）―よりよい指導と授業改善のために―
　「応用・発展編」は，第Ⅰ部と第Ⅱ部で扱った内容に基づき，英語授業に関する個別の事項に関して，さらに発展的に理解が深められるような内容で構成されています。この「応用・発展編」でも，前掲の「実践・展開編」と「基礎理論・指標編」と関連する箇所については随所で相互参照ができるようにしてあります。なお，本書で取り上げていない事項もいくつかあると思われますが，紙数の都合で割愛せざるを得ませんでした。それらについては，随所に掲載した「コラム」を基に，読者諸氏のご判断で適宜補充していただくことを期待しています。

本書の活用法

　英語科教育法の従来の類書とは異なり，本書では指導展開や指導方法の工夫について，第Ⅰ部の「実践・展開編」に配置してあります。これは本書の主旨である「授業実践を重視する」という著者の理念を表しています。それ以外にも，読者の皆さんが，それぞれのニーズに応じてどの章から読み始めても，本書のねらいは理解されるという著者の読者諸氏への期待を表明しているものです。本書を英語科教育法のテキストとしてご採択いただく場合は，科目担当教員の授業計画に沿う形で，第Ⅱ部「基礎理論・指標編」や第Ⅲ部「応用・発展編」を優先してご活用いただいても構いません。

2020年1月
石田雅近・小泉仁・古家貴雄・加納幹雄・齋藤嘉則

　改訂途中の2019年5月，この本の筆頭著者である石田雅近先生がご逝去なさいました。悲しみと戸惑いの中でしたが，先生のご遺志を引き継ぎ4人で完成に漕ぎ着けることができました。導いてくださった石田雅近先生のご冥福を祈り，感謝と共にこの本を捧げます。

目　次

第 Ⅱ 部　基礎理論・指標編─現状の理解と進展のために─

英語教育に求められているもの

　世界の総人口は 76 億人を突破し，国連加盟国は 193 ヵ国に達しました。情報化が急速に進み，国際交流が加速している 21 世紀には，言語や文化を異にする人々とのコミュニケーションの必要性が増しています。世界で広範に学ばれ使われている英語を共通語として，変化の激しい国際社会の中で互いの存在意義を確認し，地球市民社会全体の持続可能な発展を協働してめざさなければなりません。このような時代に，わが国の英語教育には何が求められているのか，考えてみましょう。

● **本章で学習してもらいたい事柄** ●
- 「予測困難な時代」における教育のねらいとは何か
- 異言語・異文化をつなぐ国際共通語とは何か
- コミュニケーション力の育成をめざす課題は何か
- 多面的な力量が求められている教員の役割とは何か

 変化する時代

1.1「生きる力」の育成をめざして

　21 世紀に入り，社会的・経済的・政治的な変化が地球規模に波及するグローバル化が進み，競争と技術革新が一段と加速してきています。特に近年は，知識・情報に関する技術革新に伴い，社会のあらゆる事柄が急速に，人間の予測を超えた変化を遂げるようになっています。

　特に，ICT（information and communication(s) technology）の普及により，情報・知識の伝達において国境の存在が希薄になり，従来の枠組みを超えた発想の転換（パラダイムシフト）が多くの場面で避けられなくなっています。その一方で，世界のあちこちでその流れにあらがうような自国中心主義的な傾向が現れるなど，複雑な様相を呈しています。さらに，第 4 次産業革命とも言われる AI（artificial intelligence）の技術発達は，人間の知的活動に大きな影響を与え始めています。今，

子供たちが学校で学ぶ知識や技能は，そのうち機械に置き換えられてしまい不要になってしまうのではないかという不安も聞かれるようになっています。

　子供たちが将来大人として社会に出たときには，人工知能が行う処理とは異なる人間らしい感性を働かせて，課題に柔軟に向き合い，能動的に行動する力を発揮することが期待されます。それはすなわち，社会の変化を見据えた「生きる力」を育むことが教育に期待されているということです。

1.2 思考し判断し表現するための力を

　では，今の子供たちにどのような力を育成すべきなのでしょうか。まず，子供たちの現状を国内外の調査から読み取ってみましょう。

　中央教育審議会（以下，中教審）は 2016 年の答申で，国際教育到達度評価学会（IEA）が 2015 年に実施した国際数学・理科教育動向調査（TIMSS 2015）において，日本の児童・生徒は，小・中学生ともに全ての教科で上位を維持し，平均得点は有意に上昇していると述べています。さらに，経済協力開発機構（OECD）が 2015 年に実施した生徒の学習到達度調査（PISA 2015）においても，日本の児童・生徒の力は科学的リテラシー，読解力，数学的リテラシーの分野で，引き続き上位グループに属しています。ただし，2012 年に行われた前回の調査と比較して，読解力の平均得点が有意に低下していると分析されています（国立教育政策研究所 2016）。PISA の調査がコンピュータを用いたテスト（CBT）になったために，子供たちが日頃していない，複数のソースから情報を取り出し，考察しながら解答するという作業に，子供たちの弱点があることが明らかになったと言えます。中教審は，情報化の進展に伴って子供たちの文字言語との接触が少なくなっていることを理由として指摘していますが，日本の子供たちが，教科書という単一のソースに依存する学習スタイルに慣れてしまっていることも原因の一つかもしれません。

　子供たちにとっての読解が，読んで理解するだけの受動的な作業ではなく，複数の情報を読み解き，思考し，判断するという能動的な作業に発展していくように導く必要があります。彼らが将来，どのような場面に直面したとしても発揮できるような読解力を育むことが，これからの教育の課題です。そしてこれは，英語科教育の課題としてもますます重要になってきているのです。

　2020 年から施行される新しい学習指導要領では，大きな発想の転換が

ありました。従来のような「児童・生徒に何を教えるか」ではなく「児童・生徒は何ができるようになるか」が指導の目標になります。それが上に述べた，予測困難な社会を生きるための力であり，これまで文部科学省が説いてきた「生きる力」の現代的な解釈として意義を持つことになります。

とりわけ，国際社会で求められているコミュニケーション能力の基盤を成す英語運用力の向上には，課題を発見し，解決するための思考力・判断力・表現力等の強化を図ることが非常に重要になってきます。それと同時に，今後更に進展するグローバル化社会の中では，異言語や異文化を持つ人々の存在を尊重して他者との絆を結ぶ対人関係力や協調力の育成にも力点を置く必要が認められています。これらの複合した要素で成り立つ「生きる力」は，もちろん自国語である日本語によって育成することも可能です。しかし，グローバル化する社会においては，外国語，特に世界共通語である英語の教育を充実させることにより，文化圏を異にする他者への理解，異なる文化への寛容さを育み，自国語と外国語との区別を問わない「生きる力」として強化することが求められています。

 ## 異なる言語と文化をつなぐ国際共通語の重要性

2.1 国境を越える言語

この世界はさまざまな歴史的背景を有する国民や民族で構成されていますが，私たちがその人々と交流し，相互に持っている情報・アイディア・思想・感情などを伝え合うのに有効な媒体の一つは「言語」です。コミュニケーションを行う双方が，相手のいずれかの言語を共有し，意思伝達できる運用力を備えている場合は，コミュニケーションを大きく進める可能性は高くなります。しかし，世界に 5,000 以上の言語が存在している事実を考慮すれば，世界の人々の間で最も広範に学ばれ使われている共通語（lingua franca）である英語を介して意思疎通を図ることは，双方にとって円滑なコミュニケーションを可能にする最も現実的な方法と言えます。もちろん，双方がそれぞれに持つ言語能力レベルの違いによっては，英語の運用力の高い人々が優位に立ち，そうでない人々が言語的ハンディキャップを負い不利益を被る事態が発生するかもしれません。しかし，76 億以上もの人々が住むこの国際社会では，もはやそのような言語運用力の差で「勝ち負け」が決まるという既成概念から脱却しなければなりません。したがって，共存と融和を図るツールとして母語

以外の言語を運用する力を双方が発揮して，協働して課題解決にあたるという発想の転換が必要です。

2.2「複言語主義」の考え方

　多言語を用いる共同体の例としてヨーロッパに目を向けてみましょう。ヨーロッパ連合（EU: European Union）では，自国言語・文化の優位性などを対立軸に勃発した二度の大戦の悲劇を再び繰り返してはならないという反省から，母語以外の二言語を学び，自国と異なる言語・文化への理解を深め，互いの存在を尊重しヨーロッパ全体の国際協調を図るという政策をとるに至りました。現在では EU 諸国は複言語主義（plurilingualism）・複文化主義（pluriculturalism）を掲げています（細川他 2010）。英国以外の EU 諸国では，学習する二言語の一つとして世界共通語である英語の運用力を重視する国が大多数を占めています（European Commissions 2012）。

　今後の EU についてはまだいくつかの解決すべき課題はあるとしても，この複言語学習の外国語政策の基本理念は日本でも見習うべきでしょう（吉島他 2004）。EU の言語政策では，決して完璧な外国語の運用を求めるのではなく，不十分ながらも母語以外の言語でのコミュニケーションができるようになることを重視しています。もちろん，他言語話者への手本となる言語の規範を提供する（norm-providing）母語話者の存在だけでなく，その規範を自言語や自文化の中で独自に発展させる（norm-developing）第二言語話者の存在価値も認容しています。さらに，母語話者の手本に合わせようとしながら逸脱することが避けられない規範依存型（norm-dependent）外国語話者に対しても寛大であろうとしています（Kachru 1992）。この EU の言語政策は，日本の言語教育がめざすべき新しい方向性をも示していると思われます。

　これからの国際社会のために，複数の外国語を部分的ではあっても使用しながら国家間の人的交流を推進し，相互の国民が関係性を深めることができる資質・能力を持つ人材を育成することが望まれることに変わりはありません。

③ コミュニケーション力の育成をめざして

　現代社会で求められている「生きる力」の基盤を形成する「情報を収集し発信できるコミュニケーション力」の育成を図るために，英語教育に対して大きな期待が寄せられています。ただし，コミュニケーションに必要な情報収集力・問題解決力・自己発信力は決して英語教育だけで達成されるほど容易なものではありません。日本のように教科科目として英語を学び，教室外で英語に触れることが極めて少ない EFL（English as a Foreign Language）の言語環境においては，国語・社会・理科などの他教科との連携を図りながら教科横断的に内容（コンテンツ）と言語スキルを学んでいくことが重要です。これまでの英語教育で多く見られたように，表現・文法・語法を中心に教える授業形態では，とかく言語形式が偏重され，内容の取り扱いが疎かになりがちでした。この状況は，限られた授業時数，クラスサイズ，英語を使う機会が乏しい環境，また入学試験を始めとする選抜の道具として使われてきたことで，適切な指導法が浸透し難かったという要因もあり，限界が指摘されてきたにもかかわらず，依然として，現在でもほとんど変わっていないのが実情です。

　また EU では，外国語以外の学習内容とそれを送受信するのに必要な言語学習を一つの授業内で統合する試みが 2000 年初頭から次第に行われるようになってきました（Kumaravadivelu 2001）。これは「内容・言語統合学習」（CLIL: Content and Language Integrated Learning）と呼ばれ，EU 各地で初等教育から高等教育までの各段階でさまざまな取り組みが行われるようになりました。近年，日本でも研究が進められ授業実践の報告が出されています（笹島 2011，渡部・和泉・池田 2011）。その特徴は，外国語を用いて教科の学習を行い，また，教科の学習を通して外国語の力を伸ばす点にあります。かつて content-based instruction と称されていた指導法に近いのですが，外国語と教科内容の双方の学習を等位に置くものです。教員からの教え込みではなく，学習者同士のコミュニケーションを重視し，認知主義に基づく学びを進めます。日本の英語教育を変える選択肢の一つとして注目すべきアプローチです。特に近年，学級担任が全ての教科を指導する小学校では CLIL 的な要素を効果的に導入できるのではないかとの考えから，さまざまな取り組みが試みられていることは注目に値します。

高い資質と多面的な力量が求められる英語教員

　学習者がコミュニケーション力をつけられるように，学習内容をかみ砕き理解しやすいように提示し，さまざまな言語活動を用意して授業を行うことが教員の大きな務めですが，それを可能にする多面的な力量が求められます。教室内の指導に関わる教員が備えておくべき力には，具体的には「年間授業計画や授業展開に関する設計力」，「実際の英語運用の手本を示す演示力」，「学習者に適した言語活動を工夫し提供する企画力」，「学習者の了解可能な語彙や表現を選んで使える英語力」，「英語の特徴や仕組みを説明する解説力」，「学習状況や学習の進歩状況を評価する判定力」，「ALT などと共にティーム・ティーチングをする協働力」，「英語学習の相談に応じるカウンセリング力」，「学習関連情報（ウェブ資料・教材アプリ・教育機器・能力試験・辞書・参考書など）を提供できる情報力」などがあります。特に，学習者の学習への取り組みや基礎学力の格差が大きい教育現場において，「生きたことばとしての英語」を教える教員には，特有の力量が必要です。さまざまなメディアを通して学習者が「生の英語」に触れる機会も多くなっており，実際に教員自身の英語運用力が授業で問われています。単に知識を提供できるだけの「英語の物知り」では，もはや学習者を引きつけておくことはできません。英語を実際に使える運用力が企業でも一般社会でも求められるこの時代にあっては，学習者の前で教員が実際に英語を使ってみせることが学習者のモデルにもなり，学習者にさまざまな言語活動を行わせる機動力となります。そのため，その英語運用力を一定に保てなくては，たとえ教員が備えておくべき他の多くの力量がいかに優れていても，その有効性が薄れてしまうことを肝に命じておきたいものです。

理解チェックのための課題
　AI が発達すれば外国語学習は不必要になるのでは，という学習者からの質問にどのように答えますか。

応用発展をめざした課題
　これからの英語教育の現場で教員に要求される力量を列挙して，その重要性を議論してみましょう。

第I部

実践・展開編
―豊かな授業展開と指導のために―

第1章

小学校の授業づくり

　2017 年度版の学習指導要領から，小学校から中学校，高等学校へと一貫する英語教育の段階的な到達目標が記述されるようになりました。小学校 5・6 年生が学んでいた英語に慣れ親しむための「外国語活動」は 3・4 年生に早期化され，5・6 年生は「外国語」という教科として英語を学びます。この章では，小学校英語の特徴と授業の構成，授業の進め方を学びます。

● **本章で学習してもらいたい事柄** ●
- 国際的視点からの小学校英語の意義とは何か
- 小学校英語の構成と中学校や高等学校の英語とは何が違うか
- 小学校での授業実践に必要な視点，言語観とは何か
- 小学校での音声の指導，文字の指導，文法の指導はどうあるべきか

① 異文化を乗り越えるための小学校英語教育

　序章で取り上げたように，国際化（globalization）が進んでおり，それに伴い英語教育の早期化が世界規模で進んでいます（Graddol 2006）。諸外国でさまざまな取り組みが行われていますが，特に，近隣のアジア諸国やヨーロッパの国々を見てみましょう。

　アジアには，英米の植民地としての歴史を持つインドやパキスタン，シンガポール，香港，フィリピン，マレーシアなど「準英語圏」とみなされる国や地域があり，これらの国や地域では，英語は日常の社会生活に用いられる重要な「第二言語」です。しかし 21 世紀の初め頃から，国際化の進展に伴い，台湾，中国，韓国，インドネシア，ベトナム，タイなど，「外国語としての英語」を学んできた国々にも変化が出てきました。小学校教育の中で英語を教科とするところが急速に増えたのです。例えば，韓国では 20 世紀の終わり頃から教員の研修や教材開発などに莫大な予算を投じ，2001 年から全国の小学校の 3 年生以上に英語を必修教科と

して導入しました。

　アジア以外の国々でも同様に英語教育の早期化が進み，21 世紀に入る
と世界中のほとんどの国で小学校科目として英語を学ばせるようになり
ました。ヨーロッパでは 1993 年，国々が一つの共同体となる理想を掲
げ EU が発足し，以来，関税の自由化，共通通貨ユーロの発行など，政
治経済の多くの面で統合を成し遂げました。言語教育についても，相
互理解を深め共同体としての絆を強めるために CEFR（The Common
European Framework of Reference for Languages: Learning,
teaching, assessment）を始めとするさまざまな施策が打ち出され，成
果を上げてきました。EU としてめざすものは，次の三つです。

　　（1）全加盟国の言語の尊重
　　（2）複言語（plurilingual）社会をめざす教育
　　（3）母語と共通語としての英語，近隣諸国の言語の習得

　いくつもの言語が存在する EU 全体を結束させるためには，自分の地
域の言語の他に隣接する国々の言語を学ぶとともに，共通の「作業言語
（working language）」が必要です。英語はフランス語と並び，EU の作
業言語としての地位を得ています（吉島他 2004）。国や地域によってま
ちまちですが，英語を小学校から導入する国・地域は過半数を大きく超
えています。

　また，世界には，まだ教育やインフラが十分でない国や地域が多くあ
ります。そのような地域に住む人々にとって小学校教育も十分でないケ
ースが多くありますが，その唯一の教育の場で母語以外の言語を学ぶこ
とは，さらに高い教育を受ける機会を得る可能性を広げ，広い世界とつ
ながり，よりよい生活への道を拓くために不可欠なことなのです。

② 日本で小学校から英語を学ぶ意味

　日本では，上記のような意識を持って外国語教育や複言語社会を考え
る機会はまだ少ないかもしれません。しかし，小学校という基礎教育の
一部に英語が入るならば，それは，英語は全ての人に必要なものである
ということになります。世界のトレンドだからではなく，私たちにとっ
て小学校に英語を導入する意義を認識する必要があります。

　まず，序章で論じたように，文化や言語を超えた相互理解や助け合い
のための環境づくりが必要になります。思考が柔軟な小学校期だからこ

そ，母語以外の言語教育を通して他者とのコミュニケーションに対する積極性を育成することが重要な目標になります。異質なものを排除するのではなく，違いを乗り越え協力することの大切さを学ぶことが必要なのです。そのために世界共通語の一つとして認識されている英語が選ばれていることを理解したいと思います。

2.1 小学校英語導入をめぐる問題

　小学校での外国語学習が，母語が未熟な小学生には有害ではないかという意見も相変わらず聞かれますが，学術的には支持されていません。むしろ，複数の言語によるコミュニケーション能力の育成に相乗的効果が期待できるという考え方があります。理解能力や表現能力の根底には母語にも外国語にも共通する「共通基底言語能力」（Cummins 1984）があり，どちらの言語の学習を通じても，学習者の言語能力を向上させることにつながるという考え方です。

　2020年には，小学校5・6年生で教科として「外国語」がスタートしました。自治体によっては英語だけを指導する専科教員を増員する計画を進めているところもありますが，実は，指導の体制づくりや教員養成が追い着いていないことが指摘されています。児童は，英語に慣れ親しめば親しむほど自分でも英語を使いたくなり，高学年になれば英語の仕組みについても興味を持つものです。小学校教員が英語指導の意義を理解して児童に向き合い熱心に指導を実践すればするほど，自分自身の英語力と英語指導力の限界を感じてしまうことがあるようです。十分な現職教員研修が必要なことは言うまでもありませんが，多忙な教員の働き方の改革と合わせて考えるべき問題です。

　小学校英語を指導する教員は，技術的なことばかりでなく，外国語教育についての適切な理解と見識を持っていることが望まれます。学級担任が全ての教科・領域を指導するからこそ，ことばの学習である「外国語活動」，「外国語」においても大きな役割を果たすことができると期待されています。学級担任自身が外国語指導の実践を通じてさまざまなことを発見し，振り返りをし，そして授業の改善を積み重ねることで，小学校英語指導に必要な技術も理念も一層明らかにされますし，現場からのそのようなフィードバックが教員養成・研修にとって大きな意味を持ちます。学級担任と外国語専科教員との役割分担についても，現場の実践を通じてさまざまに検討を加えていく必要があります。

2.2 日本での小学校英語

　2017 年度版の小学校学習指導要領では，英語教育は，「領域」として
の「外国語活動」（3・4 年生）と「教科」としての「外国語」（5・6 年生）
を設定しています。「外国語活動」は教科ではありませんから，小学校学
習指導要領の「知識・技能」の項を見ても分かるように，学ぶべき言語
材料は指定されていません。学習への評価は文章で記述して残しますが，
段階的な評定はせず，「よくできています」，「がんばりましょう」のよう
な成績も付けません。検定教科書はありませんが，文部科学省では指導
に用いるための教材を用意しています。
　しかし，学習指導要領では小学校 3・4 年から中学校，高校まで一貫し
た段階別の目標が設定され，実質的に教科としての「外国語」につなが
る扱いになっています。例えば，小学校学習指導要領「外国語活動」（中
学年）と「外国語」（高学年），そして中学校学習指導要領「外国語」の「聞
くこと」の目標のアを比較してみましょう。次の表のようになっています。

	小学校 3・4 年生 外国語活動	小学校 5・6 年生 外国語	中学校 外国語
聞くこと	ア　ゆっくりはっきりと話された際に，自分のことや身の回りの物を表す簡単な語句を聞き取るようにする。	ア　ゆっくりはっきりと話されれば，自分のことや身近で簡単な事柄について，簡単な語句や基本的な表現を聞き取ることができるようにする。	ア　はっきりと話されれば，日常的な話題について，必要な情報を聞き取ることができるようにする。

（文部科学省 2017b, 2017c）

「外国語活動」では「～ようにする」，5・6 年生では「～ことができるよ
うにする」と，書き方を区別していますが，学年が上がるにつれて目標
が高められていることが分かります。他の項目についても比較してみる
と，同様の構成になっています（p.169 参照）。
　この位置付けには，「外国語活動」では伸び伸びと活動させる中で，外
国語でのコミュニケーションを楽しむ姿勢や，ことばが通じない相手と
のコミュニケーションを取るために必要な忍耐力や寛容さを養い，それ
が後の外国語学習の「素地」になるという考え方が現れていると考えら
れます。

③ 指導の留意点

この項では,「外国語活動」と「外国語」に関する個々の技能の指導について考察しましょう。

3.1 聞くことの指導

英語の音声についての指導は,日本語とは異なる英語の音声を身体的に経験し感覚として身に付けるための基本中の基本です。中学校以降の段階でも重要なことですが,小学校で最初に与えられるべき指導であり,児童の発達段階に相応しい活動を構築できる場面でもあります。ポイントは次の五つです。

(1) 英語のリズムに慣れる

個々の音を正しく発音することよりも,英語らしいリズムを覚えることから入りましょう。「とらいあんぐる」は日本語では7文字で,音節も七つありますが,英語では tri-an-gle と3音節です。この違いを体験させるためには,チャンツや歌などが利用できます。児童と一緒に歌ったり踊ったりすることは,教員にとっても良い練習になるでしょう。

(2) 英語の句はカタマリ（チャンク）で慣れる

中学年の「外国語活動」では,1語でも英語が口から出せたら素晴らしいということになりますが,児童はすぐに句や文のレベルの英語に遭遇することになります。Thank you. や Good morning. はそれらのうちの簡単なものですが,Come to the blackboard. や Make groups of two. のような教室英語を頻繁に聞かせることによって,生徒は個々の語の意味を考えるのではなく,先生の指示を「音のカタマリ」として捉え,意図を理解し従います。そのようにして日常で使われる中で,時にはCome to the blackboard. が Come to the door. になったり,Come to the window. になったりするのを聞くうちに,児童は to the ... の意味をおぼろげに理解するようになります。その段階でも to the ... を1語だと思う児童がいるでしょう。中学校で前置詞の概念を学んだときに,小学校での Come to the window. が記憶に蘇えればよいのです。同様に,I like ... や I am ... のような自己表現によく用いられる表現も,カタマリとして児童に定着させることで十分だと考えます。

(3) 概要を理解することに慣れる

中学年では1文を聞いて理解できることが目標ですが,高学年ではあ

る程度まとまった量の文を聞いて理解させます。例えば，物語などを聞くことを指導します。一字一句を確認しながら理解させるのではなく，大まかな話題の流れ，事実関係や登場人物などを押さえることができるかどうかがポイントです。

(4) ビジュアル情報を添える

絵や写真，ビデオなどが添えられると，聞こえて来る音声と視覚情報が結び付き，内容が児童に届きやすくなります。文部科学省作成の *Let's Try!* のビジュアルも，十分に活用したいと思います。

(5) 反応（response）することを習慣付ける

児童には，聞いて理解した瞬間に声や表情やジェスチャーで示すよう習慣付けをしましょう。Great! や Wow! や Really? などの相づちを教えましょう。日常的に教員が response のモデルになることが大切です。ネイティブ・スピーカーの ALT（Assistant Language Teacher）の真似をさせることも効果的です。言語活動の中で児童自身が話す側になり，相手の明確な反応が返ってくることが嬉しいと実感できるような体験をさせることが効果的です。

3.2 話すこと［やりとり］の指導
● コミュニケーションの往復に慣れる

コミュニケーションとは，情報を自分から相手に伝えるだけでなく，情報を受け止め，また相手に投げ返すキャッチボールのような双方向の営みです。小学生に英語教育を行うことの意味の一つに，この双方向であるコミュニケーションを積極的に行う態度を育てることがあります。挨拶のような型にはまったやりとりは，その最も基本的なものです。教員がしっかり感情を込めて生き生きと表現することが，生徒の良好な反応を引き出し，それが話すことへの積極的な姿勢へとつながります。ポイントは次のとおりです。

●「聞くこと」への response の延長として「やり取り」があること

特に，たくさんの英語表現を学んだ高学年の児童に，response の後に1文を付け加えてみるような軽い負荷をかけた活動をさせましょう。その準備として，次のような手順でやり取りの内容を深めます。
①教員から発問し，答えるかたちで練習する

T (Teacher): I want some chocolate. What do you want?
S (Student): I want chocolate.

②反応した後に，相手の言ったことを繰り返すようにさせる

S₁: I don't like apples.
S₂: Oh, you don't like apples.

③反応した後に，一文を付け足すようにさせる

S₁: I don't like apples.
S₂: Oh, no. I like apples.

　また，I like fruit. や I am happy. というような簡単な自己表現を使う
機会を児童に多く与えましょう。教員はその際にも，Wow, that's great!
や Me, too. のような，積極的評価を示すコメントを返す習慣を持つべき
ですし，生徒同士でもそのように反応することの大切さを指導していく
べきです。

3.3 話すこと［発表］の指導
　「発表」には「やり取り」とは異なる点があり，注意が必要です。ポイ
ントとしては次のようなものが挙げられます。

（1）複数の相手を前にして話すこと
　クラス全員の前で発表する，児童にとっては緊張する場面です。その
一方で，準備をして臨むことのできる言語活動です。教員としては，グ
ループでの準備などを通して，日頃慣れ親しんだ文や表現が使えること
に気付かせることが大切です。
（2）複数の文を発話すること
　母語でない英語では，言おうと思っても，複数の文を口から滑らかに
出すのは容易ではありません。たくさん聞いて理解し，自信を持って言
えるものを使わせることが必要です。

　「発表」についての学習指導要領の記述と解説は第 10 章と第 11 章に詳
しく書いていますが，以下に言語活動を行わせる上でのポイントを紹介
します。

【外国語活動】
- 身の周りのものの色や形，数などについて人前で話す
  This is my dog. It's black.
- 好き嫌い，欲しいものについて人前で話す

　　This is my pencil case. I want a new pencil case.
- 時刻や曜日，場所など日常生活に関することについて人前で話す
　　It is Monday today. It's rainy.

　　この活動では，実物やイラスト，写真などを見せながら話すようにさせます。それらが手元にあって児童は安心して発話するきっかけが得られます。3・4年生は，1文での発表から始めてみましょう。

【外国語科】
- 時刻や日時，場所など日常生活に関することについて話す
　　It is 12 o'clock. I am hungry. I want to eat lunch.
- 自分の趣味や得意なことなどを含む自己紹介をする
　　My name is Saito Yui. I like swimming. I want to go to the sea.
- 学校生活や地域のことについて，自分の考えや気持ちなどを話す
　　We have the summer festival this Saturday. But I don't like Bon dance. I want to dance Yosakoi-soran.

　「人前」での発表は，児童にとって抵抗感があるものです。まして，たった今，チャンツで練習したばかりの新しい表現を使わせることは無理なのです。普段の「やり取り」の中で十分にインプットをしておくことが基礎になります。そして，グループでの準備や，グループごとの共同発表を取り入れるのも，児童の抵抗感を減らすことに役立ちます。

3.4 読むこと，書くことの指導
　小学校学習指導要領では，中学年では，文字は「児童の学習負担に配慮しつつ，音声によるコミュニケーションを補助するものとして取り扱うこと」とされています。しかし，3年生の国語ではローマ字を指導しますし，児童の身の周りにはアルファベットが溢れています。英語を読むことや書くことへの興味も高まってきます。英語とローマ字綴りのずれに気付き，関心を示すことは自然なことです。ローマ字は日本語を表すための手段として学びますが，ローマ字を学べば英語が読めるようになると誤解する児童も多くいます。学習指導要領上は，「外国語活動」では「読むこと」と「書くこと」の指導は設定されていませんが，ローマ字の指導とアルファベットの指導はあまり間をあけないほうが良いと思います。指導に当たっては，次の11のポイントを確認してください。

(1) ローマ字のルールでは，英語を読んだり書いたりできないことが多いことを確認する

(2) ローマ字学習で使わない文字（C, F, J, L, Q, V, X）を丁寧に扱う

(3) 文字の名前 [1] の指導では，その文字で始まる語の絵や写真を添える

(4) 語や句，文を読むことと書くことは，高学年で扱う

(5) 中学年でも，授業で使う絵カードに綴りを添えてよいが，綴りを読み上げたり書いたりまではさせない

(6) 児童の名札はヘボン式ローマ字で用意する

(7) 教室の文字掲示は，授業での指導内容と連携させ計画的に貼り替えを行う

(8) 高学年の英語を読む指導では，意味が分かり慣れ親しんだ語句を拾い読みすることから始める

(9) 高学年の英語を書く指導では，意味が分かり慣れ親しんだ語句を書き写すことから始める

(10) 文を書かせる指導では，thank-you card，birthday card，自己紹介カード，教室内掲示物など，書く目的を意識させて書かせる

(11) 見本を示して，または複数の見本から選択させて書き写させる

3.5 文字のある環境づくり

　例えば，小学校によっては「英語ルーム」などと名付けた特別な教室を設置していますが，そこには海外の観光ポスターや写真などが掲示されていることがよくあります。これらの掲示物は，異文化理解以外にも，英語を読むことと書くことについても効果が期待できます。France, China, Canada, London, New York など，児童が知っている簡単な国名や地名が入ったポスターを用意するとよいでしょう。全て大文字で構いません。それぞれの国や地域の特徴的な写真が効果的です。第一歩として，ポスターの地名などに関心を持たせることから始めます。児童が外来語としての地名などを口にしたら，英語らしい音声を聞かせましょう。また，ALT の出身地を取り上げることもできます。ALT に写真を提供してもらいましょう。出身国の地図や国旗，お国自慢や名物料理などの写真ばかりでなく，ALT 個人の家族や家，町の写真も具体的な異文化をイメージする助けになり，効果的な掲示物になります。そこに添える説明の語や句を児童に書かせるなら，単なる書き写しの練習以上のものになります。

　教室や校内といった児童の「環境」に文字を用意することには大きな

注
―――――――――

1) 例えば，B という文字の名前は /bi/ であり，表す音素は /b/ である。

意味があります。中学年でも教室の掲示にはアルファベットを含むものがあって構いません。児童の中には綴りについて質問する子，まねして書きたがる子や，綴りを覚えたがる子が自然に出てくることでしょう。教員は，最初から読み書きの一斉指導を考えるのではなく，児童の文字への関心の高まりを待てばよいのです。

　高学年で文字を扱うに当たっても同様で，授業で用いて，聞いて理解でき発音できる語や句を，絵を添えて教室に掲示し，常に子供たちの目に触れるようにすることで，絵の示す「概念」と語の持つ「音声イメージ」が結びつきます。そこに単語の「視覚的イメージ」が添えられ，記憶に残るのです。

　さらに教員は，フォニックスについて多少の知識を持っているとよいでしょう。教室に掲示する英語カードを，ある時期意図的に一つの音にこだわって掲示することが効果的です。例えば，b で始まる bear, box, bat, bread などの語だけを掲示したり，cat, bat, hat のように at で終わる語だけを掲示するなどのさりげない工夫が，長い目でみると効果があるものです。

　ネイティブ・スピーカーの ALT が来る日には，英語の名札は必須です。ローマ字を学んだ 4 年生以上の児童は自分で書けるかもしれませんが，ヘボン式ローマ字で書く良い機会です。好きな字体と色でデザインさせましょう。

3.6 文法の指導

　上で述べたように，言語の使用場面と内容を明確にして，音のかたまり（chunk）として語句や表現を指導することから始まる小学校英語ですが，小学校の高学年にもなれば，自然と文を構成する要素についての規則に関心を持つものです。文法意識が芽生えることは，具体的操作期を過ぎようとするこの時期の児童には自然なことであり，国語教育でも，そのような規則性への「気付き」を伸ばすことに焦点を当てます。

　英語にあって日本語にない規則性，例えば，単数・複数の区別，人称代名詞の性別などは，日常の言語活動の中で多くの例に触れているうちに気が付くかもしれません。それでも，例えば，教員が I like my cat. I like her very much. と言えば，多くの児童は her について関心を持たないまま「先生は自分の家のネコが好きなんだ」と了解するでしょう。まずはそれだけでもよいのです。

　もちろん her という語に気付く児童もいるでしょう。しかし，ここで

従来の中学校からの文法指導のように，品詞を覚え，規則を覚えることを要求する必要はありません。授業で耳にする英語の文から規則性を発見した児童には，「よく気が付いたね」と誉めることがまず大切です。中学校へ入ったら詳しく学ぶことができるのだと伝えてあげてください。

　また，語順についての気付きを促すことが必要です。「I want や I like の後に来る語句が目的語だ」と文法用語を用いて教えるのではなく，活動をくり返す中で児童自身が規則性を発見することを待つのです。例えば，want や like の後に来る語句はいろいろ変えることが可能なのだと気付いたときには，「そうだね。日本語と違うね」と確認してやるだけでよいのです。学習指導要領では，語順を意識して書き写すことを目標にしていますので，書くことの指導では文の一部を書き写させることにも意味があるのです。

　高学年では，基本的な過去形も指導することになっています。これも，「過去形はこうして作る」という指導ではなく，カレンダーの日にちを指さしながら昨日のことを話題にしたり，9月の新学期に夏休みの体験を話題にしたりなど，自然な場面を用意して活動させることが大切です。

3.7 異文化に関わる指導

　海外の文化に触れる方法は，図書，テレビの教育番組放送，教科書準拠の DVD など，さまざまなものがあります。また，観光ポスター，写真などを教室に掲示することも，文字指導と関連付けて効果的です。文字指導の項で述べた，ALT 個人の故郷に関するものも，具体的な異文化をイメージする助けになり効果的です。

 # 授業の実例「外国語」

　この項では，2020 年度から使用される検定教科書を例にとり，1 回分の授業の展開の方法を論じます。使用する教科書は *Here We Go! 5*（光村図書 2020）です。なお，中学年の「外国語活動」の展開例については，第 7 章「授業指導案の書き方」を参照してください。

4.1 授業の前に

　まず，授業の目標と単元計画に目を通し，授業の前までに児童がどの程度英語に慣れ親しんでいるのか，単元の後にはどのような力が付くことを目標にしているのかなどについて，そして，すでにどのような語句

や表現を学習しているのかを確認しましょう。

既習の表現のうち基本的でよく使われるものは，毎回の授業で，例えば，small talk の場面などで教員が繰り返し意識的に使うとよいでしょう。

この単元の目標は次のとおりです。

- 場所を尋ねたり，道案内をしたりする場面で受け答えができる
- 地域や町の施設などを表す語句を理解し使うことができる
- 指示文を理解し，使うことができる
- 基本的な前置詞の働きを理解することができる

また，この単元で指導する表現は次のとおりです。

- 場所を尋ねる　　　　Where is … ?
- 場所を伝える　　　　It's in / on / under / by … .
- 行程を指示する　　　Go straight for … block(s).
- 方向を指示する　　　Turn right /left.
- 挨拶する，お礼を言ったりお礼に応えたりする（既習事項）

以下は，単元計画の概略です。7 回の授業として計画してあります。

回	ページ	タイトル	目標	育成すべき資質・能力
1	pp. 96-7	Hop	店や施設，道案内の言い方を知ろう	知識・技能
2	pp. 98-9	Step 1	ものがどこにあるのかを尋ね合おう	知識・技能 思考・判断・表現等
3				
4	pp. 100-1	Step 2	道を尋ねたり，答えたりしよう	思考・判断・表現等
5				
6	pp. 102-3	Jump!	自分たちが考えた町の道案内をしよう	思考・判断・表現等 学びに向かう力・人間性等
7				

教科書以外に用意するものとしては，教科書巻末付録の絵カード（町の中にある公共の施設）と，動画や音声資料を再生する環境（パソコン，ディスプレイなど）です。[2] 動画や音声資料は，指導用のデジタル教材を使えると便利ですが，教科書の各ページにある QR コードからインターネット経由で参照できるものもあります。あるいは指導書に同封されて

注

2) 動画や音声資料の提供については，教科書出版社により方式が異なる。

いる場合もあります。

　パソコンが利用できない場合でも，動画のストーリーに沿った一連の絵カードがあれば，紙芝居のように用いて場面を提示できますが，音声資料を再生するための機器は必要です。

4.2 授業の展開
　この授業は，単元の 2 回目です。特に場所を表す表現を扱います。

①挨拶（4 分）
　ときおり見かけることですが，挨拶の際に，大袈裟な腕の振りを付けて "How are you?" と一斉に言わせることを実践している教員がいます。気持ちのこもった自然なジェスチャーではありません。低学年ならともかく，単なる「儀式」の型のようになっていることは良いことではありません。また，ALT の中には，"I'm fine, thank you. And you?" という応答があまりに機械的であることを嫌い，児童に "I'm hungry." や "I'm sleepy." と応えさせている場面もよく見かけます。もちろん，児童の健康状態や気分などを表現させることには意味がありますが，それを挨拶と混同しないことが大切です。高学年の児童には，挨拶というものの意味を考えさせたいものです。

　また，教員や ALT から先に "How are you, class?" と問うよりも，児童から先に "How are you, Saito-sensei?" "How are you, Rob-sensei?[3]" と挨拶する習慣を付けましょう。教室でのやり取りは受動的になりがちですので，こういった機会を自主的に発言する習慣につなげましょう。挨拶の際に名前を呼ぶことも，英語話者の文化的な習慣として理解させ，身に付けさせたいことです。

②Small Talk（6 分）
　身の周りのことを話題に取り上げます。学級担任と ALT がまずやり取りをし，さらに児童も交えてやり取りをします。5 年生の学年の後半になってくると使える表現が増えてきますので，児童同士でのやり取りの場を少しずつ増やしていくことも必要です。

注

3) ALT の多くは first name で呼ばれることを好むが，先生を呼び捨てにすることに馴染めない学校では，妥協案としてこのように呼ぶことがよくある。

HRT: Rob, what's your favorite color?

ALT: Look at this.〈自分の T シャツを指さす〉

HRT: It's a black T-shirt.

ALT: Yes, I like black. You know, I'm from New Zealand.

HRT: Oh, do New Zealanders like black?

ALT: Of course! You know All Blacks, our national rugby team.〈児童を見渡して〉What's your favorite color? Black? Do you like rugby?

HRT:〈黒いシャツの児童に〉Do you like black?

S₁:　　Yes. I like rugby.

HRT: All right, class. Ask your partner: "What's your favorite color?" 着ているものの色を話題にしてごらん。

································ 中略 ································

　Small talk は以前に学んだ表現などを動員して，日常の話題でやり取りを楽しく体験する場です。新しい言語材料の導入を small talk に含める考え方もありますが，導入は導入，別のこととして考えるのが望ましいのです。前回の授業で扱った言語材料は含めても構いませんが，しっかり復習する必要のある事柄は，そのための時間を取り分けて扱うべきです。

③復習（語彙）（10 分）

　1 回目の授業では，動画で，公園にいた主人公たちが車椅子の青年と出会い，道案内をする場面を視聴しています。その中で青年の帽子が風に飛ばされる場面があり，また，公共施設の名前も導入されています。その動画を前提として，絵カードを用いて，町の施設の呼び名を復習します。前回の授業でゲームなどを行って学んだ語彙です。今回も，復習として，もう一度ミッシングゲーム（missing game）4) を行うのもよいでしょう。さらに，復習の締めくくりとして，無言で絵を見せます。児童は考え，判断をして発音することになります。もちろん，うろ覚えのもの，発音の曖昧なものはしっかりリピートさせます。Library のように L と R の違いがポイントになるものは，ALT にしっかり指導してもらいます。発音の指導は，児童が思考しながら発話する場面よりも，語彙の復習のよ

注

4) ミッシングゲームとは，教員が黒板に貼った何枚もの絵カードのうちからいくつかを隠し，児童に当てさせるゲーム。語彙の記憶を増強する効果がある。

うな場面でこそ丁寧に行う意味があります。

④Let's Watch.（動画を用いて）（5分）
　ここは前置詞に着目させるための活動です。まず，どのような場面だったかを確認するため，前回の授業で視聴したストーリーの動画の一部を見せます。次に，教科書の挿絵と指示文を全員に確認させ，「帽子の場所を英語でどう言うか，よく注意して聞くように」と指示をしてから，このページ用の短い動画を見せます。帽子の場所を尋ねる1往復の対話だけが流れますので，帽子の位置を表す正しい絵を選ばせます。

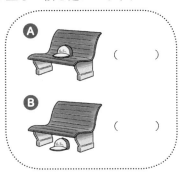

　　　A: Oh, no. Where is my cap?
　　　B: Oh, it's on the bench.

　これはほとんどの児童が正解すると思います。ALTに正解を確認してもらい，児童はリピート練習をします。

⑤Let's Listen.（教科書の挿絵と付属音声を用いて）（10分）
　場面を与え，聞くことの力を付けるための活動です。居間で捜し物をしているという想定です。五つのものについて質問と回答を聞き，図の①～④の絵とA～Eの場所を線で結びます。これも，音声を聞かせる前に，絵にある家具や品物について英語で何と言うのかをひとつずつ確認しておく必要があります。

(1) A: Tina, where is my pencil case?
   B: Your pencil case?
   A: Yes.
   B: Oh, your pencil case is on the sofa.
   A: Oh, yes. It's on the sofa. Thanks.
(2) A: Tina, where is my book?
   B: What book?
   A: My favorite manga.
   B: Oh, it's under the table.
   A: Really? Oh, yes. It's under the table. Thanks.
(3) A: Tina, where is my baseball glove?
   B: Your baseball glove is in the box.
   A: In the box? Where is the box?
   B: It's by the TV.
   A: By the TV? Oh, yes. It's in the box. Thanks.
(4) A: Tina, what time is it?
   B: Look at the clock.
   A: Where is the clock?
   B: It's on the table.
   A: Oh, yes. It's on the table. Wow, it's 8:30. I'm late.

　この活動も，正解を確認した後は，ALT と一緒に "Where is the clock?" "It's on the …" というように対話の形で発話練習をしておくことです。

⑥Let's Chant. "Where is my cup?"（5 分）
　この単元のターゲットとなる表現の口慣らしです。Cup だけでなく box, pencil, book, bag, chair, ruler, desk, cap, head が出て来ます。このチャンツは掛け合いになっており，話に「落ち」がありますので，ジェスチャーを付けると一層，楽しく練習することができます。このチャンツは，単元の 1 回目から毎回の授業で使うようにすると，児童の発音やイントネーションの向上に効果があります。

```
Where's my cup?
                              It's in the box.
Oh, yes.
Where's my pencil?
                              It's on the book.
Oh, yes.
Where's my bag?
                              It's by the chair.
Oh, yes.
Where's my ruler?
                              It's under the desk.
Oh, yes.
Where's my cap?
                              It's on your head.
You're right!
```

Where と is の間を切らずに「ウェアリーズ」のようにつなげて発音するようにします。また，cap は「キャッ p」ではなく「ケァー p」と発音すると英語らしくなります。

⑦まとめ・ふり返り（5分）

振り返りカードに記入させます。教員は簡単な英語で，児童の英語使用の状況と参加態度を評価します。さらに，「場所を言えるようになったら，次回はいよいよ道案内ができるようになるよ」と告げて，次回から先の単元目標を児童に意識させます。

4.3 留意点

この授業案は，教科書の流れをきちんと追う形で書かれています。特に，今回のように，場所を表す表現が多く出てくる場合，次回の授業での復習は，教科書に拘らず，教室の中のいろいろなものを話題に挙げて場所を表す言い方に慣れる必要があります。実生活とつながるような練習をどれくらいするかにより，児童が思考し，判断し，発表をする力が厚みを増します。また，思考し判断しながら練習をすることによって，知識と技能も厚みを増すのです。知識・技能をしっかり仕上げてから思考・判断・表現へと進むのではなく，実際の場面に使える実感を与えながら，

双方を行ったり来たりして力を養うことが必要です。

　次回以降の授業では，児童が身に付けた英語を使いたくなるような場面を提供することにより，深い学びへと向かうことができるように促すことになります。今回の授業では，表現の型をしっかりと入れることに重点が置かれましたので，発音などの正確性を意識した指導としました。児童が自主的に発話する場面では，彼らの積極的な思考と判断を優先するため，正確性に関わる指摘は控えることが多くなるはずだからです。

⑤ その他の指導例

　高学年では，検定教科書を用いる指導が中心になると思われますが，他の教科の指導と同様，さまざまな素材を追加して活動をすることが可能です。教科書以外の教材を利用することで，児童の知識・技能を一層高め，思考・判断・表現を育てる機会を増やしたり，教科書の内容からさらに発展した深い学びへとつながる学習に児童を導いたりすることが可能です。

5.1 歌を用いる指導

　小学校の外国語活動に限らず，中学校や高校の授業でも同様に，歌やチャンツは極めて効果的です。歌は授業のウォームアップにも，また授業の締めくくりにも用いることができます。次のような利点があります。

　（1）歌うことは楽しく，英語学習の動機付けとなる
　（2）気分をリラックスさせる
　（3）英語の音（短音，音連続）になじませる
　（4）英語のストレス，リズムを体で覚えさせる
　（5）よく使われるフレーズはチャンク (chunk) として耳になじませる
　（6）右脳を活性化させる

指導例 "Head, Shoulders, Knees and Toes"
　ALT はこの遊技をよく用います。低学年向きの歌としてあまりにもありふれた歌であり，高学年の児童の評価は必ずしも高くないようです。しかし，この歌には同じフレーズの繰り返しがあります。また，and 以外は名詞しか使われていません。他にも「英語で英語を指導する」基本が詰まっているのです。

> Head, shoulders, knees and toes, knees and toes.
> Head, shoulders, knees and toes, knees and toes.
> Eyes and ears, and mouth and nose.
> Head, shoulders, knees and toes, knees and toes.

多くの児童が「ニーザントー」とは足のことを指す1語だと誤解するかもしれません。しかし，指導の順序に注意するなら，訳の分からない呪文のようなことばも，意味が見えるようになります。次の手順で指導します。

①授業者は生徒の前に立ち，自分の頭に手を乗せ "My head!" と言い，児童にリピートさせる。
②同様に，授業者は順に "Shoulders!"，"Knees!"，"Toes!" の順に体の各部分の語をゆっくり確認し，児童にリピートさせる。
③各語が指す部分を確実に見せる。knees や toes は足を上げて示す。
④児童を立たせ "Touch your head."，"Touch your shoulders."，"Touch your knees."，"Touch your toes." など，TPR を用いて指導する。
⑤授業者は黙ったまま，自分の頭，肩，膝，つま先に順に触れる。児童が黙っていたら，「何だっけ？」とか "Say it."（言ってみて）のような声かけをして，"Head, shoulders, knees, toes" と言わせるようにする。
⑥触れる箇所の順序を変えてみる。
⑦CD の伴奏をかけ，指導者を見ながら全員で歌って動く。

Eyes，ears，mouth，nose も歌詞には出てきますが，それらの語は次回に丁寧に扱い，初回ではそのまま踊らせて構いません。一回に導入する語数をあまり多くしないためです。そのまま歌いながら使えば，児童は適当にまねようとするでしょう。勘を働かせるよう仕向けることも大切です。

小学校で用いる英語の歌は，同じフレーズが繰り返されることと，具体的な意味を持ち理解しやすいことが，大切な要素です。日常的な挨拶が繰り返し入った歌や，数だけが徐々に増えていく数え歌などが適しています。

次は有名な数え歌です。かつては Indians が使われた歌でしたが，最近は政治的配慮から，別の語に置き換えられています。振り付けは簡単で，

指で数を示して歌います。pumpkins のところで両腕を丸く広げ，しゃがみます。

> One little, two little, three little pumpkins,
> Four little, five little, six little pumpkins,
> Seven little, eight little, nine little pumpkins,
> Ten little pumpkins in the pumpkin patch.
>
> Ten little, nine little, eight little pumpkins,
> Seven little, six little, five little pumpkins,
> Four little, three little, two little pumpkins,
> One little pumpkin in the pumpkin patch

4 行目と 8 行目の in the pumpkin patch は，日本で知られている曲には合わせにくいので，in the patch と短くしても構いません。この歌はハロウィーンの時期に相応しいのですが，季節と関係なく，ゲームの後など児童の興奮を鎮めるのにも便利です。後半の数が減るところで，指導者が声を徐々に小さくしていくと，児童も真似をして声を落とし，雰囲気が穏やかになります。

5.2 チャンツを用いる指導

　チャンツとは，皆で声を揃えてことばを繰り返すことです。ジャズ・チャンツは，英語教育の目的のためにキャロリン・グレアム（Carolyn Graham）が開発したものが最初です。4 ビートのジャズのリズムに乗せ英語のフレーズの繰り返しを楽しみます。授業のウォームアップなどに適しています。中には，教員と児童または児童同士の掛け合いになっているものがあります。

　チャンツを用いる際は，次の点に留意しましょう。

- 児童を立たせ，リズムに合わせて体を自然に動かすように促す
- 手拍子を入れるなら「後打ち」で
- CD，または，電子キーボードの自動リズムを用いる
- 始めてのチャンツは 1 行ずつ練習するが，スピードを落としたりリズムを崩したりしない
- 難しい表現が含まれることがあるので，レベルに配慮する

次の例では，医師役を教員，患者役を児童がします。もちろん，児童
を2組に分けてもいいでしょう。痛む部位を押さえることも忘れずに行
わせましょう。

Doctor, Doctor!   by Richard Graham

Doctor, Doctor! My head hurts.
Doctor, Doctor! My arm hurts.
Doctor, Doctor! My leg hurts.
Doctor, Doctor! My stomach hurts.
                                              Are you OK?
No, I'm not!
                                              Are you OK?
Yeah, I'm OK!

Doctor, Doctor! My hand hurts.
Doctor, Doctor! My foot hurts.
Doctor, Doctor! My back hurts.
Doctor, Doctor! My tooth hurts.
                                              Are you OK?
No, I'm not!
                                              Are you OK?
Yeah, I'm OK!

(Graham 2019)

/k/ は「破裂音」ですが，My back hurts! の back の /k/ は呼気を伴わず
に次の hurts へと続きます。Doctor は「ド・ク・タ」でなく，doc・tor
と2拍の語です。教員も児童と一緒にリズムに乗せて繰り返すうちに，
自然と慣れてきます。コツは，文字を目で追わずに音だけをまねること
です。

5.3 ゲームを用いる指導

　ゲームにもさまざまなものがあります。❹（p.20）で話題にしたミッ
シングゲームや，伝言ゲームもよく使われます。いずれも競争の要素を
入れることで児童の興味を高め活動に集中させます。ただし，それぞれ
の言語表現への慣れ親しみや，学んだことを楽しく使って試してみると

いった，指導の目的を持ったものでなくてはなりません。例えば，次のような例が考えられます。

- 決まった表現を使わせることが目的のもの
  （カード集め，伝言ゲーム，インタビューなど）
- 教員やクラスメートの英語を聞き，身体で反応をすることが目的のもの
  （カルタ取り，フルーツバスケット，ジェスチャーなど）
- 相手の英語を聞き，ことばで反応することが目的のもの
  （カード集め〈上記〉，クイズなど）

　楽しいだけでなく，英語を聞かせたり言わせたりする工夫が必要です。
　TPR での指導を例に取りましょう。授業のウォームアップとして，教員からクラスに，また，一人の児童からクラスに，グループからグループに出題することができます。初めは，"Run!" や "Ride a bicycle!" や "Sleep!" のような簡単な命令文を与えます。徐々に "Eat *ramen!*" "Sing to *karaoke!*" "Walk like a *ninja!*" "Be a happy monkey!" など，楽しいものを工夫しましょう。
　伝言ゲームにジェスチャーを取り入れることも可能です。インターネットにもさまざまなゲームが掲載されていますので，参考になります。

⑥ ALT との協働

　自治体によって ALT の配置の方法はかなり違いがあります。各校ごとに ALT が常駐し，毎回の授業だけでなく日常的に児童と触れあえるようにしている自治体もあれば，ALT の訪問授業は週 1 回で，それ以外は学級担任が単独で授業するようになっている自治体もあります。また学校や学年によっても差があります。本来，ティーム・ティーチングでは，学級担任と ALT が十分に相談でき，柔軟に授業運営を行うことが理想ですが，打ち合せの時間が十分に取れないことがしばしば指摘されます。結果的に，ALT が単独で授業を進めてしまい，学級担任が児童の管理以外に役割を見いだせず苦労していたり，ALT が CD 音源の代用のような役割しかしていなかったりというケースもよくあるようです。

6.1 役割の分担の確認
　学級担任が指導計画に沿って授業を進めている間，ALT は何もするこ

とがなく，逆に ALT が児童と練習をしている間，担任は見ているだけということがよくあります。これではティーム・ティーチング（Team Teaching）の効果が十分にある授業にはなりにくいのです。次のようなことに留意するとよいでしょう。

- 対話の相手として

授業の場面が変わるごとに担任に話しかけるよう ALT に頼んでおきます。「担任の英語の練習になるので（本当です）」と言えば，気のいい相手なら承知してくれるでしょう。

> ALT: The game was fun. Class, good job! Sato-sensei, do you think so?
> HRT: Yes, good job.
> ALT: 〈忘れたふりをしながら〉Next, what are we going to do? Shall I read a book?
> HRT: No, no. Let's sing.
> ALT: Oh, yes. Which song?
> HRT: "The Rainbow Song".
> ALT: Oh, "The Rainbow Song"! We practiced it last week.
> HRT: Yes. "The Rainbow Song".

ALT との対話は，担任が英語を使っている様子を児童に見せることに意義があります。上の対話では，担任はほとんど語や句だけの発音ですが，それで十分です。これなら英語の苦手な教員もすぐ実践できます。一方，学級担任や ALT がキーワードを繰り返してくれるので，児童は自分の理解に自信を持つことができます。

6.2 生きたコミュニケーションの発信者になる

上に書いたような発言を増やしていくことに慣れてきたら，次に，ALT や児童に質問をして，一方的な指示を与えるだけの場面から，自分の考えなどを挟んだりして，対話らしい場面へと豊かに発展させていきます。

> ALT: What's next, Saito-sensei?
> HRT: Cards! What are they, John? 〈カードを見せながら〉
> ALT: Food cards! I like chocolate. Class, what food do you like?
> Students: 〈あれこれ出るので ALT と共に彼らの発言を汲み上げます〉

ALT: OK. Let's look at the cards. Let's repeat. Onion, carrot, …
Students: Onion, carrot, …

6.3 ティーム・ティーチングの効果

　このような参加を通して ALT との信頼関係を築くことができれば，共同運営の授業への展望が開けるでしょう。学級担任が英語を用いて授業に関わることで，児童の意識が変わります。児童と同じ非母語話者である学級担任が英語の使い方のモデルを示すことで，英語は声を揃えてリピートするだけのものでなく，使って対話ができる道具なのだということを児童に印象づけられるのです。

 # 文化交流を中心とした活動

　外国語活動と総合的な学習の時間を連携させ，国際理解教育として異なる文化を持つ人たちとの交流行事が各地で実践されています。近隣に住む外国人を招いた行事を外国語活動のゴールの一つに位置づけることができます。

7.1 ゲストの出身地の話を聞く

　これは，外国語活動の一環として，クラス単位で行うことも可能です。以下の六つの事項に注意しましょう。

（1）出身地がどこであれ，英語で話せる人をゲストに選ぶ
（2）児童にはゲストの出身地について図書館などで下調べをさせておく
（3）挨拶だけはゲストの第一言語でできるように教えてもらう
（4）できるだけ具体的に，実物，地図，写真，数字を用いて話してもらう
（5）教員は生徒の聞いている様子を観察する
（6）通訳をしない。児童が理解できない語は短く説明する

7.2 ゲストと日本文化を楽しむ

　一緒に折り紙をしたり地域の民謡を踊ったりと，さまざまな活動が可能です。ゲストたちに民謡の振り付けを教えるには，ほとんどことばはいりません。"Turn."（回って）"Step backward."（下がって）"Clap hands."（手を打って）などの表現と動作を TPR で練習しておけば，か

なり使えるようになるものです。体育の専科教員と連携を取り，事前に
踊りの練習を英語でしておくと，児童は自信を持ってゲストに教えるこ
とができるでしょう。

7.3 文化交流フェスティバルを開く

　児童を準備と運営に参加させることが重要なポイントです。学んだ英
語の成果を示す機会になります。次のような活動が考えられます。

- グループに分かれ，担当する国や地域について下調べさせる
- 学年ごとの外国語活動の経験に応じて役割を分担させる
- ポスターや校内の案内図を英語で作らせる
- 校内の案内のための英語表現を練習させる

　このような行事は，児童の英語への動機付けを高めるものです。英語
圏だけでなく，さまざまな文化を持つ非英語圏の人たちとコミュニケー
ションを取る体験は，国際理解を増進し，英語の国際共用語としての特
質を理解するための貴重な機会となります。

　ここまでに述べたさまざまな活動が日常の基礎的な TPR などの延長線
上にあることが理解できたと思います。雑多な活動が思いつきで並ぶカ
リキュラムではいけません。

理解チェックのための課題
　簡単な英語の歌やゲームを児童になったつもりで試してから，どんな
効果が期待できるかを話し合いましょう。指導手順も考えましょう。

応用発展をめざした課題
　どのような場面なら教員は日本語を使っても構わないか，どのような
場面では日本語を使わないほうがよいのか，具体的な場面をイメージ
しながら話し合いましょう。

臨界期仮説とは？

　英語は小さいうちほどネイティブ・スピーカー並の技能が身に付き，ある時期を過ぎるとその自然な習得能力は失われてしまう，というような説明を聞いたことがあると思います。発達心理学の概念で「臨界期仮説」というもので，学習には最も適した時期があり，それを過ぎると身に付けることが難しくなるという考え方です。

　最近ではさまざまな事例研究や考察が進んでいます。発音や声調などの，発話者の意図や感情と関係した言語の音声面をプロソディ（prosody）と呼びますが，これについては臨界期仮説が一定の支持を得ています。音声面に限れば外国語は早期にやるのがよいということになります。

　大脳生理学の分野からも臨界期仮説に関する話題が提供されています。人間は思春期のころに脳の左右半球の機能が分かれてくることから，その前後で言語の習得に違いが出るというのです。数学などの抽象概念や論理や言語規則は左脳が分担することが知られていますが，左脳が急に発達するのが思春期ですので，外国語の文法をマスターし論理的な外国語が使えるようになるのは，むしろ，抽象的概念を操作できる 11 歳ごろ以降の方が適しているという見解が支持を得るようになっています。

　一方，臨界期について否定的な意見もあります。大人になってからネイティブ・スピーカーと同じように外国語を巧みに操る人も少なくないからと言うのです。しかし，その個人の特別な才能，また環境や学習方法などが関係している可能性もあります。

　また，ある日突然に臨界のポイントが来てしまう訳でもないので，もっと柔軟に幅のあるものとして捉えようとする研究者もいます。ある時期に身に付きやすい外国語の領域があるとしても，ある時に誰もが一気に変化するわけではないので，その研究者たちは「臨界期」ではなく「敏感期」と呼ぶことを提唱しています。単に幼いころに英語を学んでおけばよいというのではなく，その年代に応じた学習方法や指導方法を見つけることが大切だということではないでしょうか。

第2章

中学校の授業づくり

　本章では，中学校の授業をどのようにつくっていくかを考えていきます。まずは，新学習指導要領の考え方をよく理解し，把握します。次に，目の前の生徒の実態を観察し，こうなってもらいたいという英語学習者をイメージしながら授業構成を考えます。そのために，授業づくりの基本的なプロセスである授業計画から実施，反省の手順を逐次考えます。最後に，授業をよりよくするために，授業後にどのような授業改善の視点を持ったらよいかについても言及します。

● **本章で学習してもらいたい事柄** ●
- 中学校の英語授業についてどう考えたらよいか
- 中学校の英語授業をつくり上げる手順とは何か
- 授業組み立ての考慮点は何か
- 深い思考を促す授業とはどのようなものか
- よりよい授業への改善のために必要なことは何か
- 小中高の連携を意識した中学校の授業づくりの要点は何か

① 英語教育における小学校と中学校の連携の意識

　2017年（平成29年）に告示された新学習指導要領の新しい特色としては，全体がコンピテンシー・ベイスド（competency-based）になったこと，つまり，何かができるということを教育の目標として意識することが重要になった点が挙げられます。一方，外国語については，小・中・高がコミュニケーションを図る資質・能力の育成という目標で統一されました。
　その一方で，学校段階別の役割の違いもあります。小学校では，英語の音，語彙や表現に慣れ親しみながら，コミュニケーションのための基礎的な技能を身に付けることが大切とされています。その中で，日本語と英語の違いなどにも意識を向ける，つまり異文化的な気付きも重要だ

とされています。また，英語の音声を聞きながら，その意味を推測し，英語でのコミュニケーションが少しずつできるようになることもめざしています。

　このような，繰り返し聞いたり発話したりして小学校で慣れ親しんできた表現やコミュニケーションに関わる基礎的な技能をベースとして，中学校では，指導要領に記載されている通り，身近な話題についての理解や簡単な情報交換，表現ができる能力を養うことが目的となっています。小学校で慣れ親しみ，繰り返し聞いたり発話してきた英語を，今度は中学校で，文法的な知識も借りながら，自分の身近な話題について表現します。それは高等学校でのより高度な目的や場面でのコミュニケーションに使う力に必要な基礎固めなのです。したがって，特に小中連携において，中学校の教員は小学校で親しんだり活用した語彙や表現をその場面と共に洗い出し，中学校のカリキュラムの内容と結び付け，発展させる努力が必要となります。

 ## 中学校の英語授業に関する基本的な考え方

　中学校の授業づくりを考えるに当たっては，中学校の英語教育の目標や基本的な考え方をよく理解していなければなりません。日本の英語教育の目標はコミュニケーション能力の育成に置かれています。そして，小学校，中学校，高等学校において，その目的は同一だとしても，前述の通り，それぞれの学校段階の役割がきちんと学習指導要領により提示されています。私たちが注意しなければならないのは，特にその中の外国語の「第 1 目標」です。第 10 章で学習指導要領の基本的コンセプトを扱いますので，ここでは深くは触れませんが，中学校の英語教育の目標は，次のような要素に分かれます。

（1）外国語によるコミュニケーションにおける見方・考え方を働かせること
（2）4 技能の言語活動を中心として授業を行うこと
（3）簡単な情報や考えなどを理解したり表現したり伝え合ったりするコミュニケーションを図る資質・能力の育成をめざすこと

　そして，具体的に育成されるべき内容は次の通りです。

（1）外国語の音声や語彙，表現，文法，言語の働きなどを理解し，これ

らの知識を 4 技能を伴う実際のコミュニケーションに活用できるようにすること

(2) コミュニケーションを行う目的や場面，状況などに応じて，日常的な話題や社会的な話題について，外国語で簡単な情報や考えなどを理解したり，活用して表現したり，伝え合ったりできるようにすること

(3) 外国語の背景にある文化に対する理解を深め，コミュニケーションの相手や対話者を考慮しながら，主体的に英語を使う態度を養うこと

以上に掲げられた事項において，中学校の授業に関わる重要な要素として，次のような事柄が挙げられます。

(1) 英語の知識を覚えることは重要でありながらも，単なる機械的な暗記に終わらず，知識を活用できないと意味はなく，授業の構成には簡単なやり取りなどを含む言語活動が必ず含まれていること

(2) コミュニケーションを行う場面や状況を考えながら，情報やことばを意識的に選び，英語のインタラクションができるような授業にすること

(3) 自ら工夫して，あるいは考えて表現を選んだり，用いていく積極性や態度が育成される機会が授業の中で提供されること

さらに，表現力そのものが育成されるよう，新語の量もこれまでの 1200 語から 1600 〜 1800 語に大幅に増えます。語彙に関する知識の獲得は表現や活用の機会と関係付けられるべきものですから，意味ある文脈の中での語彙や表現の活用や使用が意図される必要があります。

③ 中学校の英語授業をつくる上での手順や授業の基本的構成

ここまで述べてきた中学校の英語授業の基本概念を踏まえた上で，実際にどのように授業をつくっていけばよいのでしょうか。まず，授業構成において，教員に必要な実践的力量には次の諸点があると思います。

(1) 学習者のレベルを判断し，学習者に合った授業展開ができること

(2) 学習者の学習困難点を特定し，その解決方法を提示できること

(3) 授業構成において適切な方法を選択し，その選択根拠を述べられること

　(4)授業中に，教える内容について生徒の吸収力や理解力を判断し，その状況によって授業展開を変えられること

　(5)その時間の指導目標に合った適切な指導方法を選択できること

　これらを見ると，特に授業計画については，授業目標をどう決めるかと，その目標を達成することと照らし合わせた学習者の状況の把握，その上での題材や教材選択，さらには指導方法の選択が重要です。

　したがって，授業をつくり上げるには次の手順が必要です。

---

①十分な教材研究→②単元目標の決定→③単元構成の決定→④本時の目標の決定→⑤授業を構成する教授内容（項目）の選択→⑥教授方法の選択→⑦教授内容の時間配当の決定

これらに加えて，適宜，授業の評価項目も決定します。

　この手順では，授業づくりにおいて決めなければならないことが多数あります。そうです，授業づくりは教員の意思決定作業なのです。授業の面を，授業・実施・評価の三つの側面に分けた場合，それぞれの段階には以下のような意思決定の項目があります。なお，以下は単元ではなく，1 時間の授業づくりのケースです。

(1) 授業前

　①授業の教材のどこを選ぶか

　②授業目標は何にするか。知識的な目標，技能的な目標は何にするか

　③目標達成のために，どのような指導内容と方法，活動を準備するか

　④目標達成のために，教材をどのように扱うか

　⑤授業構成をどうするか

　⑥板書計画をどうするか

　⑦授業中に使う英語や掲示物，視聴覚機器，活動，プリントやワークシートについてどのようなものを選ぶか

　⑧4 技能のバランスはどう取るか

　⑨活動での指示はどのようにするか

　⑩時間配分はどうするか。何をどういう配列で授業を組み立てるか

　⑪教授項目の定着や活動の準備段階としての練習をどの程度用意するか

　⑫グループやペア活動などの指導形態はどうするか

　⑬音読のバリエーションはどうするか

　⑭導入はどのように行うか（文法や本文の内容について）

⑮単語（新出）の提示はどのように行うか

⑯授業のまとめはどうするか

⑰授業内での生徒の困難点（作業上，パフォーマンス上）はどこにあり，それにどう対処すべきか

⑱質問や発問はどのように与え，どの程度の達成率で良しとするか

（2）授業中

①授業の展開は計画通りかそうでないか。計画通りでない場合，このまま進むか，修正するか，省くか

②活動を進めるのに準備練習は十分か，それとももっと必要か

③導入はうまくいっているか，それとも不十分か

④活動を進めるための指示やその他の指示は適切か，全員に理解されているか，さらに説明が必要か

⑤活動はうまくいっているか，途中で止める必要があるか

⑥音読などの練習について，生徒それぞれに目標を持たせるべきか

⑦説明の追加が必要か，必要でないか

⑧グループ活動でうまくいっていない生徒がいるか，その場合，どのように支援したらよいか

⑨活動で遅れ気味の生徒はいないか，その生徒に対してどのようにフォローすべきか

⑩理解度や達成度を確かめるための生徒への指名は十分か，さらに多くの生徒に聞いて確認を確実にすべきか

（3）授業後

①本時の予定は全て終了したか

②理解や定着において不十分な項目，次の時間で補足する項目はあるか

③今日の教授内容について個人的に対応が必要な生徒はいたか

④授業中の生徒への質問の対処は十分できていたか，足りないことはなかったか

⑤目標達成への検証はできたか，それへのさらなる対応は必要か

以上のような項目を参考にして，実際の授業づくりをしてください。

次に，中学校の授業に関する基本的な構成について述べます。もちろん，授業の目的によって，例えば，文法指導重視型，教科書の本文の内容理解型，プロジェクト学習型と，授業の構成は異なりますが，基本構成は

主に，①ウォームアップ，②前時の復習，③新教材の導入，④展開，⑤まとめの五つです。

　この五つの段階をさらに詳しく見ていきましょう。なお，以下の「テキスト」は教科書の本文の内容理解型の授業を指し，「文法事項」は文法指導重視型の授業を指します。

①ウォームアップ（Warm-up）（時間的目安 5 分）
　授業の雰囲気づくり，挨拶，軽いゲームなど
②前時の復習（Review）（5 分）
　前の時間に習った項目についての練習や，本文の内容についての理解度をチェックする質問
③導入（Introduction of new materials）（15 分）
　テキスト：本時の文章内容の英語によるオーラル・イントロダクション（読むテキストの背景知識と興味付けを与える）
　文法事項：新出文型／文法，新出語彙／語句の提示と質問（なるべく生徒の身近な話題や例文を使って行う）
④展開（Practices and activities for skill development）（20 分）
　テキスト：黙読，内容把握のための Q&A，発展質問，文型／文法や意味説明，音読練習，発展学習（段落ごとや全体の要旨発表など）
　文法事項：文型／文法や用法の説明，練習，応用活動（文法を用いたタスク，ゲームなど）
⑤まとめ（Consolidation）（5 分）

　以上のように，原則，中学校の授業は，このような構成要素によって組み立てられると言えます。なお，タスクや言語活動のみで組み立てられる授業もありますが，ここでは教科書準拠の授業構成のみを取り上げました。

 ## 4 思考を伴う英語授業とは何か

　新学習指導要領においては，「思考力・判断力・表現力」というワードがキーコンセプトの一つになっており，問題解決型の授業が想定されています。英語科の授業もその例外ではありません。しかしながら，英語科における思考を伴う授業，あるいは結果的に思考力を育む授業とはどういう授業を指すのでしょうか。ブルーム（B. Bloom）による「思考力

の分類」を具体化したアンダーソン（L. Anderson）らの 2001 年の著書 *A Taxonomy for Learning, Teaching, and Assessing: A revision of Bloom's Taxonomy of Educational Objectives.*（副題は「ブルームの教育目標分類学の改訂版 (revision)」）によれば，思考力は以下のように分類されています。

    (1)「記憶する」(Remember)
    (2)「理解する」(Understand)
    (3)「応用する」(Apply)
    (4)「分析する」(Analyze)
    (5)「評価する」(Evaluate)
    (6)「創造する」(Create)

　つまり，英語教育の場合，授業の中に思考が現れる行為としては，まず，英語の知識はある程度獲得するとして，その知識を授業の中で記憶したり，理解したり，応用したり，分析したりする機会を持つことということになります。先にも述べた通り，英語教育の目標はコミュニケーション能力の育成であり，もっと言えば，英語の知識を活用しながら英語でパフォーマンスを行うことだと言うことができます。パフォーマンスを行う中で，コミュニケーションをする目的や相手を考えながら語彙や表現を選択し，うまく伝わらなかったら表現を修正したり，伝える順序を変えたりすること，これがすなわち，英語での思考を促す授業や機会だと考えられます。

　また，このような（1）〜（6）に示される授業の中での思考を表すことは特に意味があることです。なぜなら，英語教育の今後の評価の形として考えられているのは，コンピテンシー中心の評価法である CAN-DO 評価であるからです。特にパフォーマンスの達成を検証していくことに重きが置かれる評価においては，「〜することができる」が求められる機会が多くなります。よって，生徒に思考を促す授業においては，分析できることや分類できることを具体的に求めることで，授業中の思考の有無を示すことがより可能になるかもしれません。

　では，以下でそのような英語での思考を促す授業例を提示します。

5 思考力を育む英語授業の展開例

　これから提示する思考を伴う授業の具体例の対象として，現行の教科書 *NEW HORIZON English Course 3*（東京書籍 2019）の Unit 3 Fair Trade Event を取り上げます。なお，この実践はある学校で実際に実施されたものに基づいています（関原 2019）。

　まず，英語の授業においては本文の理解が重要になります。ここにも意味の推測などの思考活動が必ず入ります。この際，教員にとって重要なことは，思考を促す発問を生徒に投げることです。ただし，そのような問いに考えて答えさせるためには，前提として本文の深い理解が必要なので，本文に関係する語彙や表現の理解，文法知識の理解は十分になされていなければなりません。ただし，だからといって全体訳が必要かというと，そうではありません。

　この課は，二人の中学生がフェアトレードのイベントに行き，まずはフェアトレードについて知り，次にその背景，ガーナの状況やそこでの子供の労働状況を知り，最後にフェアトレードを理解した上で，自分たちに何ができるかを考えるという内容です。

　つまり，この課では，本文の理解を伴う内容の推測という思考に始まり，次にフェアトレードについて何ができるかを思考し，最後に著者からのメッセージに自分の考えを重ね合わせたりして，新たな価値を創造するという三つの思考活動を伴います。

　次に，授業例を提示します。なお，本課は五つのパートからなります。単元の目標は，以下の通りです。

- 現在完了形（経験用法・完了用法）を用いた文の形・意味・用法に関する知識を身に付け，これまで経験したことやすでに終えていることについて表現したり，尋ねたりすることができる
- 不定詞（原因を表す副詞的用法）の形・意味・用法に関する知識を身に付け，理由を添えて自分の気持ちを表現することができる
- フェアトレードの仕組みを理解し，身近にできる国際貢献について考えを深め，読み手に伝わる語彙や表現を選択して，自分なりの意見を表現することができる

なお，本課の最終的な学習目標として以下を挙げます。

カカオ農園で働く子供たちの状況とフェアトレードの仕組みを理解することを通して，普段行っている「物を買う」という行為が世界を変える可能性を秘めているということを認識し，さまざまな人が目にする新聞に自分の意見を投稿するという場面において，身近にできる世界貢献について自分の考えを整理し，まとめ，表現することができるような学習。

以上を目標とする単元を 8 時間にまとめて，授業を計画します。

単元の指導計画

1 時間目：現在完了（経験用法）の形・意味・用法を理解し，運用することができる。相手の経験の有無について尋ねたり，自分の経験を答えたりすることができる（Starting Out でのやり取り）。

2 時間目：現在完了（完了用法）の形・意味・用法を理解し，運用することができる。すでに終えていることや，まだ終えていないことなどを相手に尋ねたり伝えたりすることができる。

3 時間目：フェアトレードの存在を知り，消費活動について振り返る（2課の Dialog を読む）。

4 時間目：フェアトレードで商品の価格が高くなる理由を知る。教科書の本文と補助教材から貿易の簡単な仕組みを理解する（補助教材を読む）。

5 時間目：発展途上国における問題点とフェアトレードの仕組み（本時）について理解し，事実から自分の考えを構築することができる。また，教科書の本文を深く読み，自分の考えをもつことができる（3課の Read and Think 1 を読む）。

6 時間目：世界の子供を救うためにできることについて考えをもつことができる。また，本文を読み，自分の考えを整理する。不定詞（原因を表す副詞的用法）の意味，用法を理解し，運用することができる。（4課の Read and Think 2 を読む）。

7 時間目：読み手を意識し，読み手に伝わりやすくなる文章構造を意識して，自分の主張をまとまりのある文章で書くことができる（Activity 1 を行う）。

8 時間目：まとまりのある英文を読んで，書き手の主張を理解することができる。さらに，互いの英文を読み合って，相互評価を行うことができる（Activity 2 を行う）。

これから提示する 1 時間の授業はこの単元の 5 時間目の授業です。本授業の対象になる課は第 3 課なので, そのテキストを以下に掲げます。

3-3 　Read and Think 1

Ghana produces a lot of cacao. It's made into chocolate. Many cacao farm workers are very poor because cacao is sold at a low price. They work hard, but they can't make enough money to live. They work under "unfair" conditions.

Many children in Ghana have to work on farms to help their families. Some of them have never been to school.

Fair trade can solve these problems. If you buy fair trade chocolate, more money goes to the workers. Your shopping choices can make a difference.

NEW HORIZON English Course 3（東京書籍　2019）

授業対象は中学校 3 年生で, 繰り返しになりますが, 本時のねらいは「テキストを深く読むことを通して発展途上国における問題点について理解し, 本文に書かれている事実と照らし合わせて自分の考えを構築することができる」です。なお, この課に関する語彙や表現の説明, さらには文法の説明は前時に済ませてあるとします。

本来, 英語の授業において, 本文の理解を踏まえての思考活動を行わせる場合, あくまでも本文の内容をベースとして, 本文の作者の考えと自分のそれとの違いを明確にしながら自分の意見を表出するといった, 批判的な読みを前提とすることが理想的です。しかし, 今回の本文において, 筆者の考えやメッセージの中心は, フェアトレードに私たちがどう関わるべきか, また, 発展途上国の状況を変えるために自分たちに何ができるかを考えようということです。このメッセージに関連する内容は, 次の時間の 4 課の Read and Think 2 で扱います。よって, 本授業においては, その前段階となる本文の理解に重点を置いたガーナの現状把握や, 本文の中から重要な箇所を抜き出しその理由を表現させる思考活動を取り上げます。

授業展開
(1) 挨拶（1 分）
● 生徒に対して本当に聞きたいことを尋ねながら, 英語の授業に向か

う雰囲気づくりをする。

（2）導入（9分）
①単元タイトルである "Better Choice, A Better World" を提示する。そして，"What does 'fair trade' bring to the world?" という本単元を貫く「問い」を提示する。
②本時の目標，「教科書の本文を読み，書き手の伝えたいことを理解した上で自分なりの考えをもつことができる」を提示し，本時で扱う内容について見通しをもたせる。
③本時で扱う教科書の本文を読み，初めて知ったこと，驚いたこと，もっと知りたいと思ったこと，疑問に思ったことなどがあったら，テキストにアンダーラインを引くように伝える。
④教科書に載っている「カカオの実がなっている木の写真」を提示して，いくつか質問をする。

    | 例 | What are these?

             Have you ever seen this?

             Have you ever eaten cacao?

⑤教科書に載っている「カカオ農園で働く人々の写真」を提示して，いくつか質問をする

    | 例 | Where are they?

             Who are they?

             What are they doing?

以上の質問で，トピックスに興味を持たせる。

（3）理解（20分）
①最初の読み

まず，教科書本文の概要を押さえる次の問いを提示する。

1. What conditions do people in Ghana work under?

2. Do all children in Ghana study at school?

3. What can solve the problems in Ghana?

これらの問いを与えた後に教員が本文の範読をし，その後，生徒に黙読をさせる。
②黙読の後に少し考える時間を与え，生徒に上の三つの問いについて考えを聞く。

答えとしては，1. Unfair., 2. No, they don't., 3. Fair trade. な

44

どが考えられる。

③2 回目の読み

　2 回目の読みについても，先に以下の問いを与え，その後，教員の範読と生徒の黙読の後に少し考える時間を与える。今回はテキストについての T/F 問題とし，個人で考えさせた後，ペアでも考えさせる。

1. Chocolate is made from cacao.
2. Cacao farm workers can get more money if they work harder.
3. Some children in Ghana have never been to school because they have to work on farms.
4. People in Ghana would get more money if we paid for fair trade products.

　なお，これらの質問を生徒に答えさせながら，教科書本文に載っている情報を確認していく。

(4) 表現（17 分）

①3 回目の読み

　以下の二つの問いを与えて，3 回目の黙読をさせる。

1. What is the difference between Ghana and Japan?
2. Which part of the text did you underline? Which is the most important to you? Why do you think so?

　　1 番目の問いについては，ペアやクラス全体で共有させる。

　　2 番目の問いについては，本文を読んで，文章の中で個人的に最も関心のあった部分や重要だと思った部分にアンダーラインを引かせ，その理由も英語で書かせる。次に，ペアで確認させる。

②内容理解の総括

　最後に，何人かに関心を引いた部分とその理由を英語で発表させ，他の生徒の意見を重ね合わせて教員が講評を行う。

③1 番目の問いについては，次のような回答が可能である。

- Ghana has a president, but Japan has a prime minister.
- Japan is larger than Ghana.
- The population of Japan is larger than that of Ghana.

④2 番目の問いについては，次のような回答が可能である。

- I underlined "They work hard, but they can't make enough money to live" in the text because I was interested in the reason why they can't get enough money though they work

for a long time.
- I underlined "Your shopping choices can make a difference" in the text because I felt I need to think more about what I can do for the people of Ghana.

(5) まとめ（3分）
- 授業で感じたことを日本語でワークシートに書き留めさせて，後にポートフォリオに感想を書かせる。最後に挨拶をする。

　先にも述べた通り，さまざまなレベルでの理解を促す発問と共に本文を理解し，その際に推論もさせることで思考を促しています。また，後半の（4）の表現活動では，教員からの発問などによって，問いの答えをつくる際に情報の選択や文の創造をし，さらには自分の主張の理由を考えさせる中で思考を促す活動になっています。思考活動をさせる際には，本文を構成する語彙や文法の理解は前提となりますが，それと共に，思考を促すための発問や情報の提供，表現のヒント（scaffold）を生徒に与える教員側の工夫も必要です。

⑥ 授業改善に必要なポイント

　最後に，授業をよりよいものにするための授業改善に必要なことをいくつか挙げます。❸に掲げた教員の授業後の意思決定項目とも重なる部分があるでしょう。
　授業改善に向けての最も重要なポイントは，まず，授業の目標が達成されていたかということです。目標には技能的なものや知識的なものなどがあるでしょう。したがって，本時の目標に対する生徒の評価の確認が重要です。ある知識の定着をめざしている場合，何をもって定着と考えるかは事前に決めておかないとなりません。そして，生徒の達成度を見るためには，当然，生徒の状況を観察し，分析できなければなりませんので，観察の視点を決めておくことも重要です。そして，目標と照らし合わせて，不十分であったところを明示化することが必要です。例えば，「本文の音読がうまくできていなかった」や「内容理解の質問に答えられていない生徒がいた」などです。そして，不十分な点が明示化できた場合，次に大切なのはその理由を探すことです。音読ができない場合は，発音

が難しくて読みにくい単語があり，その練習が不十分であったとか，教員の範読が一文一文であったため，それに生徒が付いていけなかったなどの理由が考えられます。先ほどの音読のケースでは，練習の時間をさらに増やしたり，教員の範読の際に，一文をもう少し小さい部分に区切って読んだりするなどです。そして，最後のプロセスとして，では，授業を次回に向けてどう改善するべきかを考えます。

　いずれにしても，授業改善のために生徒の反応をよく観察することと，授業全体をマクロな視点とミクロの視点の両方から把握する必要があります。

 ## 高等学校への連携を考える

　中学校の授業で培った英語の基礎的なコミュニケーション能力・技能をどのように高校の英語教育につなげていくかは重要な課題です。これまでの中高連携の問題点としては，高等学校では英語の語彙や表現のレベルが急に上がり，英語学習の不振者が増えるということがあります。また高校の教員が，中学校教育における生徒の文法のマスターの状況に満足せず，高校の正課の授業の中で生徒に対し文法を復習させるということもしばしば言われることです。

　高校では，4技能をさらに結び付けた統合的な言語活動が主流になり，さらに英語を用いた高度な認知作業も教科の中に入ってきます。聞く活動では目的に合わせて必要な情報を引き出したり，読む活動では概要を捉えたり要約をして，それを相手に伝えたり，相手の意見を批判的に理解し，異なる意見を表出したりするなどです。つまり，さまざまな用途での英語の使用が要求されることになります。今回の指導要領の改訂では「論理・表現Ⅰ・Ⅱ・Ⅲ」のような新科目が登場するに至りました。

　私たち教員は，中学校での英語の授業においては，身近な話題の中での英語使用をしっかり身に付けさせるまで十分に行い，高校の高度な認知作業を伴う英語活用に無理なくつなげていけるような授業の在り方を慎重に考える必要があるでしょう。例えば，基礎的な表現練習に始まり多様な文脈の中での活用を経たり，またタスク活動などの自分の英語リソースを用いながら行う即興的な活動も計画する必要もでてきます。

　一方で，中学校という学力差のある一つのクラスの中で，このようなことを行うのはかなりの困難を伴うことでもあります。そこで，中学校

の英語教員同士の知恵の出し合いや，高校の教員との生徒の英語力の状況の共通理解も今後重要になってくるでしょう。

理解チェックのための課題
中学校の授業づくりに関わると思われるプロセスをいくつか挙げて，ペアで互いに挙げたプロセスの違いを確認してみましょう。

応用発展をめざした課題
生徒の思考を促す活動を中学校の教科書の活動の中から探してみましょう。例えば，英作文をさせる場合，どのように活動を工夫すると思考が促される活動となるでしょうか。

第3章

高等学校の授業づくり

1)「英語コミュニケーション I」

　　高校英語教員の多くは「授業は英語で行うことを基本とする」という文部科学省の方針に沿った授業づくりに取り組んでいますが，一方で，相変わらず文法訳読式の授業を続けている学校現場も少なくありません。しかし，2017 年度版の学習指導要領では段階的到達目標が示され，生徒が英語を使いながら身に付けることができるような授業を行うよう奨励されています。この章では，2022 年度からの新科目「英語コミュニケーション I」を取り上げ，これがどのような科目であり，どのような授業が求められるのかを論じます。

● 本節で学習してもらいたい事柄 ●
- 「英語コミュニケーション」という科目の意義
- 文法訳読ではなぜいけないのか。文法訳読の功罪は何か
- 英語で行う授業にはどのような教材が必要か
- 英語で行う授業はどのように運営するのか
- 日本語を用いてよいときはどのようなときか

① 「英語コミュニケーション」という科目の意義

　　2008 年度版の高等学校学習指導要領（以下，旧指導要領）によれば「コミュニケーション英語 I，II，III」は，4 技能の言語活動を有機的に関連付けながら総合的に指導するように設定された科目でした。しかし，従来からの，語彙や文法知識の量を重視する授業が大学入学試験には有効であるという考え方は根強く，多くの学校現場では文法訳読式での授業が行われ，「話すこと」と「書くこと」の指導が十分とは言えない状況であることが指摘されていました[1]。
　　2018 年度版の高等学校学習指導要領（以下，新指導要領）で設定され

注
1) 中央教育審議会答申（2018）

た「英語コミュニケーションⅠ, Ⅱ, Ⅲ」は, 統合的な言語活動を通して4技能5領域の力をバランスよく育成することをめざす科目です。特に, 統合的な言語活動を行うことにより, 小学校, 中学校, 高等学校と一貫する段階的到達目標（第11章参照）を達成するために設定された科目であることを確認しておく必要があります。

1.1 望ましい授業のイメージ

　旧指導要領の下での「コミュニケーション英語」の検定教科書のほとんどは, 伝統的な検定教科書のイメージから大きく外れるものではなく, いわゆる「本文」を中心に構成され, 読む活動を中心に授業を行うように作られていました。今後, 新指導要領の導入後は, 教科書のあり方も大きく変わると思われます。さらにデジタル教科書の導入に伴い, さまざまなメディアを利用する授業が可能になりますので, 例えば, ビデオ映像が授業での導入部での主要なインプットになることもあり得るでしょう。

　新指導要領が求めるように, 目標は, 生徒がさまざまな場面で英語を使えるようになることです。生徒が使いながら英語を身に付けるための, 統合的な言語活動を授業の中心に置くことが求められるでしょう。しかし, 文字言語を用いるメディアとしての教科書が無くなる訳ではありませんから, 本文を中心とした授業も行われるでしょう。教科書を使うことを前提とするなら, 当然ながら, 文法訳読で終わらない教科書本文の扱い方について考える必要があります。

　例えば, 新指導要領の「英語コミュニケーション」の授業を, 本文を中心としながら4技能の言語活動へと展開する形で, 次の図1のようにイメージしてみましょう。

　伝統的な授業では, この図の左上の丸の中だけで終わってしまうようなこともあったかも知れません。「知識・技能」のレベル止まりだったとも言えるでしょう。新指導要領での指導すべき内容に照らせば, 読んだ内容について思考し, 判断し, 表現まで進むことが求められるのです。そこまで進んで「深い学び」に向かうことが可能になります。

　また別の授業展開についても提案しておきましょう。二つ目の図は題材について教員とインタラクションを行うという「聞く, 話す」活動から導入し, 生徒同士のインタラクションへと発展させ, 内容について習熟させ, さらに「読む」活動と「書く」活動も含めて, 学びを深めていくレッスン構成をイメージしています。

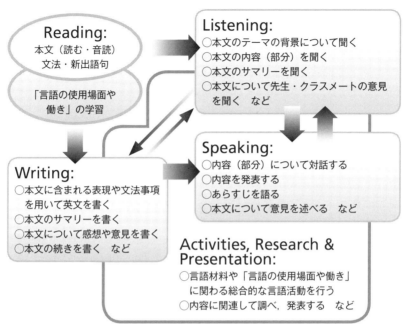

【図 1】本文を中心に置いた「英語コミュニケーション」の展開イメージ

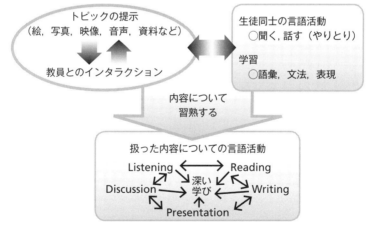

【図 2】4 技能を統合した［英語コミュニケーション］の展開イメージ

　図 2 に示す展開で図 1 と異なるのは，「読むこと」の位置付けです。この形での授業では，音声言語や映像を中心に題材の内容理解を進め，「書

く」ことや「発表する」ことに至る過程で，十分理解した内容や関連する内容について「読む」ようにしています。これらを通じて生徒は教科書のテーマに沿って英語を聞き，話し，読み，書き，話し合い，発表するという言語活動を行いながら，英語に習熟していくことになります。和訳を付けることは目的としていません。

1.2 文法訳読の功罪

　文部科学省が提唱する「英語の授業は英語で」という理念は，いわゆる「文法訳読式」とは対立するものです。一方で，文法訳読は必要だとする意見もあります。精緻な文法知識に基づき原文をきちんと踏まえて和訳を行うことで正確な理解ができ，入試対策としても必要だとされます。(p.134 参照)

　しかし，訳読中心の授業をイメージしてください。教員は文法や解釈の手順を丁寧に説明しながら和訳へと生徒を導いていきます。もちろん，教員が最も生徒に教えたいのは解釈のプロセスなのですが，教員の意識とは裏腹に，生徒の多くは結果として与えられる和訳だけに興味を向けがちです。複雑な説明をノートに整理するより和訳だけを書き写すほうが容易ですし，日本訳中心の定期試験対策はそれで十分だからです。

　英語の得意な生徒たちは解釈の説明を理解しながら教員の説明についてきます。しかしクラスの過半数を超える生徒たちは，和訳だけを覚えればよいのだと勘違いしているのかもしれません。和訳以外の多くの工夫を授業に取り入れ，生徒に英語そのものを扱わせることが必要です。

② 教科書本文を用いた「英語コミュニケーションⅠ」の授業

　この項では，「コミュニケーション英語Ⅰ」の検定教科書のテキスト本文を借用して，「英語コミュニケーションⅠ」の授業を取り上げます。この授業はアクティブ・ラーニング的な要素を含んでいますが，展開の中心は，教員が主導して内容に関する口頭練習を十分に行うことで，生徒が活発に発言する授業をめざす基礎作りをするものです。

2.1 授業の前に

　まず，一つのレッスンを数時間からなる単元としてどのように構成するかを計画します。レッスン本文に扱われる題材は多様ですから，毎時間同じ形式の授業を行うことがよいとは限りません。例えば，抽象的な

事項を多く扱う題材は，じっくり読み込んで著者の論理を追い，内容について考えさせる時間を保証しなくてはなりません。そういう題材は精読に向いています。一方，物語ならば，話の展開が具体的なので，一気に読んでサマリーを書く活動へと展開しやすいでしょう。賛否が分かれる内容の題材ならば，ディスカッションに適しています。本文がどのような言語活動に向いているかを判断し，単元ごとに授業展開を変えたり指導のウェイトを変えたりしても構わないのです。

2.2 単元の設計

　単元で扱う内容に応じて，単元の目標を立て，指導計画を立てます。この課はチョコレートの歴史がテーマですので，次のような目標とします。

(1) 本文の内容を大きくとらえた後，表現などを正確に理解できる
(2) 本文の内容について簡単な英語で語ることができる
(3) チョコレートにまつわる文化や歴史を学習し，広範な知識と多様な物の見方を身に付け，適切な表現を選択して話したり書いたりして書かれた内容について自分の意見を伝えることができる
(4) 後置修飾（関係代名詞，分詞）の構造を理解し，自己表現に用いることができる

　次に，単元指導計画を立て，評価については Can-Do 形式で設定します。ここでは評価の具体例は省略します。（第 13 章参照）

第 1 時	単元テーマと Part 1 導入：Q&A：表現と新語の導入
第 2 時	Part 1 復習 Part 2 導入：内容理解：表現と新語の導入：音読
第 3 時	Part 2 復習 Part 1，Part 2 の retelling；summary writing
第 4 時 （本時）	Part 1，Part 2 復習 Part 3 導入：内容理解：表現と新語の導入：音読
第 5 時	Part 3 復習 Part 4 導入：内容理解：表現と新語の導入：音読
第 6 時	Part 4 復習 Part 1，Part 2 の retelling；summary writing

第7時	単元の復習：テーマの発展と深化（fair trade など）；ペアによる対話とグループ討議：成果の共有

2.3 授業の構成

　読むことを中心とした授業です。「読むこと」を言語活動として捉え，他のさまざまな言語活動と関連付けながら本文の理解を深め，本文の内容を英語で語ることができるようにします。

Chocolate: A Story of Dark and Light

Part 3　本文

　Although chocolate has been loved for centuries, there is a dark side to the story. After the 16th century, chocolate became more and more popular in Europe, and so more cacao was needed to produce it. Spain and other European countries set up cacao plantations in Latin America and used local people for labor. They also brought in hundreds of thousands of African people to their plantations for slave labor. They later set up cacao plantations in Africa as well and forced local people to work there.

　Today, several problems still remain in some of those areas. An especially serious problem is children who can't go to school because they must work on the plantations. A Canadian journalist once reported on the huge gap between these children and the children who eat chocolate on their way to school in North America. In fact, most of the children on the plantations have never eaten or even seen chocolate.

PRO-VISION English Communication I NEW EDITION（桐原書店 2019）

　これはレッスンの Part 3 です。すでに Part 1 と Part 2 でこの題材全体への導入は済んでいることを前提に，この授業を説明します。

　まず，授業の目標を確認し，次に指導内容と手順を考えましょう。この授業では，音声による導入と理解を中心として「話すこと」に導くため，本文の内容を口頭で練習しながら定着させます。自由な自己表現ではありませんが，本文の内容についての口頭練習は有意味なドリルとなり，言語形式や表現の定着を促します。そしてその延長線上に summary writing や retelling を位置付けることで，表現力の向上の基礎づくりをします。

（1）本授業の新出語・重要表現など

plantation, labor, slave, African, European, Spain, Canadian, journalist, more and more, set up, hundreds of thousands of …, as well, on *one's* way to …

（2）写真・用具など

①教科書の写真 3 枚を拡大したもの

②奴隷売買や奴隷労働を描いた絵画，児童労働の写真（インターネットからダウンロード。著作権法にのっとり使用すること。）

③大西洋の地図（両アメリカ大陸，ヨーロッパ，アフリカを含む）

④写真掲示用磁石

　　または，写真などを提示する AV 機器

以下の 3.1 から 3.7 の順で，授業を展開していきます。

3.1 前回の復習（オーラル・インタラクション）

オーラル・インタラクションの前半の目的は，前回の授業の内容，つまりチョコレートとその歴史について知っていることを英語で確認することです。直前の授業では Part 1 と Part 2 の内容について retelling を行ったことが前提となっていますので，ここでは Wh-question を多用します。また，教員対生徒（T-S）だけでなく生徒対生徒の（S-S）のインタラクションも含めています。

ここには生徒の応答例は示していませんが，同じ質問を多くの生徒に向けたり，彼らの反応に合わせて質問の順序を変えたり，彼らの返事から話題を広げたりして，英語でのやりとりを楽しんでください。

Teacher (T): What do you need when you're tired? Ask your partner what he or she needs. Sleep? Right! But never sleep in class!

What do you like to eat when you're tired? Yes, chocolate.

All right, what do you remember about the history of chocolate?

OK, class, make pairs. Here are questions you are going to ask each other:（以下は前の授業で扱った内容についての質問。黒板またはディスプレイに掲示する）

- What is the main ingredient in chocolate?
- Where were those beans originally from?
- What is your favorite type of chocolate?
- What is your message when you give chocolate on Valentine's Day?

3.2 新しい内容の導入（オーラル・インタラクション）

さらにインタラクションは本文の導入に入ります。教員は，本文の内容を既習の文法表現のみを用いて説明します。ここでは教員の説明の大意を理解することが「聞くこと」の言語活動にもなっています。用意しておいた上記の写真 3 枚を，質問と同時に黒板またはディスプレイに提示します。

T: Look at this picture. What is it? Yes, a cacao pod and cacao beans. You know where cacao beans were originally from.

Student (S) 1?
S₁: America?
T: That's right. They are from … which part of America, S2?
S₂: Latin America.
T: Right! Cacao beans were originally from Latin America. Class?
All students: Cacao beans were originally from Latin America.
（復習の内容なので，モデル無しでフルセンテンスを言わせる）
T: After the 16th century chocolate became very popular in
　Europe. It became more and more popular. People in Europe
　wanted more and more cacao beans. So what did they want?
　More cacao trees? And …（生徒がカカオ専用の栽培施設をイメー
　ジしたところで）European countries made cacao plantations.
　Where did they make plantations? And what did Europeans
　want for the plantations? Europeans took a lot of Africans to
　Latin America.（地図や写真を用いて奴隷の移送について理解を促
　進させる）
　　　　　　　　　　　　……… 中略 ………
T: How about these pictures? A boy … What's he eating? Guess.
　Where is this boy from? Where is he from? From the U.S.A., or
　from Europe? And look at this boy. Where is he from?
　All right, class, I'll give you a new question. Discuss this: has
　this boy ever eaten chocolate? Also try to ask why or why not.
T: All right, class, stop. Let me hear your opinions. Has the boy
　eaten chocolate before? S3?
S₃: Yes, he has.
T: Why do you think so?
S₃: He lives in Africa. They have cacao beans.
T: All right. What do you think, S4?
S₄: No, he hasn't. He is very poor.
T: That's a good opinion. Class, you know that in some countries
　children work like grown-ups. What kind of work do they do?
S₄: Cacao plantation?
T: That's right. They work for cacao plantations. Why do they
　have to work, S5?
S₅: Because they are slaves?（このような勘違いがあり得ます）

T: No, no. They aren't slaves. There shouldn't be any slaves in this world now. It is a serious crime, 犯罪, to sell or buy people. (日本語でもよいので，はっきりと人身売買は現代社会では違法であるという事実を伝えます) But this boy has a serious problem. ("His serious problem: " と板書，または提示します) All right. Open your textbook, and find out what his problem is. (本文の内容を全て oral で伝えてしまうのではなく，自分で読みとることをさせます)

T: What is the problem the boy has, class?

All: He can't go to school.

T: That's right. He can't go to school. Why can't he go to school? Discuss the reasons in pairs. (生徒から貧困，長い労働時間，低賃金などが出てくればよいでしょう)

T: Do you know how much money he earns in a day? Less than one dollar[2] for each long day of hard work!

3.3 語句や表現の確認

　語句の導入に当たっては，文脈に合わせた意味を確認することが大切です。日本語を用いても構いませんが，英語のまま理解できるものはあえて訳す必要はありません。この授業では本文の内容把握の中で説明を入れていきますが，オーラル・インタラクションが済んだところで発音やスペリングなどを再確認する必要があります。

3.4 テキストの読み取りと内容の確認

　黙読の時間を取ります。黙読の間には机間巡視を行い，生徒から理解しにくい箇所，あいまいな箇所があれば指摘させます。生徒は自分自身で内容を把握できているかどうかを確認します。次に内容の理解度を確認します。教科書本文の後の練習問題には True/False などの設問が何題か付いていますが，これを利用しましょう。チェック文を増やすことも考えていいと思います。概して教科書本文の後に用意されている comprehension check は，読むための文として書かれていますので，口頭で行う場合にはそのまま用いるのではなく，短い文に言い換えることが必要です。True になるチェック文は，後のサマリーを書く活動に利用

注
2) https://craftsense.co/craft-culture/child-labor-in-cacao-production/

58

できますので，確認の際には口頭練習をしっかりさせます。言えるようになった文だからこそ，書けるようになるということを生徒に徹底します。

- Chocolate has a dark history.
- Europeans made a lot of plantations to produce cacao beans.
- Thousands of slaves were brought to Latin America.
- Later, Europeans made plantations in Africa.
- Today children work very hard at cacao plantations.
- They can't go to school.

3.5 解説

理解の上で重要な箇所をピンポイントして解説します。和訳を用いても構いませんが，「訳さなくても理解できる」という目標を生徒と共有することが必要です。生徒が読み違える箇所もあると思います。ローカル・エラー (local error) でない読み違いであれば取り上げ，クラス全体に向けて確認をします。生徒が理解しにくい箇所だけでなく教員から見て注意を促したい箇所，生徒が誤解しやすい箇所をおさえます。また，新出の言語材料を確認する必要もあります。

3.6 音読練習

音読練習は内容理解の後でしてこそ効果があります。音読を内容理解の前に行う教員もいますが，それでは音読の目的が明確になりません。意味の分かっているものを音声化する練習が，話すことの基礎になります。

まず，chorus reading を行い，次に buzz reading や pair reading，そして最後に read-and-look-up の順に進めます。Buzz reading は個別に小声で読む練習です。ここまで進めば，内容はほとんど分かっているはずですので，テキストはあまり見なくてもできるはずです。英語らしいリズムで読むように指導します。

3.7 まとめ（サマリーを作る活動）

本文の理解が済んですぐにサマリーを書けと言われれば，生徒は戸惑うでしょう。元の文章の何を残し，何を省くかは難しいことです。最終的には生徒が自分で判断できるようにしてやらなくてはなりませんが，

今回の指導では，教員がサマリーへと誘導します。初期の段階での指導方法です。

　教員は生徒に英語で問いかけ答えを引き出しながら，内容理解のときに練習した文を中心に，ゆっくりと本文の大意をまとめて行きます。内容理解で用いた写真や絵をもう一度掲示し，キーワード（下線部）を書き出します。

　最終のゴールは retelling，すなわち，このサマリーを言えるようになることです。すぐにはうまく言えないでしょうから，ペアでお互いに聞き合うような練習が必要です。練習のバラエティーとして，例えば，1 人が読みもう 1 人はシャドーイング（shadowing）を行う，また，1 人が聞き役に回り時間を計測するなどの展開を工夫しましょう。

　最後に数組のペアに発表させます。教員の例と一字一句同じでなくても構いません。時間があればそれを各自に書かせます。

④　実践の際の留意点

　今回この授業で紹介した活動は，教科書の本文について聞き，話すこと，教科書の本文を読むこと，本文のサマリーを口頭で言えるようになることでした。新出文型の練習などは，次の授業で行うことになるでしょう。このような形式の授業は，慣れないうちは生徒は戸惑い，口を開かないかもしれませんが，根気よく時間をかけて声を出す練習を積み上げていくことが成功へつながります。

理解チェックのための課題
　教科書から 1ページ程度のテキストを選び，オーラル・インタラクションに使える質問をできるだけ多く作ってみましょう。

応用発展をめざした課題
　内容理解に役立つ絵や写真を探し，黒板に掲示できるよう準備し，それらを用いてテキストのサマリーを発表してみましょう。生徒にとってこの活動の難しいポイントを指摘し，どう解決すればよいか話し合いましょう。

2）「論理・表現Ⅰ」

この節では，2022年から実施される新科目，「論理・表現Ⅰ，Ⅱ，Ⅲ」の目的，授業の内容・方法と実施上の考慮点などについて述べていきます。今回の高等学校学習指導要領の改訂の目的として，「生徒が何ができるようになるか」について目標を具体的に明確にして教育を計画することが挙げられていますが，「論理・表現」は，特に，発表技能の3領域（やり取り・発表・書くこと）を強化することを意図しています。聞いたり読んだりしたことについて考え自分の意見をまとめて発表する，技能統合型の科目です。生徒の英語学習に対する動機付けを高める可能性が大きい半面，アクティブ・ラーニングの手法が不可欠になるため，教員の側の授業方法の見直しも不可欠になるでしょう。この節では，「論理・表現Ⅰ」を例に詳しく解説します。

● 本節で学習してもらいたい事柄 ●

- 「論理・表現」が導入された目的は何か
- この科目の性質と内容はどのようなものか
- この科目の授業構成はどのようになるのか
- 具体的な授業の流れはどのようになるのか
- 指導上教員が考慮すべきところはどのような点か

① 「論理・表現」の目的

「論理・表現Ⅰ，Ⅱ，Ⅲ」は，今回の指導要領の改訂で導入された科目です。旧指導要領にあった「英語表現Ⅰ，Ⅱ」から発展した科目群と考えてよいでしょう。一言でいうと，生徒の英語での表現力を音声的な形，文字表現の形で育成することを目的とした科目です。従来の「英語表現Ⅰ，Ⅱ」でも，事実や意見などを考察し，論理展開や表現を工夫して伝える能力を養い伸ばすことを目標にしていましたが，実際，多くの高校の授業では，文法や語彙，表現を学習し，和文英訳をするために多大な時間が費やされています。中央教育審議会答申（2018）でも言語活動が不足しがちであるという指摘がありました。今回の「論理・表現Ⅰ，Ⅱ，Ⅲ」

では，スピーチ，プレゼンテーション，ディベートやディスカッションをしたり，段落を持った文章を書いたりすることを通じ，論理の構成や展開を工夫して伝え合ったり，交渉したりできるような発表技能を育成することが目標です。

　学習指導要領に示された「論理・表現Ⅰ，Ⅱ，Ⅲ」の「目標」は次の表の通りです。それぞれの領域での段階的到達目標の違いを，この表では下線を付けて比較しやすくしてあります。

目標			
	論理・表現Ⅰ	論理・表現Ⅱ	論理・表現Ⅲ
聞くこと			
読むこと			
話すこと[やり取り]	ア　日常的な話題について，使用する語句や文，対話の展開などにおいて，<u>多くの支援を活用すれば，基本的な語句や文を用いて</u>，情報や考え，気持ちなどを話して伝え合ったり，<u>やり取りを通して必要な情報を得たり</u>することができるようにする。	ア　日常的な話題について，使用する語句や文，対話の展開などにおいて，<u>一定の支援を活用すれば，多様な語句や文を用いて</u>，情報や考え，気持ちなどを<u>詳しく</u>話して伝え合ったり，<u>立場や状況が異なる相手と交渉したり</u>することができるようにする。	ア　日常的な話題について，使用する語句や文，対話の展開などにおいて，<u>支援をほとんど活用しなくても，複数の資料を活用しながら，多様な語句や文を目的や場面，状況などに応じて適切に用いて，課題を解決することができるよう</u>，情報や考え，気持ちなどを<u>整理して</u>話して伝え合うことができるようにする。
	イ　日常的な話題や社会的な話題について，使用する語句や文，対話の展開などにおいて，<u>多くの支援を活用すれば</u>，ディベートやディスカッションなどの活動を通して，聞いたり読んだりしたことを活用しながら，<u>基本的な語句や文を用いて</u>，意見や主張などを論理の構成や展開を工夫して話して伝え合うことができるようにする。	イ　日常的な話題や社会的な話題について，使用する語句や文，対話の展開などにおいて，<u>一定の支援を活用すれば</u>，ディベートやディスカッションなどの活動を通して，聞いたり読んだりしたことを活用しながら，<u>多様な語句や文を用いて</u>，意見や主張，<u>課題の解決策など</u>を論理の構成や展開を工夫して<u>詳しく</u>話して伝え合うことができるようにする。	イ　日常的な話題や社会的な話題について，使用する語句や文，対話の展開などにおいて，<u>支援をほとんど活用しなくても</u>，ディベートやディスカッションなどの活動を通して，<u>複数の資料を活用しながら，多様な語句や文を目的や場面，状況などに応じて適切に用いて</u>，意見や主張，課題の解決策などを，<u>聞き手を説得できるよう</u>，論理の構成や展開を工夫して<u>詳しく</u>話して伝え合うことができるようにする。

話すこと ［発表］	ア 日常的な話題について，使用する語句や文，事前の準備などにおいて，多くの支援を活用すれば，基本的な語句や文を用いて，情報や考え，気持ちなどを論理の構成や展開を工夫して話して伝えることができるようにする。	ア 日常的な話題について，使用する語句や文，事前の準備などにおいて，一定の支援を活用すれば，多様な語句や文を用いて，情報や考え，気持ちなどを論理の構成や展開を工夫して詳しく話して伝えることができるようにする。	ア 日常的な話題について，使用する語句や文，事前の準備などにおいて，支援をほとんど活用しなくても，多様な語句や文を目的や場面，状況などに応じて適切に用いて，情報や考え，気持ちなどを，聞き手を説得できるよう，論理の構成や展開を工夫して詳しく話して伝えることができるようにする。
	イ 日常的な話題や社会的な話題について，使用する語句や文，事前の準備などにおいて，多くの支援を活用すれば，スピーチやプレゼンテーションなどの活動を通して，聞いたり読んだりしたことを活用しながら，基本的な語句や文を用いて，意見や主張などを論理の構成や展開を工夫して話して伝えることができるようにする。	イ 日常的な話題や社会的な話題について，使用する語句や文，事前の準備などにおいて，一定の支援を活用すれば，スピーチやプレゼンテーションなどの活動を通して，聞いたり読んだりしたことを活用しながら，多様な語句や文を用いて，意見や主張などを論理の構成や展開を工夫して詳しく話して伝えることができるようにする。	イ 日常的な話題や社会的な話題について，使用する語句や文，事前の準備などにおいて，支援をほとんど活用しなくても，スピーチやプレゼンテーションなどの活動を通して，複数の資料を活用しながら，多様な語句や文を目的や場面，状況などに応じて適切に用いて，意見や主張などを，聞き手を説得できるよう，論理の構成や展開を工夫して詳しく話して伝えることができるようにする。
書くこと	ア 日常的な話題について，使用する語句や文，事前の準備などにおいて，多くの支援を活用すれば，基本的な語句や文を用いて，情報や考え，気持ちなどを論理の構成や展開を工夫して文章を書いて伝えることができるようにする。	ア 日常的な話題について，使用する語句や文，事前の準備などにおいて，一定の支援を活用すれば，多様な語句や文を用いて，情報や考え，気持ちなどを論理の構成や展開を工夫して複数の段落から成る文章で詳しく書いて伝えることができるようにする。	ア 日常的な話題について，使用する語句や文，事前の準備などにおいて，支援をほとんど活用しなくても，多様な語句や文を目的や場面，状況などに応じて適切に用いて，情報や考え，気持ちなどを，読み手を説得できるよう，論理の構成や展開を工夫して複数の段落から成る文章で詳しく書いて伝えることができるようにする。

		イ　日常的な話題や社会的な話題について，使用する語句や文，事前の準備などにおいて，多くの支援を活用すれば，聞いたり読んだりしたことを活用しながら，基本的な語句や文を用いて，意見や主張などを論理の構成や展開を工夫して文章を書いて伝えることができるようにする。	イ　日常的な話題や社会的な話題について，使用する語句や文，事前の準備などにおいて，一定の支援を活用すれば，聞いたり読んだりしたことを活用しながら，多様な語句や文を用いて，意見や主張などを論理の構成や展開を工夫して複数の段落から成る文章で詳しく書いて伝えることができるようにする。	イ　日常的な話題や社会的な話題について，使用する語句や文，事前の準備などにおいて，支援をほとんど活用しなくても，複数の資料を活用しながら，多様な語句や文を目的や場面，状況などに応じて適切に用いて，意見や主張などを，読み手を説得できるよう，論理の構成や展開を工夫して複数の段落から成る文章で詳しく書いて伝えることができるようにする。

【表1】「論理・表現」の目標

（文部科学省 2018c）

　以上の目標から，生徒にどのようなことを意識させ，教員がどういう指導を心がけるべきか，次のように整理してみましょう。

(1)生徒が表現したり活動したりする，場面のある有意味な表現活動を設定する必要があること

(2)生徒の表現意欲を喚起するため，生徒が関心を持つ日常的な話題や社会的な話題から題材を選択する必要があること

(3)生徒がテーマについて述べたり議論したりする前に準備をしやすいように，必要な準備をしておくこと

(4)Show and Tell などを行い，準備して発表する小さい活動を生徒に体験させておく必要があること

(5)言語活動の前に，どのような語彙や表現が必要かを考えて準備させる必要があること

(6)生徒が話したり文章を書いたりする際に，思いつくままではなく相手との関係や場面に応じて考えを整理する方法を指導する必要があること

　表現活動を行った結果，生徒が達成感を得られるような活動であることが前提となります。

2 授業の基本的特徴，性質について

　「論理・表現」の基本的な授業内容については，指導要領の「論理・表現」のそれぞれの「内容」の項に書かれていますが，科目の基本的な特徴を確認しておきましょう。

2.1 知識および技能について

　学習指導要領では，「英語の特徴やきまりに関する事項」として，「論理・表現Ⅰ，Ⅱ，Ⅲ」のいずれにおいても，小学校「外国語」から高校の「英語コミュニケーションⅠ」までの言語材料のうち，「論理・表現」の領域別の目標を達成するのに必要なものを適宜用いるように求めています。また「論理の構成や展開及び表現などに関する事項」として，次の2点を加えています。

　（ア）目的や場面，状況に応じた論理の構成や展開
　（イ）情報や考えなどを効果的に伝える表現

　この科目では，「話すこと・書くこと」の発表技能を育成することに重点が置かれるので，授業の内容は次のようなものが想定されます。

- 話すこと［やり取り］の活動を行う場面
- 話すこと［発表］の活動を行う場面
- 書くことの活動を行う場面
- 上記の複数領域を統合した活動を行う場面

　生徒が表現したい内容を話したり書いたりするようにさせるわけですから，文法項目別に和文を与え一文ずつ英訳させることよりも，生徒が馴染んでいる平易な英語を用い，設定された場面に応じて話したり書いたりする活動を展開するための工夫が必要になります。

3 「論理・表現Ⅰ」の授業の構成について

　例えば，次のような例が挙げられるでしょう。

3.1 「話すこと［やり取り］」を中心とした活動型

　（資料を読むこと。4人程度の少人数グループで，1人が著名人を演じ他の生徒がインタビューをする）

①教員が活動の内容と活動の目的を提示する

②演じる著名人について，情報（英語）を共有する。インタビュアー
　は読者・視聴者の興味を引くような質問を準備する

③質問内容に関する英語を調べさせる

④各グループでインタビューのリハーサルを行う（メモを取る）

⑤クラス全員の前で各チームがインタビューを行う。他のチームから
　即興で質問が出てもよい

⑥教員がそれぞれのチームの発表について，フィードバックを行う

⑦教員からの全体講評と肯定的評価

3.2「話すこと［発表］」を中心とした活動型

（4人程度の少人数グループで，架空の商品を売り込むShow and Tell
を行う）

①教員が活動の内容と活動の目的を提示する

②グループでブレーン・ストーミングを行い，商品の内容を考え，商
　品の説明に必要な語彙と表現を確認する

③商品の長所について4点挙げる（原稿を作る）

④グループでリハーサルを行う（原稿を見ずに言えるようになる）

⑤教員が評価の観点を伝える

⑥各グループがプレゼンテーションを行う

⑦生徒が各グループの発表を評価する。KJ法[1]で整理する。教員がそ
　れぞれの発表について，フィードバックを行う

⑧教員からの全体講評と肯定的評価

3.3「書くこと」を中心とした活動型

（日本の学校生活とアメリカの学校生活との違いを比較し，どちらの方
が好ましいと思うかを根拠や理由を付して書かせる活動）

①教員が活動の目的と内容，さらに活動の手順を説明する

②アメリカの学校生活の様子を書いた文章を配布し読ませる

③4人グループで，文章に描かれたアメリカの学校生活の内容を確認し，
　日本の学校生活との比較について英語で意見を言う

注

1)「KJ法」は川喜田二郎氏が考案した発想法。個々の参加者がアイディアを大きめの
　付箋に書き，模造紙などに貼り出しながら参加者が相談しながら出されたアイディ
　アをグループ分けしたり並べ替えたりして整理してゆく。

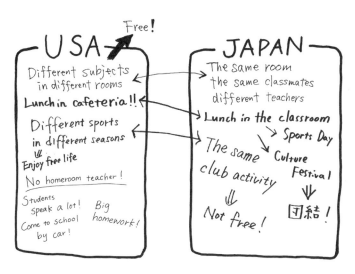

整理途中のメモの例

④同時に，グループで出た意見を可能な限り英語でメモを取らせる。このプロセスでマッピングの技術を指導してもよい。分からない表現は辞書で調べたり，教員からアドバイスを受けたりする

⑤文章構成の雛型を生徒に配布する

　 例 　1. タイトル
　　　　2. 導入と主張
　　　　3. 両国の学校生活の具体的比較
　　　　4. 結論

⑥メモを基に，出た意見を関連付けたりして整理する。意見を全て書かせるのではなく，内容の一貫性（coherence）にも気を配って取捨選択するように指導する。例えば，メモの "Big homework" は日米の比較が難しいので外す，などもグループで相談する

⑦文章の輪郭を箇条書きさせる（できれば英語で行わせる）

⑧文章作成

⑨ピア・フィードバック

⑩推敲作業

⑪完成

⑫作業状況（困難点など）を生徒に発表させ，教員がコメントする

⑬教員からの全体的講評

具体的な授業の展開例「論理・表現Ⅰ」

　検定教科書の単元を取り上げ，複数の技能に関わる言語活動を含むようにアレンジし，「論理・表現」の授業として展開する例を示します。教科書は「英語表現Ⅱ」の題材を利用しますが，この展開例は「論理・表現Ⅰ」に適したものにしてあります。

4.1 複数の技能に関わる言語活動
活動内容：自分が無駄だと思うことや，反対に時間があればしたいことについて，その理由を三つ考え，ペアの相手と話し合う。さらに反論するために言えることを話し合う。相手と相談したことを整理して書き，発表させる。

4.2 指導手順
　①Oral introduction
　　まず，教員が今日の目標を示す。
　　次に，自分が最近他人を見て無駄だと思えてしまうこと，次に熱中していることを述べて生徒に聞かせる。「無駄と思えること」については，生徒が反論したいと思う気持ちを抱くようにする必要がある。

Teacher (T): Listen to me. I'll tell you something I don't really like.

　　There are several leisure activities that I consider to be a waste of time. For example, some people surf the Internet day and night. Others just play video games on their smartphones, or watch TV shows at home.

　　There are two things I particularly like to do in my free time. First, I like to go camping in the mountains. Second, I like going to aquariums to see all the different sea creatures.
　　　　　　(Revised POLESTAR English Expression II（数研出版 2019）)

T: Now, open your textbook to Page 94. Let's read "A".
　②構成の確認
　　先に挙げた文章の前半では for example を入れたために，話題の流れが明確になっていることを生徒に確認させます。また，二つの例を挙げるために some people と others を組み合わせて対立する効果を上げていることを確認させます。後半では，最初に two things と言い

次に first, second を用いて例を示すことで列挙していることが明確に
なることも指摘しておくとよいでしょう。

T: Do you like this passage, class? I see. You don't like Passage
　A. Do you like YouTube movies? Others like video games. You
　don't think it is a waste of time, do you? Some of you like net
　surfing. Why? It relaxes you when you are upset after you've
　had a hard time? I see. All right. Talk about these things in
　pairs. Find good reasons to support your ideas.

先に挙げた文章の後半についても話題にします。生徒とのやり取り
の中で今日の活動の枠組 "first, second, third" を確認してください。
「したいこと」「夢中になっていること」は一人からではなく，できる
だけ多くの生徒から引き出すほうが授業が活性化します。生徒が使え
そうな理由を表す表現なども，いくつか入れて口慣らしさせておくと
よいでしょう。

T: How about Passage B? Do you like it? Do you like aquariums?
　I think watching fish relaxes you. Do you agree? All right,
　repeat after me: watching fish relaxes you.

Students: Watching fish relaxes you.

T: Let me ask you. What are you addicted to now? Instagram?
　Why are you crazy about it? You like to take a lot of beautiful
　pictures. You like to show your pictures to a lot of people. Any
　other reasons? Ah, you like to see pictures your friends take.
　Good. You like Korean artist groups? Why do you like them?
　Give me three reasons. Yes? They are handsome? What else …

③列挙のための枠組みを黒板やディスプレイに提示し，ペアで対話さ
　せる

T: All right, next, make pairs. Talk with your partner about
　something you are crazy about now or interested in. You
　should give your partner three reasons you like doing it.

④自分の熱中していることとその理由を考えさせ，理由を三つメモさ
　せる。単語については辞書や過去に学習したものから探させる
⑤自分の意見を入れて，再度会話をペアで行わせる
⑥相手の熱中していることとその理由を三つメモさせる
⑦次に，パートナーの熱中していることとその理由三つを他者に紹介
　する文を書かせる

T: Now you've learned what your partners were crazy about and their reasons. So let's share that information with the whole class.

❺ まとめ

　和文英訳をしないライティングが含まれます。慣れないうちは，生徒は何を書くかという最初の段階で戸惑うことも多いと思います。最初からレベルの高い英文を求めなくてよいのです。中学校英語のレベルの文構造で簡単な短い文ばかりで構わないのです。少しずつ考えを整理し，積み上げて行く書き方に慣れさせてください。例文として使えそうなものは，oral interaction の中で適宜，口頭練習により口慣らしをしながら板書したり，さらに印刷物なども利用したりして，ふんだんに与えてください。できるだけ日本語を加えずに積み上げる習慣を付けることが最も大切です。

　また，「論理・表現 I, II」では，書くことと話すことの技能を伸ばすことが期待されます。グループを中心とした共同学習を効果的に取り入れ，考えを交換し合うなどして，従来の和文英訳では不足しがちであった，自分の考えを整理しながら表現する英語技能を身に付けさせたいと思います。

🗹 理解チェックのための課題
　生徒が自ら考え自らの発想で英語を書くようにするために，指導の際に留意する事項を箇条書きにしてみましょう。

🗹 応用発展をめざした課題
　意見の違う相手に反論をする場面のサンプルになるような対話例を複数考えてみましょう。

第4章

指導の形態

　通常1クラスが30〜40人の生徒で構成されている公教育の現場では，生徒間に見られる基礎学力や学習意欲などの差は少なくありません。このような状況の中で「確かな学力」の向上をめざして授業を展開するに当たり，教室内授業の前提となる「指導の形態」について理解しておきましょう。

● **本章で学習してもらいたい事柄** ●
- 指導形態別の特徴はどのようなものか
- 担当教員別の指導形態にはどのようなものがあるか
- JTE 単独で行う指導ではどのような点に留意すべきか
- ティーム・ティーチング（TT）の指導形態と特質について
  - **JTE と ALT による TT**　　**JUTE 同士による TT**

1 指導形態別の特徴

　指導の形態を考えるときは，学級を固定的に捉えないで，授業の目標や内容に応じて柔軟に扱う必要があることを確かめておきましょう。

　指導形態に関する考え方については，例えば高等学校の学習指導要領解説外国語編の「内容の取扱いに当たっての配慮事項」には，次のように記されています。

> 生徒が発話する機会を増やすとともに，他者と協働する力を育成するため，ペア・ワーク，グループ・ワークなどの学習形態について適宜工夫すること。

　このような「学習形態」の工夫はどの学校段階でも必要となり，特に今回の学習指導要領の目標に「思考力・判断力・表現力等」の育成が入り，生徒の学びの在り方として，一層主体的に取り組ませる必要が出てきたとの認識により「学習の形態」の工夫が促進されるよう求められています。

形態	効果・利点	留意点
全体一斉指導	●同一の内容を同時に多人数に指導でき，指導内容の均一性が保たれる ●さまざまな意見が生まれ，さまざまな考え方に触れることができる ●教える側の負担が軽減される	●児童・生徒の学ぶスピードやスタイルなど学習の特性に応じることが難しい ●教員の立ち位置によって集中力や緊張感に差が出やすい ●学習が受け身になりやすい ●タイミングよく「やり取り」がしにくい ●生徒の発言量が制限される
ペア・グループ指導	●生徒が活動に参加しやすくなる ●意見交換や協働的な学習活動がしやすくなる ●難易度の高い課題にも取り組みやすい	●ペアやグループを構成する生徒により効果が左右される ●活動の内容が拡散しやすい ●理解度や進度の差の調整が必要となる
個別指導	●個々の生徒の学力・興味・関心に応じた指導ができる ●学習意欲の喚起につながる指導ができる ●生徒の学習のペースに合わせた指導ができる	●学級の指導内容との歩調が合わせにくい ●教員数の確保など財政的な負担が増大する ●学級全体に指導の眼が届きにくくなる

（金谷編 2009）

　いずれの指導形態を取り入れる場合でも，次の三つの要素を考慮しなければなりません。

(1) **生徒の実態による対応**：日頃の生徒を観察・評価などする中で，生徒の授業への取り組み状況やなじみやすい学習の仕方，興味・関心を知っておく必要があります。

(2) **学習内容やねらいによる対応**：学習内容を積み上げる指導の方式により生徒の習熟の差が出やすい内容か，生徒同士のインタラクションを行わせて達成感を持たせたい活動か，生徒全員に身に付けさせたい基礎学力の定着を図る活動かなど，重点の置き方次第で指導する形態が変わります。

(3) **学年の特質や発達段階による対応**：教育段階や学年により異なる学級集団としてのまとまりや協調関係を見定めて，指導の形態を決め

なければなりません。また，児童期から思春期への精神的な内面の変化に応じて，抑圧を与えないようにして，参加を促す指導形態を工夫する必要があります。

　新しい学習指導要領の改善の一つとして，「学びに向かう力」などの涵養が求められるようになりましたが，それらが効果的に進められるためには，学級集団のもつ質に着目しなければいけません。つまり，学級がどのような形態を取ろうとも，集団の全員が学びに向かう姿勢をもち，相互補完する仲間づくりが求められるでしょう。

　なお，一斉指導中心の授業でも，グループ指導や個別指導を取り入れることが可能ですが，これらを恒常的に行えるように少人数クラスの編成を導入するには，教員数の確保が重要課題となります。

 ## 担当教員別の指導形態

　英語の指導形態は，JTE（Japanese Teacher of English: 日本人英語教員）単独で行う指導，ALT とのティーム・ティーチング（TT），複数の JTE による TT に分かれます。JTE 単独の指導と TT による指導の特徴と留意点は次の通りです（ブランビー・和田 1996）。

形態	効果・利点	留意点
JTE 単独の指導	●他教科との関連性を把握しながら学習活動計画が立てられる ●クラス全体で行われる生徒の取り組みや実態を踏まえながら指導の仕方を変えられる ●生徒のつまずきの箇所を予測して授業を展開できる	●教員中心のペースで授業が展開されやすい ●個々の生徒への対応に偏りが出ることがある ●活動が単調になりやすい ●授業診断・評価が独断になりやすい ●生徒と英語を使って授業を行う可能性が低くなる
TT による指導（主として JTE と ALT との TT）	●ALT の発音に親しむ機会が増える ●多様な授業展開ができる ●教員同士の対話の手本を提示できる ●活動の細部にわたり支援ができる ●コミュニケーションを行う雰囲気づくりができる	●教員間の共通理解を互いに得ることが重要。特に事前打ち合せで，クラスの特徴，単元のねらい，既習内容，生徒の実態などについて JTE から ALT への説明が不可欠である ●各教員の役割分担を事前に明確にしておく必要がある

2.1 JTE 単独で行う指導

　この形態の授業では，教員が生徒に働きかけて，導入，学習内容の提示，練習，まとめまでの指導を教員が単独で行うものです。この種の授業で教員が留意すべき事項は次の（1）～（4）に集約されます。

（1）生徒に分かりやすいことばで説明する

①日本語による説明

　過度に文法用語（「主語」，「動詞」，「目的語」など）を使用しない（Doughty 1998）。そのためには理解しやすい例文を示し，主要語の働きと意味に焦点を当てて，文法用語の相互関係に意識を向けて理解させるようにする。以下，文法用語を使用しないで文中の主要要素を説明する例を，Risa plays basketball, and I play soccer. の文を取り上げて示してみる。

1.「主語」という用語を使わない例

　　plays basketball をする人を表している Risa と，play soccer をする人を表している I が，それぞれのスポーツをする「人」となっています。

2.「動詞」という用語を使わない例

　　play は，Risa と basketball との関係，また I と soccer との関係を表すことばです。この文では，それぞれの「スポーツをする」という意味を表しています。

3.「目的語」という用語を使わない例

　　play は「何かのスポーツをする」という意味ですが，basketball と soccer はそれぞれ Risa と I がする何かのスポーツを表しています。この文を成り立たせるためには無くてはならない重要な要素です。

　このような平易な例文によって，説明を加えながら，「主語」，「動詞」，「目的語」のような基本的な文法用語の機能を徐々に理解させることが必要です。

②英語による説明

　新出単語の説明をする際に，実物を提示する以外にも類例を示すことで，語の意味の広がりについて理解を深めることが期待できます。ただし，これまでの指導場面では，日本語の意味を付することに注意が集まる例が散見されました。しかし，本来は，その語がどのように用いられているかを提示すべきです。

いろいろな book の例：

This is a notebook and that is a textbook. They're books, you know. There're some other kinds of books. For example, here are an exercise book, an address book, and a bankbook. Books are a set of sheets of paper or a set of things like the one you see on this desk.

(2) 生徒から発話を引き出す

生徒が持っている興味・関心に訴えて反応を引き出す工夫は，彼らの実態を知っている JTE がその力量を発揮できるところです。

食べ物について好みを尋ねる例：

Teacher (T): I like *shabu-shabu*. Cathy likes *sukiyaki*. How about you, Risa? What is your favorite Japanese food? What do you like the best? *Sukiyaki, tempura, sushi, soba, udon,* or …?

Student (S): *Sushi* and *tempura*.

T: Oh, me too. I also like *sushi* and *tempura*.

(3) 活動の目的や手順を明確に示す

JTE が英語で授業を進める場合でも，学習活動や言語活動の目的や手順をはっきりと説明することが授業を円滑に行う上での基本です。新しい中学校学習指導要領解説外国語編では，授業改善を進めることを求めていますが，「主体的に学習に取り組めるよう学習の見通しを立てたり学習したことを振り返ったりして自身の学びや変容を自覚できる場面をどこに設定するか」など，学習者自身も自分の学びの進捗状況が分かることの大切さを指摘しています。

英語による説明

T: OK, class! Now open your textbook to page 23. Take a look at Exercise No.1. I'll read the model answer. Listen carefully first. "I love fishing. What are you interested in?" Listen again. "I love fishing. What are you interested in?" Pair up and ask each other this question and write down your partner's answer in your notebook. All right, now get started, everyone!

このように指示が重なる場合は，教員の指示が間違いなく理解され

ているかを確認する必要があります。

（4）手本としての「ロールモデル」を演じる

　音声指導を行う際に，手本を示す教員のパフォーマンスやプレゼンテーションの力量が生徒を活動に引きつける牽引力になります。

2.2 JTE 単独で行う指導の留意点

　JTE が単独で授業を行う際は次の点に注意しましょう。

（1）教員が 3 分以上続けて話していないか

　日本語でも英語でも教員が 3 分以上続けて話すと，生徒の注意力が持続しなくなってきている昨今の現実に配慮しましょう。ことばの「やり取り」が優先されるべき英語の授業では，教員の話す時間より生徒の発言の機会や時間を増やさなければ，生徒の発話力が伸びることは期待できません。

（2）文法用語を多用していないか

　教室内では，限られた時間内において学習内容を理解させ，言語活動を行わなければなりません。したがって，ある程度の「文法用語」の使用は避けられません。しかし，教員が当然のように使ってしまう文法用語は抽象的な概念でもあるため，生徒には理解できないことが少なくないことも事実です。文法用語については，生徒の理解度を確認しながら無理なく使用しましょう。

（3）情報過多になっていないか

　1 人の JTE による授業では，多すぎる学習内容を提示してしまう危険性が伴います。事前に整理しないままに教員が得意とする知識を与えすぎていないかを分析するために，自分の授業を録音・録画して振り返ること（reflection）を定期的に行うようにしたいものです。

（4）話すスピードは速すぎないか

　教員の話すスピードが妥当なものであるかどうかを知るために大切なことは，生徒の反応に即した質問などをしながら確認をしていくことです。

（5）生徒の学習の流れに沿っているか

　教員の与える説明や指示が十分でなかったり，学習活動や練習の前提となる知識や技能からの飛躍がある場合は生徒に混乱や戸惑いを与える原因となります。

（6）文字中心の指導になっていないか

　JTE 単独の授業では，音声練習が占める割合が少なく，文字中心の指導になりがちです。音声訓練が英語運用力の基盤形成には欠かせないことを考えて，授業展開に変化をもたせるようにしましょう。

（7）授業全体の流れを把握しているか

　練習や活動などに熱心に取り組むあまりに，授業全体の流れを見失うことがあります。時間不足で授業が尻切れで終わったり，定着を図る活動を行えなかったり，「本時のまとめ」ができなかったりすることは決して望ましいことではありません。生徒の理解度や取り組みの様子を把握しつつ，授業の展開を微調整する冷静さを保持したいものです。

2.3 ティーム・ティーチング（TT）の形態

　TT の形態は，JTE と ALT との TT と JTE 同士による TT があります。

2.3.1 JTE と ALT による TT

　JTE と ALT の果たす役割によって4つの形態に分類されます（卯城 1992）。

（1）JTE 主導型（JTE-centered TT）

●授業開始

JTE: Good morning, everyone! How are you, class?

Students: Fine!

JTE: All of you look very fine. OK. We're lucky enough to have a new teacher with us today. Welcome to our school. Why don't you say a few words?

ALT: Hi. My name is Katherine Stewart. I'm from Queenstown, New Zealand.

JTE: What should we call you, Ms. Stewart?

ALT: Please call me Cathy for short.

JTE: では，キャサリーン・スチュアート先生を Cathy と呼ぶことにしましょう。All right, now let's get started, class!

　授業の開始では，英語の学習の雰囲気づくりに ALT の果たす役割はとても大きなものがあります。ぜひとも，生徒を JTE と ALT の対話に取り込んで，三者による授業開始を心がけましょう。モデル会話などを示すだけでなく，生徒の参加を促しましょう。

(2) ALT 主導型（ALT-centered TT）
●対話練習
次は，多くの教科書に見られる基本的対話教材の典型例です。

Basic Dialog

美樹はルームメイトの Lisa に空腹を訴えています。

Miki: Gosh, I'm starved to death.

Lisa: Can I get you something to eat?

Miki: Yes, please. Do you have any snacks?

Lisa: Yes. There're some potato chips and popcorn. Which would you like to have?

Miki: Potato chips, please.

ALT: Would you please read the Japanese introduction?

JTE: OK. 美樹は Lisa に食べ物がないかどうか質問していますね。

ALT: As you see in the illustration, this dialog is between Miki and Lisa, right? I will read Lisa's part and Ms. Wada will read Miki's part. Listen!

JTE (Miki): Gosh, I'm starved to death.

ALT (Lisa): Can I get you something to eat?

·············· 中略 ··············

ALT: Listen to us one more time. Now try to understand two things. Who wants something to eat, Miki or Lisa? And what is there? Listen again! Here we go.

　このような身近な会話を聞かせて，聞き取りや応答のチャンスをたくさん与えることは，とても大切な活動です。

(3) JTE/ALT 協働型（Collaborative TT on equal basis）
●意味確認

JTE: それでは，この課のタイトルを英語で理解してみましょう。
Cathy, what does "ICT" stand for?

ALT: Well, I guess this is also used in Japanese. What do you think, Mr. Ikeda?

Student$_1$: Yes, I think it is used in Japan.

ALT: Do you know what "ICT" stands for?

S$_2$: No, I don't.

ALT: It stands for "Information Communication Technology." So what is the Japanese expression for this?

Students: (silent)

JTE: Most of you know how to use computers, I believe.

S_3: Yes, we had computer class last year.

ALT: To use a computer is part of Information Communication Technology.

JTE: Does anyone know the Japanese expression for "Information Communication Technology"?

S_4: 情報通信技術？

ALT: Yes, exactly! You guessed right, S4.

　この手法は，新しい語句や言語材料の用法を理解させるときにも利用できます。

（4）JTE/ALT 役割分担型（TT with divided responsibilities）
●主に JTE が文法面，ALT が文化面を担当

BBGs at The Championships

- A final total of approximately 250 Ball Boys and Girls (BBGs) from around 700 applicants work at The Championships, Wimbledon.
- Approximately 160 are selected from about 540 year 9 & 10 applicants and around 90 are chosen from about 160 ballboys/ girls from previous years.
- Average age is 15 years. Many BBGs spend two years as a BBG.
- Four teams of six selected to be responsible for Centre and No.1 Courts.
- Six teams of six rotate around the other show courts.
- Remainder in teams of six rotate around the rest of the courts.
- Usual routine is one hour on, one hour off.

(The All England Lawn Tennis Club (Championships) Limited 2019)

①ALT によるスモールトーク（small talk）

　I like to play tennis myself. These days, many people enjoy playing tennis. On TV you can watch famous tournaments and famous players. It is exciting to see great players run and hit the balls. Behind the scenes, a lot of people, including very young people, work. For example, ball boys and ball girls, umpires and line judges. These people love tennis and enjoy being involved in the tournament.

②JTE によるオーラル・イントロダクション（oral introduction）またはオーラル・インタラクション（oral interaction）

JTE: Do you play tennis?

S: Yes, sometimes.

JTE: Do you sometimes watch tennis on TV?

S: Yes, I like to watch it on TV.

JTE: Did you watch the Wimbledon tournament this year on TV?

S: No. I wanted to watch it, but I was too busy. By the way, where's Wimbledon?

JTE: I think it's near London.

　スモールトークは，授業開始後の挨拶などが済んでから ALT に行ってもらい，その後に生徒の基礎力や興味・関心などの実態を知っている JTE が本時の口頭による導入を行うことが考えられます。

2.3.2 TT の強みを生かすための工夫

　一つの教室に複数の教員がいる利点を生かして，各々の教員の強みが発揮できるように努力することが大切です。

（1）JTE と ALT によるスキットの演示

　簡単な対話では，口頭によって説明を加えるよりも，演示することで生徒に与える印象が大きく変わります。JTE は日本語母語話者，ALT は英語母語話者として持ち味を生かしながらロールモデルを示すことで，対話のやり取りに現実感を与えることができます。

（2）インフォメーション・ギャップのある対話の提示

①基本対話

　既習の対話を用いて，2 人の話し手が未知の情報について尋ね合う「情報の差」のある対話例を提示することができます。例えば，通学方法についての基本的な表現を学んだ後に，ALT と JTE が第 3 者について質問する場面を演示することなどが考えられます。

ALT: I come to school by bike, you know. How about our principal, Ms. Wada?

JTE: He usually walks to school, but he comes by car on rainy
　　 days. Well, how do you come to school on rainy days, Cathy?
ALT: Even on rainy days I come by bike wearing a poncho.
JTE: What does your poncho look like?
ALT: It's a kind of raincoat with a hole in the middle for the head
　　 to go through. It doesn't have any sleeves. Don't you have
　　 such raincoats in Japan, too?
JTE: Yes, we sure do. Does anyone have a *"kappa"* without sleeves
　　 or *"sode"*?

　このような対話により，未知の事柄について質問したり新しい情報
を提供し合ったりして，自分が知りたい情報を知る方法を教えること
ができます。

②発展的インタラクション
　基本的な対話学習が終わった段階で，JTE と ALT との間で交わす
インフォメーション・ギャップのあるインタラクションを生徒に提示
すれば，自然な対話に触れる機会を与えることになります。例えば，
小学生や中学生の時に就きたいと思っていた職業について，既習の語
句や文型を使って話し合う場面を提示することができます。

JTE: What did you want to be when you were a senior high
　　 student, Cathy?
ALT: I wanted to be a professional basketball player, but I found it
　　 was very difficult when I was in high school. How about you,
　　 Ms. Wada?
JTE: I wanted to be a cartoonist when I was in high school. But
　　 I got more interested in studying English in college. I think
　　 that's why I became an English teacher.

（3）発展的な個別指導での対応
　複数担任制の特性を生かし，理解度の速い生徒やあるいはスローラ
ーナーへの対応が行いやすくなります。例えば，JTE が練習や活動の
指示をした後に，各生徒が ALT のところに行って発音や英語のチェッ
クをしてもらい，その後に JTE が生徒の英語の正確さをさらに確認す
るといった個別指導を行うこともできます。
　このように，教える内容やスピードを変えることもあります。しか
しながら，通常は同一の教育課程下で指導が展開されていますから，
基礎的学力の定着を求めるのか発展的な学力の定着を求めるのかを見
失わないことが大切です。

2.3.3 JTE と ALT による TT の留意点

ALT と TT を行う際に, 特に JTE が気を付けたいことは次の4点です。

(1) ALT を CD などの代わりとするのは避ける

　　ALT の出番をテキストの読みと発音のモデルを与えるだけの音声機器の代わりに使うことは, ALT の役割や価値を低く見積もっていると受けとめられかねません。英語を母語としているネイティブスピーカーとしての力を発揮できる環境を設ける必要があります。日本人教員に難しい「発音の特徴」や「日常的な言語使用例の提示」などには ALT が率先して指導に当たる必要があります。

(2) ALT の話したことを日本語に訳すことは避ける

　　ALT の言ったことを生徒が理解できないのではないかと思い逐一日本語に訳してしまうことは, 生徒が自分の力で理解しようとする気持ちを萎えさせてしまったり, 本当の英語の音や使用状況を学習する機会を奪うことになり, 決して望ましいことではありません。

(3) ALT に任せきりにしないで協働的に指導を行う

　　各生徒の学力, 興味・関心, 性格や生徒同士の人間関係を ALT が必ずしも把握しているとは限りません。JTE が主導しなければならない言語活動や練習の場面が少なくないことを心得ておきましょう。

(4) ALT との打ち合わせを十分に行う

　　事前の打ち合わせを行って, 互いにアイディアを出し合うことで, 実際の役割分担を決めて確認することができます。TT の成否は, いかに入念に打ち合わせが行えるかどうかにかかっています（Leonard 2001）。

　❷では, 種々なスタイルにおける JTE と ALT の対話例を示しました。これは実際の対話に必要とされる音の特徴（アクセント, ポーズ, イントネーションなど）を場面や状況に応じ, 具体的に教えることができるからです。つまり, 自然な英語学習の環境を設けることになる, とても有意義な指導形態といえましょう。

2.3.4 ALT 以外の教員による TT

　ティーム・ティーチング（TT）は, ALT と JTE との組み合わせだけではありません。複数の日本人教員が1つのクラスを教えることも多くなってきました。例えば, 新任教員とベテラン教員, 教科担任とクラス担任, 教科担任と非常勤教員, 教科担任と地域ボランティアなどの組み合わせがあります。このような形態が増えてきた要因としては, 生徒の

学習意欲や基礎学力が多様化してきており，1 人の教員では 1 クラス 30
〜 40 人の生徒を十分に指導・対処できない現場が増えていることが挙げ
られます。また，複数担任制というティーム・ティーチングを導入する
ことで，教員同士で指導法の工夫や評価法や補充教材を共有できるとい
うメリットもあります。

⊘ 理解チェックのための課題

JTE と ALT によるティーム・ティーチングを行う際の注意事項を，
JTE の立場を中心にまとめて発表しましょう。

⊘ 応用発展をめざした課題

母校の中学校や高等学校などを訪問し，授業参観や教員へのインタビ
ューを通して，JTE と ALT が実際の授業でどのように役割を分担し
ているのかについて調べてみましょう。

コラム

ALT（外国語指導助手）が招致される JET プログラムとは？

JET プログラム(The Japan Exchange and Teaching Programme)は，
総務省，外務省，文部科学省及び財団法人自治体国際化協会（CLAIR）
の支援によって，地方独立事業として 1987 年（昭和 62 年）度にスタ
ートして，2018 年（平成 30 年）度で 32 年目を迎えます。招致国は当
初の 4 カ国から 54 カ国にも及んでいます。英語の分野ではアメリカ，
イギリス，カナダ，ニュージーランド，オーストラリア，アイルランド，
南アフリカ，ジャマイカ，シンガポール，トリニダード・トバゴ，スロ
ベニアなどです。2018 年度は 54 カ国から 5,528 人を超える参加者が
ありました（CLAIR 2019）。なお最近では，人件費の問題や，小学校「外
国語活動」の導入に伴って ALT を増員しなくてはならないため，特に小・
中学校には民間会社からの派遣による ALT が配置されるケースが増えて
います。このような ALT は，契約の形態によっては従来のような JET の
ALT とは異なり，授業時間だけしか学校にいないケースも多く，生徒と
の人間関係が育たない，担任との打ち合わせができないなどの問題点が
指摘されることも多くなっています。

第 5 章

学習の形態

英語という教科には他の教科と比べてさまざまな違いや特色がありますが，中でも大きな特色は，英語を活用する技能を高めるために多様な学習の形態が授業中も授業外にも存在するということです。この章では，英語学習にはどのような形態が存在し，またそれぞれの特色を学ぶ中で，英語学習のどこにそれぞれの形態が適していて，その中のどれを選択すべきかを検討していきましょう。

● **本章で学習してもらいたい事柄** ●
- 授業の中での学習形態にはどのような種類があるのか
- それぞれの学習形態はどのような種類の学習に適しているのか
- コミュニケーション活動を行うにはどのようなグループ形態が可能なのか
- それぞれのグループ形態では，どのような活動が可能なのか
- 教室外の学習においては，どのような種類があるのか。特に放送メディアを用いた学習にはどのような意義があるのか
- 留学経験にはどのような意義があるのか
- 協同学習の意義は何で，実施の際，教員にはどういう配慮が必要なのか

1 英語学習に関わる多様な学習形態

英語の学習は色々な知識や技能の習得をめざして行われます。こうした知識を定着させたり，また，ある技能を身に付かせるためには当然ある一定の量や形の学習や訓練が必要となります。例えば，学習者にある語彙を定着させたいとなれば，できるだけバリエーションのある練習や活動を複数の文脈を与える中で行わせることが有効であるのは自明のことです。したがって，教員としては学習者の英語の効果的な習得を考える場合，どのような学習形態が存在するかを知り，また習得させたい知識や技能によってどのような学習形態を選択したらよいかの判断基準を

考えることは極めて大事な仕事になります。そこで，この章では教室内，教室外におけるさまざまな学習形態の種類とその特徴について述べ，さらには教室内の協同学習の意義と実施する際の考慮すべき点を挙げて考察していきます。最後には，アクティブ・ラーニングも取り上げます。

② 教室内学習

　まずは日常の教室における学習の形態について述べます。学習者の視点からすれば学習形態になりますが，教員の立場からすると指導形態ということになります。この両者の関係は表裏の関係として捉える必要があるでしょう。例えば, 最初の「全体学習」などは教員の側からすれば「一斉指導」ということになります。したがって，学習者の立場から全体学習の意義を考える場合，教員の側からの一斉指導の長所と短所についても同時に考える必要があります。

2.1 全体学習

例1 教員の説明を聞いて，板書内容を記述する

　これから，関係代名詞の制限用法について説明します。適宜，規則や例文を板書しますので，先生の説明をよく聞いて，その後に板書された内容も書き取ってください。なお，先生の話したものの中で大切だと個人的に思ったことも板書内容に加えてください。

例2 コーラス・リーディング（Chorus reading）

　教科書本文の内容についてこれまで説明しました。今日出てきた語彙や文法も説明しましたし，単語の発音も勉強しましたね。さあ，これから本文全体の読みの練習をしましょう。先生のモデルに続いて全員大きな声で文章を読んでみましょう。

例3 教員の課題を授業中に伝える

　これから皆さんに，今日学習した内容に関連した課題を与えます。手元の辞書を参考にしてよいですから，これから 10 分の時間をかけて課題をやってください。早くできた人は先生のところに持ってきてください。答えをチェックしてあげます。

　一般的に 1 クラス 30 〜 40 人という大クラスで構成される単位の授業

が未だ日本の英語の授業では多いと考えられますので，このタイプが最も頻度が高く，学習者にも経験が多い学習タイプといえるでしょう。教員からすると一斉指導ということになりますが，何よりも教員が一度に同じ情報を大人数の学習者に伝えることができるという意味では非常に教授効率が良く，これがこれまでこのタイプの学習形態が広く流布してきたという大きな理由であったと思います。ただ，この全体学習を効率的に機能させるためには，教員の側で特に考慮しなければならないことがあります。それは，教員の情報を誤りなく全員に伝えるための注意に関わる事項です。心がける点として，例えば，教員が教室の前に立って講義調に行う授業（Teacher-fronted class）の場合には，授業内容の構成の明快さや話のスピードへの考慮，さらには，ある一定の時点で話してきた内容をまとめること（教授内容を箇条書きにすること）や板書の分かりやすさなどが挙げられます。

2.2 個別学習

例1 ある問題を行わせる際，英語能力のレベル別の対処をする

　これから，ある英語の問題を出します。それに解答してください。制限時間は 15 分です。なお，早く終ってしまった人には発展問題をあげますので，こちらまで取りにきてください。また，自分には問題が難しいと判断した人は問題のヒントが書かれた紙をあげますので，やはりこちらまで取りにきてください。

例2 予めレベル別に分かれた課題を生徒に与える

　ここに三つのレベルに分かれた課題があります。自分のレベルに合っていると思う課題を選んでそれに取り組んでください。もしも早く課題を完成することができたら，次のレベルの課題に取り組んでください。

　一つの教室内での個別学習は，一斉指導が主体の大クラスでは非常に困難なことです。しかし，実際には，学力差が大きく，多様な英語能力を持つ学習者の集団を教えるということが特に現在の中学校などでは一般的でしょう。個別学習ということですから，教材や課題などが学習者個人のレベルに合っていることが前提で，これらを準備する教員の負担が大きいため，小さい規模の学校でないとかなり実現は厳しい可能性があります。また，進度が遅れた生徒を放課後に個別に指導するというケースもあるでしょう。今後，教材を個人のレベルに設定できる

e-learning や個人的なプログラム学習など，機器やパソコンによる指導方法も盛んになっていくかもしれません。しかし，個人の学習レベルに心理面まで考慮して合わせることができるのはやはり人間の教員の微妙な感覚と専門的力量でしかなく，学習の個人的対応には生身の人間が最も優れていると考えたいところです。

2.3 ペア学習

例1 音読確認活動（基礎）

　ペアの一方の人は教科書を手に持って一文ずつ本文を音読してください。ペアのもう一方の人はそれをよく聞いていてください。もしも，読んでいる人が単語の発音などを間違ったときには，正しい発音をしてあげてください。本文の最後までいったら，今度は役割を交代してください。

例2 情報交換活動

　これから A，B とそれぞれ別々の情報が書かれたカードを配ります。カードの中に欠けている情報を相手に質問しながら，お互いのカードを完成させてください。

Card A

	get up	leave home	come home	have dinner	go to bed
John			16:00		23:00
Mary		8:00	17:20		
Tom	6:00			19:00	22:45
Lucy	7:30	7:45		19:00	

Card B

	get up	leave home	come home	have dinner	go to bed
John	6:00	7:45		18:30	
Mary	7:30			18:30	23:00
Tom		8:00	17:20		
Lucy			16:00		22:45

実際の活動上の英語のやり取りの例
    A: What time does John get up?
    B: He gets up at six. What time does Mary leave home?
    A: She leaves home at eight. What time does John leave
        home?

　以上は，いわゆる "two-way task" といわれるもので，それらの活動
の中には Grid（格子の表）を使った活動というものもあります（熊井
1988）。いわゆる What time does she/he ~? の文法練習例といってもよ
いです。この種の活動は情報交換のために互いにどうしても何らかの発
話をしなければならず，"one-way" の活動よりも学習者の発話量が増え
るとの研究結果もあります。

例3 文法規則発見活動（Fotos and Ellis 1991）
　これから1枚のカードを配ります。それにはある文法ルールに照らし
て正しい文章と誤った文章が書かれています。カードをよく見て，ペア
で互いに話し合って，ここで暗示されている文法ルールは何かを考えて
ください（以下は関係代名詞に関係したカードの例である）。

Card 1. Correct: The boy who is five years old is very clever.
　　　　　Incorrect: The boy is very clever who is five years old.
Card 2. Correct: The boy who likes English speaks well.
　　　　　Incorrect: The boy who he likes English speaks well.

　なお，Card 1 で暗示されているルールは，「関係代名詞とその先行詞
は隣り合わせでなければならない」で，Card 2 の方は，「文中の不必要
な代名詞は削除する」です。

例4 Show and Tell
　家から自分の宝物と思う物を一つ持ってきてください。その際，同時
になぜそれが自分にとって大切な物か，その理由やその物にまつわるエ
ピソードもメモ書きしてきてください。

　Show and Tell は，目の前にいるクラスメートに実物を見せながら，
物そのもの自体について，あるいはそれに関係するエピソードなどをク
ラス全体に口頭発表する活動です。この活動の目的は，他者に何かを効

果的にプレゼンテーションする方法を学習することや，そのプレゼンテーションのために読み手を意識した文章を書く方法を習得させることなどです。一方，この活動では，全体発表の前の練習をペア（学習）として行うことも可能でしょう。いずれにしても，この活動の場合，教員がいかにその発表・文章モデル，あるいは分かりやすい作業手順を示すかが重要になってきます。

Show and Tell の文章例

This is a card. This card is very precious to me because this one is very rare. On this card, a star soccer player is printed as you can see. His name is Thierry Henry. Last year he was selected as a most valuable player in the soccer league of Great Britain. I'm a great fan of his because he always scores points in a close game. If you sold this card to someone, I think you would be able to get a lot of money.

　以上のように，生徒を 2 人で組ませてさまざまな活動や作業をさせるのがペア学習，あるいはペア活動です。コミュニケーション活動では最も多用される学習形態でしょう。手軽に隣同士で組ませてすぐに練習させることも可能です。ペアの組み合わせとしては，隣同士だけでなく，前や後ろの生徒と組ませるパターンもあります。ペア学習で特徴的なことは，どのペアも同一の事柄を一斉に作業させることに意味があるということで，さらに，ある課題を互いに協力させて解決させることも可能であり，ただ教員からの一方通行の教授や情報を生徒が受けるという状況を変えることができる点です。コミュニケーションに関するペア学習，あるいはペア活動については，さらにいくつかの長所があります。一つには，例えばある文法項目についての練習の量が増えたり，コミュニカティブなやり取りでは学習者の発話の量がより増えるということです。これらを実証した研究もあります（Pica and Doughty 1985; Doughty and Pica 1986; Long 1985）。これらの研究結果が支持される一つには，教員と生徒のやり取りに比べて生徒同士では心理的なバリア（障害）が下がるからであるといわれています。

2.4 グループ学習
例1 自分の身近にある英語の看板を調査させる学習

自分の住んでいる街にある英語で書かれた看板の例を，班員全員で協力して収集してきてください。まず，どのような内容のものがあるか分類し（例：商品の宣伝，交通標識や地名を英語で示したもの），英語で書かれたことの理由や効果についてレポートしてください。なお，日本語が英語に直訳された不自然な英語の看板を見つけられればきっと面白い発見が得られるでしょう。

例2 スリップ・ストーリー・メイキング・ゲーム
　　　（Slip-story making game）

準備：
①（6人の班が6班ある，36人のクラスとして）まず教科書の本文を班の人数分に分ける（班の人数が6人なので，文章を6等分する）。そして区分された文章に番号を振り当てる（班の人数が6人なら1から6まで）。

②教科書の本文を班の数だけコピーし，そのそれぞれの文章を区分された数だけハサミで切り取り，スリップ（slip：短冊）状にする。つまり，1から6までに区分された文章片スリップが6班分，合計36スリップ存在することになる。

③ 1から6に区分された文章スリップを1を6枚，2を6枚，のように1から6まで6枚ずつ束ねて，教室の6箇所に別々に置いておく。

実際の活動：
①班員の6人は1から6の数字を振り当てられ，それぞれの班員は担当の番号が書かれた場所に移動する。そこで，担当の番号が書いてある文章スリップをもらい，そこに集まった者同士（たとえば1担当の6人）でその文章スリップの英語の意味を相談し，確認する。

②それぞれの者は元の班に戻る。

③再び集まった班員6人はバラバラの6枚のスリップをどのように並べたら意味の通る順番になるかを話し合いながら，意味が通るように実際に文章スリップを並べ換えていく。それが完成したら，班の代表が先生に知らせる。その時，文章の意味も説明する。

　この活動では，班員の一人一人がそれぞれ役割を持っています。ですから，それぞれが担当した文の意味を班員に伝えたりして，文の並べ換え完成のために何らかの関わり合いを持ち貢献することになります。また，この活動の長所は，もし題材が教科書なら，並べ換えをする中で，

学習する文章全体の意味把握が自然にできてしまうということがあります。

 3　教室外学習

　本来ならば教室で授業を受けるだけで英語の知識が定着し，また，4 技能にも習熟し，教室外で英語によるコミュニケーションができることが理想的でしょう。ですが，現実はそれほど甘く容易な状況ではありません。例えば，中学校では 2012（平成 24）年度からは以前の週 3 時間から週 4 時間に授業時間数が増えましたが，それでも英語の基礎・基本を身に付けさせ，さらに，パフォーマンスを含む応用的技能まで育成するのはかなり困難を伴います。しかし，教室で得た技能や知識を教室外で応用できるような力を生徒に身に付けさせたいなら，教室外での学習・訓練がどうしても必要になってきます。

　ここで教室外学習の長所をいくつか挙げてみます。

(1) 学習習慣を付けさせる
(2) 訓練時間の絶対量を確保する
(3) 学習した文法項目や表現が，教室で扱った文脈とは異なる文脈の中で提示される
(4) 教室で学習した事項の復習を課す
(5) 英語学習の動機を高める
(6) 生の英語に触れる体験を与える機会を作る
(7) 教室外で英語を用い，何らかの成就感を得る機会を持たせられれば，さらなる英語学習の動機や意欲を生む

3.1 自宅個別学習

　自宅での個別学習としては，基本的に学校での学習の復習という意味で宿題が課されることがあります。学校の授業で教員から英語の知識その他を一方的に教わるだけでは教わった項目はなかなか定着しないのが現実です。教授項目を整理させ，また，文法や表現の練習を家庭でさせることは英語の習得には欠かせません。ただ，家庭学習には教員からの的確な指示が必要です。例えば，次のようなものです。

(1) 家庭学習の課題の内容の説明
(2) 作業の方法（時間や回数）の指示

（3）課題のねらい，目的
（4）禁止事項

　家庭学習が何らかの形で英語能力の伸びに貢献していることを学習者に実感させることができれば，生徒は家庭学習が単なる義務とは考えなくなります。
　さらに，それ以外にも有効な個別学習の機会があります。

（1）ラジオとテレビの英語講座など
　主に NHK による英語講座が有効です。以前に比べてテレビとラジオの英語講座は数も増え，レベルや目的に合わせて選べるだけでなく，系統的な放送プログラムとなっています。2019 年現在では，テレビ講座として「基礎英語 0 〜世界エイゴミッション〜」,「知りたガールと学ボーイ」,「おもてなしの基礎英語」,ラジオ講座として「基礎英語 0」,「基礎英語 1」,「基礎英語 2」,「基礎英語 3」,「英会話タイムトライアル」,「ラジオ英会話」,「高校生からはじめる『現代英語』」などがあります。
　英語学習には，「継続は力なり」という面がありますから，これらの講座は英語の学習習慣の形成に最適です。また，こうした講座の受講によって学習者が自分の英語レベルの向上が実感できれば，同時に継続の大切さを実感し，さらに英語学習が自律的に続けられることでしょう。

（2）インターネット
　インターネットは今日の情報社会の中でますます有効なツールとなっています。インターネット上にはたくさんのウェブサイトがあり，英語学習に関するものも少なくありません。それを利用することで自分の英語能力を向上させることができます。また，語彙や表現の用例を検索できる Google などの検索エンジンもあります。例えば，Google の検索ボックスが有効で，その検索ボックスに「和英」あるいは「英和」,その次にスペースを入れ，訳したい，あるいは調べたい単語を入力して検索すると辞書的情報を検索できます。
　さらに，E メールについては，例えば，外国の人と直接英語メールのやり取りをすることで，いわゆるメッセージに対する直接的なフィードバックを得ることができ，これぞ本物のコミュニケーション体験が可能になるといえます。

3.2 自宅外学習
　英語習得には意味的交渉を伴った英語でのインタラクションが有効で

あるとの研究成果があります。その意味で，教室外学習の中でもこの要素が多く含まれる自宅外学習は英語習得に非常に有効であることが分かるでしょう。この自宅外学習には，海外語学研修や各種体験学習などがあります。

(1) 海外語学研修

最近では，海外の学校と姉妹校提携を結ぶ学校が多く，交換留学生として海外に行き，当地で生活しながら英語を学習する機会が増えました。また，修学旅行や海外語学研修として，海外に生徒が出る機会も増えました。このような経験は生きた英語に触れる良い機会であると同時に，英語が話される文化を体験することで，自国の文化との違いを肌で感じる良いチャンスになります。海外語学研修においては語学のスキルを伸ばすということも重要な目的ですが，何よりも，英語圏に住む人々と自国に住む人々との考え方の違いなどを実体験すること自体の方がはるかに貴重なことです。それによって，逆に日本の良いところ，悪いところが自分の視点で認識できるからです。

(2) その他の体験学習

例えば，多くの外国人も参加する国際サマーキャンプに参加したり，日本で開催されるハロウィーン・パーティーに参加するなどの体験がこれに入ります。この機会でも他の国籍の人々と交流することによって異文化の情報が得られたり，また，技能的にはリスニングやスピーキング能力の向上も期待できます。

協同学習

本章❷の教室内学習で説明したペア学習やグループ学習を含む，教室内で生徒が協同して共に支え合いながらプロジェクト型学習や調べ型学習，さらにはプレゼンテーションなどの活動を行うことを協同学習（Cooperative learning）あるいは協働学習（Collaborative learning）と呼びます。

学習において，以前のように学習結果だけが重要視されるのではなく，学習プロセスが重視され，さらに知識定着だけでなくパフォーマンスやアウトプットできる力が求められます。その上，さらに技能の統合ということが重要視される現行並びに新学習指導要領においては，当然，グループである課題に取り組み，協力しながら，時には共に助け合い，教

え合いながらゴールに向かって努力するというこの協同学習がクローズアップされることになります。

江利川（2012）は協同学習について，生徒同士が学び合い，教え合い，一緒に高め合い，自分一人ではできない高度なタスクを仲間と協力して達成する点に，この学習の意義を特に置いています。また，大切な点として，①男女混合で，英語レベルも異なる者同士を4人程度のグループで構成すること，②意見交換や課題達成に生徒同士協力し合えるような課題の提示と人間関係づくりの雰囲気を設定すること，③作業の後，生徒同士が協同の状態を共に反省できる機会をつくること，④課題における一人一人の責任を明確にすること，などを挙げています。

基本的に協同学習は，生徒同士に協力させて課題解決学習に従事させる活動ですので，課題やプロジェクトの提示や作業の道筋は的確に生徒に示すにせよ，あくまで教員はできるだけ援助者や促進者（facilitator）の立場を守り，生徒同士の作業結果によるゴール達成や成就感を潰さないよう心がけるべきです。

また，協同学習がうまく機能しない場合には，無理せず，一斉指導や一斉学習に戻したり，それを挟んだりする柔軟性も必要となります。

協同学習の例としては次のものが考えられるものの，ここでは教室内学習のペアやグループ学習で提示した例は省きます。

例1 新任の ALT に，学校紹介のパンフレットを作成する

どのような情報を載せるかの選択，対象となる ALT の出身地，個人的興味関心の調査，パンフレットのレイアウト，本文の作成，写真やイラストの決定などが，この課題には協同作業として含まれる。

例2 地元の観光名所や土産品の PR 発表

対象となる名所や土産品の選択，PR する対象者が知りたいことを把握するための議論，PR 文の作成と添削，プレゼンテーションの効果的方法の模索（表や写真の選択と準備），発表の練習などが，この課題の協同作業として含まれる。

例3 英字新聞の記事内容の発表

発表する新聞記事の選択（そのための読みの分担作業），発表の時間配分の決定，発表のための記事の要点要約の作業，発表原稿の作成，プレゼンテーションの時に用いる提示物の選択と作成，発表の練習などが，

この課題の協同作業に含まれる。

　その他，協同学習には上記のようなプロジェクト型学習だけでなく，実際の教科書を用いた授業においても，単語の意味調べをペアで行わせることや，ある英文を例に出して，その英文の誤り箇所を見つけさせるなど，柔軟な利用が可能となります。

⑤ 英語におけるアクティブ・ラーニング

　中学校の新学習指導要領の総則，「第3　教育課程の実施と学習評価」の箇所に「1　主体的・対話的で深い学びの実現に向けた授業改善」という項目が挙げられています。この中で各教科，知識及び技能の活用や思考力，判断力，表現力，さらには学びに向かう力や人間性の発揮が期待され，また，学習の中の思考によって教科それぞれの見方・考え方が鍛えられ，最終的に問題解決能力の育成につながるとしています。

　この主体的・対話的で深い学びに向けた授業改善こそアクティブ・ラーニングの視点に立った授業改善であると考えることができ，この推進こそ，新学習指導要領の改訂の基本的考え方の中心をなしているといってよいでしょう。ここでは，英語科におけるアクティブ・ラーニングの特徴を学習の一形態として提示してみたいと思います。

　小林（2016）によれば，アクティブ・ラーニングとは，子供たちが主体的・協働的に学習することであり，具体的には，授業中の教員の説明の時間を減らし，演習やグループ活動の時間を増やし，また，最後に振り返りをするような授業の型を指します。

　英語の授業は最終的に英語の使用やパフォーマンスを目的としますので，当然，学習者の英語を用いた活動が主体となり，本質的にアクティブ・ラーニングの性質が求められることになります。逆にいうと，教員の説明が長く，機械的な文法項目の練習や機械的な英語から日本語への英文の解釈などは，アクティブ・ラーニングから離れることになり，さらに，学習者の英語学習への動機を低下させる一因にもなります。

　ただし，英語の活動をしていればアクティブ・ラーニングかといえばそうでもなく，学習者の頭の中がアクティブに活性化していること，具体的には英語で何かを分析したり，記憶したり，思考創造したりすることがアクティブ・ラーニングには重要であるということになります。

　英語のアクティブ・ラーニングには以下の例があります。

例1 プロセス・ライティングをする

　あるテーマについて英語で作文をさせるが，まず，テーマについてグループでブレーン・ストーミングをし，相手を想定しながら文章を書き，他者からコメントをもらって，英文を修正する。修正を繰り返しながら全体構成を整え，テーマに関する自分の主張点を強調した文章を考える。

例2 地元の観光地の紹介をする

　地元の観光地を選び，それを外国人に紹介する文章をグループで作らせる。その際，観光地の選択，選択の理由，複数の観光ルートを考えさせ，また，そのプレゼンテーションの方法も考えさせる。さらに，紹介についてグループごとに互いに評価させ，紹介という行為の方法を多面的に捉えさせる。

例3 自分たちの学校の問題解決をさせる

　例えば，教員が，生徒が下校時刻を守るための方法を提案し，下校の放送を頻繁に流す方法と下校が遅れた者に罰則を課す方法とを検討させ，どちらがどういう理由で効果があるかをグループで検討させる。この場合，両者の方法の長所と短所を出させて議論させる方法を取る。ディベートに近い方法を取ることになる。

　さて，こうしたアクティブ・ラーニングをする際に教員が配慮すべき点はどういうところでしょうか。それは次の4点です。

(1)グループの役割において，全員に均等に役割を与える活動にする。グループのある生徒が中心に活動が進められてしまうと，その他の生徒がアクティブにならないからです。

(2)参加度の低い生徒や活動に深く入っていけない生徒には多少の支援をする。この場合，他の生徒の様子を観察させたり，他の生徒の記入例を見せたりすることも大切です。

(3)ある程度，活動の目的やゴール，活動のルートを提示する。活動が進む手掛かりがつかめるように，事前に道すじを与えることは大切なことです。

(4)他のグループの話し合いの状況やプレゼンテーションの仕方などをチェックさせながら，自分たちの反省点を振り返らせるようにする。自分たちの問題解決がアクティブ・ラーニングの大きな目的の一つだともいえます。

　たとえ，ささやかな活動でも良いですので，活動に対する生徒の自主性や能力を信じ，あるテーマの下で思考を伴いながら英語を使わせる，あるいは英語で考えさせる機会をつくってください。こうした試みは，学習者の教科に対する動機付けと英語による深い思考の達成にとても重要であると考えます。

✅ 理解チェックのための課題
これまで自分が体験してきた学習の形態を列挙し，それぞれの学習形態の目的が何であったのかをグループで議論してみましょう。

✅ 応用発展をめざした課題
インターネット上の英語学習関係のウェブサイトを調査し，有効だと思ったサイトをみんなの前で紹介し，有効だと思った理由なども述べてみましょう。

コラム

音読における個人読みの重要性

　模擬授業を学生に行ってもらう際，気になることがあります。音読活動を授業の中でほとんどの学生が取り入れるのですが，その場合全員での音読練習，つまり，コーラス・リーディングはさせるのですが，個人読みをほとんどさせないことが少なくありません。おそらく，全員で音読させてうまくできたから，それで音読練習は終わりということになると思います。しかし，現場の先生に尋ねると，音読の個人読みは絶対必要との声が返ってきます。なぜですか，と質問すると，「だって，うまく全体読みができていると思って個人に指名して音読させると，読めない生徒が結構いるんですよね。うまい全体読みで騙されてしまうんです」ということでした。音読においては，全体読みと個人読みをセットで指導したいものです。

第6章

個別指導の工夫

　全ての学生が均質ではありません。一人一人の能力や個性に合わせた指導が必要になります。教室での一斉指導を補うためにどのような個別指導が効果的か，また，どのように行うのがよいかを具体的に考えてみましょう。

● **本章で学習してもらいたい事柄** ●
- 授業中の個別指導はなぜ必要か，どのような効果を期待するのか
- 授業中の個別指導はどのように工夫するか
- 授業外の個別指導はなぜ必要か，どのような効果を期待するのか
- 授業外の個別指導をどのように工夫するか
- 生徒を自律的学習者として育成することの理念とは何か

① 個別指導の意義・ねらい

　授業とは，数十人の生徒集団に向けて一斉に行うもの，一般にはその視点から授業のあり方を論じることが多いと思います。しかし本来，学習する主体は生徒です。授業は彼らにとって学習のきっかけであり，学習のペースを調整するための目安となって，一人一人が自分の能力や個性に合わせて学習を展開する際のよりどころです。その個々の生徒に合わせて指導を調節するために，個別指導が必要になります。

　もちろん，一斉授業では教員が授業のリズムをコントロールしますが，だからといって個々の生徒を見ていないわけではありません。一人一人の生徒の表情を見て彼らの理解を確認し，ときには全員で答えさせ，ときには個々の生徒を指名して答えさせるなどして，できるだけ多くの生徒の理解に合わせたリズムを作るのです。

　しかし生徒は皆が均質ではありません。英語が得意な生徒や不得意な生徒がいます。さらに，英語が得意な生徒が全て文法の成績がいいとも

限りません。文法が不得意な生徒でも口頭のコミュニケーション能力は高いこともあります。

　理解に到達するまでのプロセスも個々の生徒で異なっているかもしれません。教員が出す一つ目のヒントですぐ分かってしまう生徒もいますし，授業の終わり頃になって，クラスメートの受け答えをヒントにして理解に至る場合もあるでしょう。40人の生徒がいればそこには40通りの英語の力があり，理解へのプロセスも同じ数だけあると言えます。

　また，授業外でも英語の学習に熱心な生徒がいます。そういう生徒は，教員からのちょっとしたアドバイスがあれば，さらに興味を発展させることができるでしょう。また，英語の学習方法を改善したいと思いながら悩んでいる生徒もいるでしょう。教員は彼らの悩みに耳を傾け，求めるものを理解するよう努める必要があります。また，英語が嫌いだという生徒もいます。個別指導を通して彼らに向き合うことで，生徒は，教員が自分たちをクラスの大勢の中に埋没させずに，個として扱ってくれていると感じ取ることができます。

　さまざまな場面で個別の指導を工夫することは，一斉授業の中で見落としがちな，生徒の学習への態度，学習習慣，学習スタイルへの理解を深める上で大切です。またそれは，教員自身にとっても指導のあり方を振り返る機会として大きな意義のあることなのです。

 ## 授業中の個別指導

2.1 意義・ねらい

　生徒の集中力にも個人差があります。ある瞬間，ふと，直前のページにあった単語の意味に気を取られるなどして，教員が意図した理解のタイミングを逃すことも起こりえます。教員の Did you understand? との質問に頷く生徒の中には100％理解している者，たぶん理解できていると考えている者，また，理解したつもりでいるだけの者も含まれるのです。

　授業中の個別指導は，上に述べたような個々の生徒の状態を把握し，生徒の理解度や積極的態度を確認して，一斉に行っている学習活動，言語活動へのフィードバックを得るために行います。

2.2 授業内の実践例
2.2.1 全体から個，個から全体へ（ドリルの途中で）
　一斉に行うことの多いオーラル・ドリルですが，全員に声を出させて

いるときにはうまく言えているようでも，個々に指名すると，教員が予想していないところでつまずいている生徒が見つかったりするものです。

　解決方法として，一斉指導の中に，小さな個別指導を織り込むことが効果的です。一斉に言わせた直後，個々の生徒に同じ文を言わせ，うまく言えない生徒にはポイントを示してリピートさせます。次の例では，Student (S) 4 に対して個別に対応した後，もう一度クラス全体に向けて正しい表現を確認させていることに注意してください。

展開例
Teacher (T): Have you ever been spoken to by a TV star?
S₁: No, I haven't.
T: How about you, S2?
S₂: No, I haven't.
T: You haven't, either. All right, class, say, "I've never been spoken to by a TV star."
Class (C): I've never been spoken to by a TV star.
T: OK. S3?
S₃: I've never been spoken to by a TV star.
T: OK. S4?
S₄: I've never been spoken to a TV star.
T: "Spoken to *by* a TV star."
S₄: I've never been spoken to *by* a TV star.
T: Very good! Class, repeat: "I've never been spoken to *by* a TV star."
C: I've never been spoken to *by* a TV star.
T: Wonderful!

2.2.2 少人数での指導を生かす（音読の途中で）

　一斉授業の中で，個々の生徒に長い文章などを音読させるとなると，単語の発音や音連続など，生徒のレベルによって指導する項目が多くなりすぎてしまいがちです。また，クラス全員の聞いている中で，細かく指摘されることは生徒にとって嬉しいことではありません。

　授業での音読練習では，ペア，またはトリオのような少人数で練習させます。その中で，生徒は注意する事項を互いに確認し合い，自己の音読を評価し確認する，いわゆるモニタリングを行うことができます。グ

ループ練習に入る前に，リズム，イントネーション，音連続，ポーズの置き方など，注意すべき事柄を絞って事前に一斉練習をしておくことが必要です。教員はグループ練習が始まってから巡回し，個々の小集団に対して指導を行います。

　または，教員は教室の片隅で待機し，グループ練習でうまく読めるようになったチームには手を挙げさせ，教員の前に来させて読ませることもできます。済んだチームには次の課題を与えます。日本人教員と **ALT** とのティーム・ティーチングであれば，指導と評価で役割を分担するとよいでしょう。

2.2.3 机間指導の活用（練習問題に解答する途中で）

　ワークシートを用いた作業やノートへの書き込みをさせているようなときには，机間指導を行います。クラス全体の進捗状況に気を配りながら，個別指導を行います。書く手が止まっている生徒には，何が原因なのかを確認しなくてはなりません。すぐに正解を与えてしまうのではなく，ヒントを出して，一回りした後にまた戻り，様子をみたりすることも必要です。

　余裕のある生徒は時間を持て余してしまうこともあります。そういう生徒には，書いた英文を見直させたり，もっと長く書いてみるようアドバイスします。ペアの相手の相談に乗ったりするように促してもよいでしょう。

2.2.4 個の活動状況に対応する（言語活動の途中で）

　学習活動の最中の個別指導は，生徒の理解を促進し，間違って理解している場合にはそこから生徒を救い出すよう気を配ることが中心になります。しかし，特に言語活動の場面では，英語を実際に使用する過程で習熟することを目的としていますので，文法的に間違った表現でも相手に理解されようとするプロセスで飛び出してきたものや，個々の発音の間違いなどについて，いちいち修正を求めることは難しいものです。言語活動が活発に行われている場面では，ローカル・エラーについては目をつぶることが必要です。ただし，多くの生徒が同じように繰り返し間違えてしまうものが目につく場合には，言語活動を一時中止します。口頭練習に戻って，正確な表現を再度口慣らししてから，言語活動を再開することが必要となります。

　また，活発に活動している生徒には，さらに活動を活性化するために

教員から個別指導を行うこともあり得ます。例えば，単純に一往復の Q&A を用いて言語活動を行っている場合でも，ゆとりのある生徒に対しては「相手が君の質問に答えたら，それに対してさらに何か言ってごらん」，あるいは「相手の質問に答えたら，もう一言付け足してごらん」というようなヒントを出して，活動が一層リアルなコミュニケーションになるよう働きかけることもよいでしょう。

このような机間巡視中の個別指導を通じて，もし多くの生徒が一つ上のレベルについて来られるような感触をつかめたなら，次はクラスの言語活動をアップ・グレードさせることができます。

このように，個別指導と全体指導を絶えず関連付け，その間を行き来して授業内の活動を運営することが重要です。

③ 授業外の個別指導

3.1 意義・ねらい
授業外に生徒が英語学習について質問をする場合，二通りがあります。

3.1.1 個別事項の確認
授業中に分からなかった箇所の確認を求めて，また，理解できた項目をさらに発展させるために，また，教員の説明に満足せず自分の考えを表明したいときなど，生徒は授業外に質問をしに来ます。そのような個別事項への質問については，個々の生徒の理解度に応じ，できるだけすっきりと分かりやすく説明します。必要以上の情報を浴びせることは避けましょう。

3.1.2 学習方法や英語学習の意義についての質問
生徒は，英語学習の特定の分野や方法について漠然と質問してくることがあります。「どうしたら文法ができるようになりますか」とか，「語彙を増やす良い方法がありますか」といった質問です。

こういった個々の生徒の状況に一斉授業を通じて対応することには，限界があります。英語教員は，いわば英語学習カウンセラーとして個々の生徒に向き合うことが求められます。そしてときには，適切な処方箋を出したりリハビリに手を貸したりする医師やコーチの役割も期待されるのです。

生徒の「どうしたらいいでしょう」という質問は，生徒のつまずきや

迷いの箇所を知るための良い機会です。教員にとっても，自分の授業を改善させるための糸口が見つかるかもしれません。型どおりの答えを生徒は求めているのではありません。まず，個々の生徒の状況によく耳を傾けることで，糸口を見つけてください。まず教員は良い聞き手になることです。生徒を個々の存在として理解しようとしていることが相手に伝われば，彼らとの信頼関係が強まり，抱える問題点も一層明確に見えてきます。

3.2 英語学習のカウンセリング

では，英語教員はどのような支援をすることができるでしょうか。例を挙げて考えてみましょう。

3.2.1 予習・復習の指導
（1）予習・復習の習慣づけ

生徒の中には，予習・復習の習慣がついていない者，その方法が分かっていない者も少なくありません。能率の悪い方法を続けている場合もあるかもしれません。自宅学習をするように，と要求する場合でも，習慣ができていない生徒には，できるだけ具体的に方法を教える必要があります。もちろん，今まで家庭学習をしていない生徒には，多くの課題を与えても，生徒はさらに負担が増えたと受け止め，やる気をなくさせる効果しかない場合もあります。まずは，最小の義務を与えることから始める必要があります。例えば，もし音読を重視している教員であれば「毎日，学校で学習したページを3回音読しなさい」というような指示を与えるのもよいでしょう。

中学校の場合，題材の理解にとどまらず，題材の英文そのものを定着させることが極めて重要です。音読はそのための手段の一つであり，全ての生徒に音読が重要であるというメッセージを常に与え，授業では可能な限り多数の生徒に音読の機会を保証しましょう。平素そうしているなら，音読を宿題に出すことには意味があります。練習の成果が少しでも見えたときには「いいぞ！ 練習してきたね！」と思い切り誉めましょう。

（2）能率的な辞書引き

高等学校での授業の場合，授業中の言語活動よりも，題材の理解に割く時間が多くなりがちです。そのような場合，生徒は予習を期待されることが多いものですが，予習をしようとして辞書を引こうとしても，辞

書引きに時間がかかりすぎれば，どうしても予習が面倒なものに思え，結局は内容が不十分であったり不正確であったりします。知らない単語が多すぎて時間がかかると嘆く生徒も少なくありません。結局彼らがする作業といえば，辞書の一番上に出ている和訳を一つ，文脈も関係なく写すだけになりがちです。

　予習の仕方を生徒が尋ねてきたら，まずは，どのような辞書引きをしているのかを聞き出すことから始めます。

> A: 知らない語はノートや単語帳に抜き出してから辞書を引く
> B: 本文を開いたまま，読みながら辞書を引く
>
> A: 辞書の情報は発音記号なども含めできるだけ多くノートに写す
> B: もっとも適した意味だと思うものを選んでノートに書く
>
> A: 分からないところもなんとか日本語にしてノートに書く
> B: 分かるところは訳さず，不安な箇所，不明な箇所に印を付ける

　生徒はどちらを選ぶでしょうか。もちろん，それぞれの対の，Bの方が望ましい方法です。辞書を引くのは本文の意味や文脈に則して行うべきであるということを徹底しましょう。

　ただし生徒の中には，それでも辞書の情報の残り部分も捨てがたい，たくさん調べたいという者もあるでしょう。それを止める必要はありません。

(3) 全文訳の問題点

　能率のよい予習復習の方法を指導しましょう。必要なことだけに絞り込むことを指導してください。例えば，教科書の本文を全て手書きでノートに写しているというようなこともありえます。中学校のレベルまでなら本文の定着を図るという意味で，効果のある学習方法かもしれません。しかし高等学校では，本文を理解した先にするべきことが多くありますから，むしろ時間の浪費かもしれません。また，和訳を全てノートに書き込んでいる場合も同様です。和訳を書き込むことでノートが埋まり，しっかりと勉強した気になれるため，真面目な生徒ほどこれをしたがります。このような生徒には，和訳を減らす方向での学習方法を考えてやることが必要です。

　教員にとっても，自分の授業が和訳することを重視しすぎているかもしれないと反省する機会になるでしょう。

3.2.2 苦手分野の克服

　苦手なことは誰にでもあります。文法が苦手，語彙が増えない，発音がよくないなど，さまざまな悩みを持った生徒がいます。その原因は個々の生徒によって異なりますので，一人一人の学習歴や英語学習の動機付けを知って対応する必要があります。

　特に最近の傾向として多いように思われるのは，「○○が苦手です。でもコツコツと地道な努力をするのは好きではない。良い方法はないですか」という質問です。このような質問者に対しては，何も苦労なしに改善はできないのだということに気付かせる必要があります。しかし，まず質問に来たこと自体を肯定的に受け止め，改善を求めている姿勢を評価してやらなくてはなりません。「努力なしには改善するのは無理だ。努力しなさい」と即座に答えることはカウンセリングにはなりません。その生徒が関心を持ち少ない苦痛でできそうだと思える分野を見つけ出すことから始めます。

　また，真面目な生徒ほど仲間から遅れてしまうことに焦りを感じるものです。このような相談に，多くの教員は，基本的なことからしっかり学ぶことをアドバイスすることが多いのですが，授業の進度について行くことにも配慮する必要があります。個々の生徒の必要に応じ，能率的な予習復習ができるように指導しながら，同時に基礎の弱点部分を確認するための工夫を生徒と一緒に模索し，共同でつくり上げていくようにします。

3.2.3 中学校と比べて成績が悪くなった高校生への対応

　よくあるケースですが，中学校のときには英語の成績がそれほど悪くなかったのに，高等学校へ入って英語が嫌いになった，成績が落ちたというケースがあります。生徒によって理由はさまざまですが，原因のいくつかは，中学校と高等学校の英語学習の連携が十分に取れていないことによっています。生徒との対話の中で，彼らを悩ますギャップについて確認しながら対応する必要があります。

(1) 言語材料の扱い方のギャップ

　中学校までの英語学習は，基本的な言語材料の学習に中心が置かれています。教科書でも言語材料はユニットやレッスンを進むごとに整然と順序立てて配列されています。一方，高等学校では，従来の「コミュニケーション英語Ⅰ」，「コミュニケーション英語Ⅱ」のような総合英語で

あってもトピックを中心に構成されていて，言語材料がユニットごとの
テーマにはなっていません。高等学校では，本文の内容理解が重視され，
学習するべき言語材料は本文から拾い出して学ぶものになっています。
この違いをうまく橋渡ししてやらないと，生徒によっては，高等学校の
英語についていけなくなります。

(2)「聞く・話す」から「読む・書く」へのギャップ

中学校では，文法をテーマにしながらも，聞くこと話すことの言語活
動を体験させながら学年が進行し，次第に読むこと・書くことが増える
ようになっています。実は，英語が苦手になったのは，中学3年になる
前からという生徒が多いのですが，高校入試のために力を入れて勉強す
る時期でもあり，それほど苦手意識が成績には出ないことも多いのです。
ところが，高校に入り，内容の読み取りに重点を置いた，和訳を中心と
した授業を体験すると，読むこと・書くことへの苦手意識が表面化して
しまうことがあります。

(3) 量的なギャップ

中学校の英語教科書と高等学校の英語教科書の決定的な差は，文字の
量です。中学校の教員は，読むこと・書くことが次第に増え始める時期
から個々の生徒の文字言語への順応の状態を把握し，十分に対応しなく
てはなりません。また一方，高校教員は，中・高の量的なギャップを理
解する必要があります。生徒の状況によっては，本文の一字一句を重視
する授業方法を見直し，言語材料ではなく内容の把握を中心とした簡単
な言語活動を実践することも，橋渡しとして必要となるでしょう。

この他にも，さまざまなギャップが，中学校と高等学校の英語授業の
間には存在します。個々の生徒がこれまでにどんな指導を受けていたか，
そして今どのような指導を受けているのか，といったことに英語教員は
関心を持つべきです。

3.2.4 英語が好きな生徒への対応

英語が苦手で成績も悪い生徒に対してあれこれ対応策を考え，丁寧な
指導を心がけるのは当然のことです。しかし，英語が好きで自分で学習
を進められる生徒にも，目を配る必要があります。一斉指導においては，
そのような生徒は授業のレベルに満足せず興味を失うこともあり得るか
らです。成績不振者に比べ問題がないぶん，見落としてしまうこともあ
ります。

英語ができる生徒，好きだという生徒には，個別指導を通して，向上

心を維持できるように応援したいものです。その場合にも個々の生徒の興味関心に合わせることが必要になります。教員は，自分自身が英語のどのようなところに惹（ひ）かれ，この道へ入ったのか，どんなことをして英語を学んできたのかを思い出し，それを伝えてください。英語への熱い思いを生徒と共有できることは素晴らしいことです。

　もっとも，誰もが英語の同じ面に惹かれているとは限りません。英語の映画を字幕なしで理解すること，英語の小説を読むこと，英語圏の文化を知ること，文法や言語学の深みを探ること，英語を話し人との関わりを広げること，さまざまな生徒の興味や関心に合わせ，柔軟な対応が必要です。

自律的な学習者の育成

　英語が中学校，高等学校の必修科目である以上，生徒は学ばなくてはなりません。彼らは英語の教科書も，担当教員も選ぶことができません。彼らの多くは精神的成長の過程にあって，自分なりの英語学習の動機付けを確保できていない者もあり，多くの生徒が英語学習を「受験に必要なもの」，「人からさせられるもの」と考えています。そこから脱却しない限りは，学年が上がるごとに英語は苦痛でしかなくなってくるのです。

　そのような生徒たちに対して，教員は，ただ彼らが質問や相談に来るのを待っているわけにはいきません。英語を読むことが好きな生徒たちのためには，たとえば Oxford University Press などの Graded Readers のペーパーバックを全巻用意したり，ライティングに関心のある生徒には，プロセス・ライティングの参考書を推薦したり，各種の英語能力を測る試験の受験を勧めたり，映画やアニメーションなどの動画を用いた動機付けなど，学習環境全体を見直す必要があります。そのようなセルフ・アクセス型の指導を充実させることが，自律学習者を育てます。しかし，自律学習者にとっては何と言っても，学習の進捗状況を把握し，常に励ましてくれる教員の存在が必要なのはもちろんです。

　生徒に対面する教員には，授業をする以外にもさまざまな役割があります。英語学習者の先輩として，後から続く生徒たちに，英語をもっと知ることの喜び，英語を使うことの楽しさを伝えることが期待されているのです。

　英語に限らず，勉強が嫌いだと言う生徒なら，勉強の仕方を自ら聞きには来ないでしょう。そういう生徒が多い場合には，まず授業で十分に

勉強させることを優先し，個別の授業外指導や予習復習をさせることは次のステップと考えざるを得ないかもしれません。

本章❹では，生徒たちに勉強への積極的な姿勢を持たせようと，学校ぐるみで何らかの個別学習を強制するような方法については論じませんでした。自律学習者を育てるためには，一斉授業の外で，一人一人の生徒の個性に合わせた，個別の対応が必要です。その積み重ねが生徒の学習への姿勢を整え，最終的に自分の学習を自分で調整しながら進めることの（コントロール）できる学習者へと成長させるのです。

✓ 理解チェックのための課題

英語が苦手な生徒に対する対応と英語が得意な生徒に対する対応はどのように変えたらよいでしょうか。それぞれ箇条書きにしてみましょう。

✓ 応用発展をめざした課題

2人1組になり，自分が工夫して身に付けた英語の学習法や単語の覚え方などを互いに説明し合いましょう。中・高時代の英語の教員からのアドバイスで今も役に立っているものがあれば，それも紹介しましょう。

コラム

じっくり考えることを嫌う生徒？

文部科学省が実施する「学習指導要領実施状況調査」など，全国や自治体のレベルで一斉学力調査が行われることがあります。また，国際規模のものとしては OECD の PISA が知られています。PISA の結果が発表される度に，日本人の子供の学力の上がり下がりが大きくマスコミを賑わし，教育行政の大問題として，批判が文部科学省や学校現場の教員に集中します。

データの中で関心を向けるべきなのは，生徒の点数だけでよいのでしょうか。学習やテストに対する生徒の態度を示すデータがとても気になるのです。他の国々の子供たちに比べ得点はそう低くないにも関わらず，

日本の子供たちは勉強が好きではないという結果が出ているからなのです。

　また，学校現場の教員や市町村の指導主事が指摘することなのですが，このようなテストは成績や入試に関係のないものと知って，受験の態度が変わる生徒がかなりいるというのです。選択肢で選ぶ問題や漢字の書き取り，演算などの，小さな作業プロセスで解答できるものには答えますが，いくつものステップを経て結論を導いたり，じっくりと考えて意見をまとめたりする問題になると無回答になる答案用紙が多いのだそうです。

　このように，生徒たちに，単純操作だけ扱い丁寧な思考を避ける傾向があることは，かなり以前から佐藤学（2000）なども指摘していましたが，日本の子供たちが家庭学習に割く時間が極めて少ないこと，読書量が極めて少ないことが PISA 2015 の調査でも分かっています。それは決して，短時間の家庭学習や学校の授業や塾の授業が充実しているという意味ではありません。子供たちが自分から思考したり知識を求めたりすることを面倒だと思う意識を持っていることの表われなのかもしれません。

　多くの生徒に家庭学習の習慣が付いていないことと，丁寧な思考を回避する傾向とは深く関係しています。これは外国語科という一教科に限定した問題ではなく，日本の従来の教育方法がそのような生徒の意識を生み出したのかもしれません。むしろ，親子や学校に限った問題ですらなく，現代社会の様相が子供たちに影響を与え，功利主義的な学習態度を子供たちに植え付けてしまった結果かもしれません。

　ここには大きな問題が含まれているのです。学校や保護者を巻き込んだ地域全体での取り組みが不可欠であることは言うまでもありません。

第7章

授業指導案の書き方

この章では英語の授業指導案の基本的構成とその作成の手順について学習します。基本的といったのは，英語の授業の形態が各学校段階の授業によってかなり差異があるからです。しかし心配は無用です。本章では，各学校段階の英語の授業について，その特徴と指導案作成上の注意点を詳しく見ていきます。具体的には，これから行おうとする授業の基本的構成は何で，指導案を書く前の段階として，授業を構成，計画する上で心得ておく点はどんなことで，さらに，指導案自体の構成，あるいは内容は具体的にどのような感じになるのか，などについて触れます。

● **本章で学習してもらいたい事柄** ●
- 授業の構成は基本的にどのようになっているのか
- 指導案の構成はどのようになっているのか
- 指導案作成の手順はどのようになっているのか
- 指導案作成のとき，注意すべき点は何か
- 各学校段階の英語の授業とその指導案の特徴は何か

① 中学校・高等学校外国語科授業の基本的構成について

授業指導案の書き方について述べる前に，まず英語の授業の構成について知る必要があります。しかし，先に述べたとおり，現在，学校段階により授業形態がかなり多岐にわたるのが現状ですので，授業の基本形というものをここでは挙げて説明します。

その基本形は次の構成をとります。

① Warm-up　② 復習　③ 新教材・新学習項目の導入
④ 学習の展開・発展　⑤ 授業の整理・まとめ

①では，文字どおり，英語の授業に入るための準備活動を行います。前の時間が体育や理科である場合，その授業の雰囲気をクラス自体が引

きずっていることがあります。そこで，英語の授業の最初で雰囲気をガラリと変えて，生徒の学習の構えをつくります。したがって，ここでは，簡単な英語での挨拶やゲームを行うことなどが中心となります。

　②は復習です。特に本時の学習が前時に学習した事項を前提としている場合や教科書の話の内容が前時から継続している場合には復習が必須になります。そしてできれば，次の導入に自然に移行できるよう，内容的な結びつきや段階がこの復習と導入の間にあれば，さらに好ましいでしょう。

　③では，本時で学習する新しい学習項目の導入を行います。例えば，中学校では主として新しい文法項目の導入を行いますし，また，一般的には，教科書の本文の内容理解が学習の目標になりますから，テキスト本文に関わる内容やトピックの導入ということになります。後者の場合には，オーラル・イントロダクションなどが行われます。学習項目と生徒の関心事項との関わり，ここでの文法の勉強は実際の英語使用のどの場面で役立つのか，といったようなことに触れることも大切です。

　④は導入で学んだ事項の応用的な学習や活動になります。例えば，ある文法項目を学んだとして，それをある文脈の中で実際に使わせてみることや，教科書の話の内容を読み取った後で，読み取った内容に基づいてその要旨を書かせてみる，といった発展学習の展開がこの段階に相当します。

　一般的には，③の段階では知識の教授が中心となり，④の段階では技能の練習，活動やタスクが中心となるといってもいいかもしれません。

　⑤は当該授業で学んだことのまとめや総括，学習項目の要点の整理などを行う段階です。この授業で生徒が何を学んだかを本人たちに確認させることはとても大切なことです。たとえ短い時間といえども省略せず，きちんとこの段階を授業の中に組み込むことが必要です。

　なお，以上の各段階の時間的目安としては，50 分の授業の場合，①Warm-up（5 分），②復習（5 分），③新教材・新学習項目の導入（15 分），④学習の展開・発展（20 分），⑤整理・まとめ（5 分），といった感じです。

　では，以上は一般的な授業構成ですが，ここでいくつかの授業を大きく二つのタイプに分けて，その授業構成について箇条書きにします。一つ目は，文法項目を導入して学習させるタイプ，二つ目は，教科書の内容理解を重視するタイプです。

（1）文法指導重視型の展開
　①Warm-up
　②前時の復習
　③新文法・文型の導入（オーラル・イントロダクション）
　④練習
　⑤新文法を用いたコミュニケーション活動（文法の応用・場面的使用）
　⑥まとめ
（2）教科書の内容理解重視型の展開
　①Warm-up
　②前時の復習
　③トピック／内容についてのオーラル・インタラクション
　④新出語句や表現の導入
　⑤黙読
　⑥T/F による内容理解の確認
　⑦より深い内容の確認
　⑧音読練習
　⑨まとめ

② 授業指導案の構成について

　次に授業指導案の構成についての説明に入りますが，指導案の形態もさまざまなものがあります。ここではあくまで一般的と考えられるものを挙げます。

　指導案の形式として，以下の項目が考えられます。

（1）タイトル（授業の学年とクラス名，教科名）
　　　例 3年1組　英語科学習指導案
（2）指導（授業）教諭名，指導者名（両者の印を名前の横に押す）
（3）題材名（教科書名，単元名，あるいはレッスン名）
（4）本時の教材
　　本時で扱う教材を提示するが，これを指導案の最後に添付する方法もある。
（5）単元について（単元で学習するねらい，あるいは単元目標）
（6）クラスの生徒の実態
（7）指導計画（学習計画）
　　学習単元のスケジュールなどを記述する。

	例	第 1 時	6 課の 1　三人称単数現在形の主語と動詞の一致
	第 2 時	6 課の 2　本文の内容理解，自分の家族や第三者について紹介する
	第 3 時	6 課の 3　Does ~? の疑問文とその答え方
	第 4 時（本時）	6 課の 4　Who ~? を使った疑問文とその答え方
	第 5 時	6 課の 5　本文の内容理解
	第 6 時	本課のまとめと練習

(8) 本時の目標

　当該授業がうまくいったか，そうでなかったかを評価する基準は，この本時の目標がどの程度達成されたかによるので，着実に，そしてより具体的な達成目標を立てることが大切である。

　おおよそ，以下の 3 観点によりそれぞれの目標が考えられる。

　　例　本時の目標

①知識・技能
- 不定詞の形容詞的用法を理解し，活用することができる。
- 物語の概要を聞き取ることができる。

②思考・判断・表現
- 場面，状況に応じて考え，判断して適切に伝えたい内容を表現することができる。

③主体的に学習に取り組む態度
- 初対面の人に聞くべきでない質問をしないなど，相手を配慮しながらやり取りをすることができる。

(9) 指導過程

　ここで授業の展開例をマス目の表を使って表示する。

　　例

時間配分	指導過程（学習内容）	教員の働きかけ	生徒の活動（反応）	留意点（備考）
5 分	Dictation	Unit 7 の Dictation を行う ・書き取らせたい部分を 2 回繰り返す ・答えの確認と発音練習を行う ・全文の音読練習を行う	・書き取る ・答え合わせをして，発音を練習する ・教員に続いて読む	声量・文を読む速度は適切かをチェックする

上の表の一番上の項目のところについて、「時間配分」や「教員の働きかけ」の他に、「指導（活動）形態（全員活動、グループ活動、ペアワークなど）」や「観点別評価の項目」を入れる場合もある。また、「教員の働きかけ」のところは Team Teaching の場合には欄を JTE とALT とに区分して記述することも可能である。さらに、「留意点（備考）」のところには、利用する補助教材、視聴覚機器などの種類を記述することもできる。

（10）資料

　ここでは、先に述べた通り、本時の教科書の本文や、授業で使用する活動シートやワークシートなども用意・添付する必要がある。

③ 授業指導案の作成手順について

　これまで、基本的な授業の流れや指導案の構成についてみてきましたが、これからいよいよ指導案作成のプロセスについて述べます。

　まず、指導案を作成する前に、あるいは授業を計画する前に知っておく、また調べておくべき事項を以下に提示します。

（1）教科書全体の構成を知っておくこと

　これまでどのレッスンで何をすでに学習しているかを把握しておく必要がある。例えば、文法や語彙などについては何が既習であるかを確認し、既習事項でないものは今度の授業で新たに導入するか、説明する必要があり、また、逆に既習のものは例文などで授業中、用いることが可能になる。そしてどのような題材がこれまで扱われてきたかを知っておくことと、また、オーラル・コミュニケーション関係では、扱ってきたトピックの内容を把握しておくことが求められる。

　　例1 環境問題や異文化理解に関するものはどうか
　　例2 スポーツ、好きな音楽などの話題はどうか

（2）今回の単元で扱う言語材料についての事項やその指導手順などを研究しておくこと（一般的にいう「教材研究」と称するものである）も大切である。

　　例1 今回の単元はどのような流れになっているのか
　　例2 今回の単元において新出事項（文法事項・語彙・表現）にはどのようなものがあるのか
　　例3 今回の単元で主に扱う文法事項について、指導のプロセスへの考慮は特に存在するのかどうか

　　　例4　今回の単元の題材内容の流れはどのようになっているのか

　以上を踏まえて実際の指導案の作成手順について述べていくことにします。基本的には先に述べた指導案の構成順にいろいろな事項を決めていけばよいでしょう。

①単元の目標を決める
②単元の指導計画（流れ）を決める
　　　例　第1時　　　　　　比較級の導入
　　　　　第2時（本時）　　本時のテーマ，日米の家族関係の違いの把握
　　　　　第3時　　　　　　比較級の理解と活用
③本時の目標を定める
　全体（単元）の目標から該当する時間の目標を定める。
④授業の構成を決める（何をどの順番で配列するか）
　　　どのような内容を授業の中に盛り込むかを決める。
　　　例1　挨拶，復習，文法事項の導入，応用活動，まとめ
　　　例2　Warm-up，復習，導入，展開・発展，まとめ
　　　例3　挨拶，復習，トピックの導入，語句の導入，質問の提示，黙
　　　　　　読，音読練習，音読の自己練習，発展活動，まとめ
⑤具体的な指導の方法を各内容ごとに決める（どのように展開するか）
　　　例1　文法事項の導入方法を決める
　　　例2　文法事項の導入に使う基本文を決める
　　　例3　音読練習の方法やパターンを決める
　　　例4　教科書の課の内容理解のために生徒に与える質問を決める
　　　例5　導入した文法事項を応用的に実際の文脈で使うためのコミュ
　　　　　　ニケーション活動を考える
⑥教える内容・項目の時間配分を決める（どのくらいの時間配分で行うか）
⑦本時で利用できる機器や副教材などを確認したり，説明用の掲示を考
　案し，作成する（他に授業の中で利用できる教材を探す）

　実際の作成に際し，考慮すべき点は次のとおりです。

(1)最初は「細案」形式で書いてみる
　　　実際に指導案を書く前に，まずは授業の細かいシナリオを作る。つまり，具体的な発言（英語での指示，日本語での指示），板書の内容，教員の発話に関する生徒の反応の予想，使われる Classroom English の種類などを事前に細かく決めることを含む。

(2) 授業の流れの状況を確認し，調節する

　　　 この指示で活動をスムーズに行わせることができるのか

　　　例2 生徒の活動の量が全体的に少なくはないか

　　　例3 授業中の生徒の発話の量を確保しているか

　　　例4 生徒の発話にフィードバックする時間を設けているか

(3) 指導案の内容を暗記し，シナリオを十分に頭に入れておく

④ 小学校英語教育の指導案

4.1 小学校「外国語活動」・「外国語」の学習指導案例

　今回の学習指導要領の改訂で，「外国語活動」が早期化され，「外国語」が教科化されました。そのため，小学校「外国語活動」と「外国語」の指導を踏まえて中高においては，精緻に言語知識を積み上げ言語活動を展開する，という指導観，学習観の転換が必要です。

　このことについては，本書第1章に詳しく説明されていますので確認してください。文部科学省は指導の充実のため，2017年6月に，「小学校外国語活動・外国語研修ガイドブック」を公刊しています。その中に典型的な指導例が例示されていて，「外国語活動」の学習指導案の具体が示されています。ここではそれを引用しながら，そのフォーマットを確認し，指導改善や指導の充実に資するものとします。

4.1.1 単元構成から各時間の指導目標設定と単位時間の指導過程の構成

　ここでは，(1) 単元目標，(2) 単元指導計画，(3) 指導過程という構成で説明しますが，その前に，まず (1) の単元目標を設定するに当たり，教員は教科書などの教材を手に取り，何を教えるのか，また，何を教えるべきなのかを自分でよく考えることが必要です。そして，それを踏まえて，単元目標を定め一連の単元指導計画を考えることになります。そして，複数の単元で年間指導計画を構成します。

　(1) 単元目標は育成をめざす資質・能力としての「知識・技能」，「思考・判断・表現」，「主体的に学習に取り組む態度」に基づき，児童の実態，今迄の指導内容などを勘案して決めます。それを受けて，目標を実現するために必要な時間数を定めます。今回の例では4時間を配当しています。そして，1時間ごとの目標を設定しますが，当然，それらの目標が実現されれば単元目標が実現されるように，各時間の目標を絞り込みます。

　次に，単位時間の指導過程が組まれます。このときもここまでの考え

方と全く同じで，当該授業の目標実現のための活動などと，その段取り
や手順を考え，指導過程に落とし込みます。それぞれの活動の節々では
活動の成果を確認して次の活動に進みます。

(1) 単元目標

第 3 学年○組　外国語活動指導案（フォーマット例）

指導者 HRT ○○○○
ALT △△△△△

1. 単元名 Unit 4　I like blue.　すきなものをつたえよう

2. 指導観
   - 児童観
     本学級の児童は，〜で，〜な経験をしている。外国語活動に対する意識は〜。
     ※学級の児童の実態，これまでの学習経験，児童に付けさせたい力から単元の
     ねらいなど指導する上で考慮すべき事柄を説明する。

   - 教材観
     本単元では，〜な題材を設定し，〜の教材を使って指導に当たる。
     ※題材や教材についてその内容やその価値など児童にとって学ぶ意義について
     説明する。

   - 指導観
     第 1 時では，〜活動をし，〜させる。第 2 時では〜。本時の指導に当たって
     は，〜をし，〜するようにする。
     ※具体的な指導の方法や手順，また特に必要とされる学習形態や活動の内容を
     示す。

3. 単元の指導目標
   ※育成をめざす資質・能力の三つの柱に沿って目標を書く
   - 多様な考え方があることや，外来語を通じて英語の音声やリズムなど日本語
     との違いに気付き，色の言い方や，好きかどうかを尋ねたり答えたりする表
     現に慣れ親しむ。（知識・技能）
   - 自分の好みを伝え合う。（思考・判断・表現）
   - 相手に伝わるよう工夫しながら自分の好みを紹介する。（主体的に学習に取
     り組む態度）

4. 言語材料
   ※本単元で扱う言語材料を表現（児童の発話）と語彙（児童が使う語彙）に
   分けて書く
   - 表現（児童の発話）
     I like (blue). I don't like (blue). Do you like (blue)? Yes, I do.
   - 語彙（児童が使う語彙）
     色（blue, red, green, yellow, pink, black, white, orange, purple）
     スポーツ（soccer, baseball, basketball, dodgeball, swimming）

117

5. 学習指導要領における該当する領域別目標
　※学習指導要領の中から，本単元に該当する領域別目標を記載する

| 聞くこと | イ　ゆっくりはっきりと話された際に…
表現の意味がわかるようにする。 |
| 話すこと
［やり取り］ | ウ　サポートを受けて，自分や相手のこと及び…
質問に答えたりするようにする。 |

6. 単元の評価規準
　※観点ごとに，指導者が授業の中で求める児童の具体の姿（目標が達成された姿）を書く
　•ゆっくりはっきりと話された際に…（聞くこと）
　•友だちや先生のサポート…（話すこと［やり取り］）

（2）単元計画（4時間）

時間	目標
1	多様な考え方があることに気付くとともに，色の言い方に慣れ親しみ，好きなものを表す表現を知る。
2	外来語を通して英語の音声やリズムなど日本語との違いに気付くとともに，好みを表す表現に慣れ親しむ。
3	好きかどうかを尋ねたり答えたりする表現に慣れ親しむとともに，相手に配慮しながら自分の好みを伝え合う。
4	相手に伝わるように工夫しながら自分の好みを紹介しようとする。

（3）本時の指導案

- 本時の目標
   多様な考え方があることに気付くとともに，色の言い方に慣れ親しみ，好きなものを表す表現を知る。
- 準備物　デジタル教材，児童用テキスト，教員用絵カード（色），色鉛筆など
- 本時の展開（1／4時間）※(本時／総指導時間)

時間 配分	指導過程 （学習内容）	教員の働きかけ	児童の活動 （反応）	留意点 （備考）
5分	挨拶	• 全体に挨拶をして，個別にも挨拶する。 • 教員の small talk，児童に picture card などを活用して語りかける。（数回）	挨拶する。	Picture card

5分	映像視聴	• 具体の虹の映像資料を示して，まず児童の興味・関心を高めながら，海外ではどんな風に虹が見えるのかなど，自分たちの作品との違いや共通点に気付くよう促す。 T: Please watch the video. What colors can you see in the rainbow? Are they beautiful? ※指導者の使用英語，児童同士の会話は，表現例を示す。 ◎自ら元気に活動に取り組んでいる。 〈行動観察・振り返りカード分析〉 ※評価する活動の欄に評価を◎で具体的に示す。行動観察だけでは表出しない内省の部分は，「振り返りシート」などの児童の記述を分析し評価する。	【Let's Watch and Think】 • 映像資料で，世界の子供たちが虹を描く様子などを視聴し，自分たちの作品や日本で見る虹との違いに気付く。	映像資料 DVD など
6分	ゲーム活動	• シャッフル・ゲームをすることを告げる。児童が描いた虹の色の中から4枚程度を黒板に張りながら，カードの色を児童と確認する。 T: Let's play the Shuffle Game. Look at the board. 〈活動の手順〉 • 児童と色を言いながら，順に色カードを裏返す。 • 児童に入れ替えた順が分かるように，2,3回入れ替える。 • 1枚のカードを指し，What color? と児童に尋ねる。… ※ゲームなどの活動は，活動の仕方や手順を分かりやすく書く。	○シャッフル・ゲーム • 指導者と色を確認する。 • 指導者が指したカードが何色か当てる。	
5分	振り返り	• 児童の英語を使おうとする態度についてよかったところを称賛する。	• 本時の活動を振り返り，振り返りカードに記入する。	振り返りカード
2分	終わりの挨拶	• 児童と一緒に歌う。 • 挨拶をする。	○ Goodbye Song • 挨拶する。	デジタル教材

4.1.2　指導案作成上の注意

(1) 小学校「外国語活動」,「外国語」という特性に関して
　　①小学校の「外国語活動」が中学年に早期化され, 高学年では「外国語」が教科化されました。児童にとって英語学習の出発点になります。まず, 授業中, 児童が良質の英語を十分にインプットできるよう授業を構想することが必要です。
　　②言語習得には「理解可能なインプットが必要だ」といわれています。英語を聴いて, 英語そのものからその発話の内容を理解することとともに, 児童の日常生活の場面や絵, DVDなどの映像資料などを駆使して児童の理解を助ける方法を工夫することが大切です。
　　③英語の音声に慣れる, 馴染む, そして興味・関心をもつということが重要です。
　　④また早い段階から発話を無理に促すと, 児童の英語活動や学習に対する不安を助長する可能性があります。誤った発音が定着してしまうなどの「化石化」を招く危険性もあります。授業では, 十分に英語を聴いて, その後に児童が英語を発話したくなるまで, また, 児童の口から英語がこぼれ落ちるまで待つことが肝要です。

(2) 学習指導案の作成に関係して
　　①指導計画には, 年間のものと, 単元のもの, さらには単位時間のものがあります。単位時間の指導計画が学習指導案です。指導計画を整える際, まず, 年間を通して, 単元を通して, 単位時間を通して, 何を教えるのか, 教えたいのか, 教えるべきなのか, ということを教員自らがよく考えることが出発点です。学習指導案に取りかかる前に自分の考えをよくまとめておくことが必要です。
　　②学習指導案は単位時間の指導計画です。まずその時間の目標があります。そして, 授業は, その目標を実現するためいくつかの活動で構成されています。まず指導案全体を考え, どの活動もそれぞれにつながりがあり, その結果として, それらがその時間の目標に収束するように計画します。
　　③前述のように指導過程にいろいろな活動が組み込まれますが, その活動がなぜ必要なのか, 何処につながっているのか, 最終的に何を目標としているのかを明示します。
　　④指導過程が活動の単なるパッチワークのようにならないようにするには, それぞれの活動の目的が何かを明確にして, さらにその時間の目標につながっているのかどうかを吟味する必要があります。こ

こが指導案を書く際に大切なことです。前述の例に挙げた指導過程を確認してください。それぞれの活動がその時間の目標につながるように組織されています。

⑤また，指導過程に組み込まれている活動を行うに当たり，活動ごとに児童の学習状況が目標に向かって着実に進んでいるのかどうか，確認しつつ授業を進めなければなりません。これが「形成的評価」です。学習指導案に書き記すとともに，活動ごとに着実に行うことも必要です。詳しくは第 13 章に説明があります。

⑥記録に残す「観点別学習状況の評価」を積み重ねて，一定の区切りごとに児童の学習状況を確認するための「総括的評価」につなげます。すなわち，単元ごとや学期末，学年末に行いますが，単位時間ごとに行っている三つの観点に基づく評価がこの「観点別学習状況の評価」につながります。一つの単位時間では観点一つの評価が妥当です。

⑤ 中学校英語教育の指導案

ここでは，中学校の英語科の指導案の書き方について解説します。

解説の方法として，次の手順を取ります。まず，教材を示し，次に，その指導案（指導過程）を載せます。そして，その上で授業計画から指導案作成の注意点を述べます。

5.1 取り上げる教材名

NEW HORIZON English Course 2（東京書籍 2019），Unit 3 Career Day の Read and Think 1 を取り上げます。テキスト内容は次の通りです。

> アレックスは新聞社での職業体験についてレポートにまとめます。どんなことを体験したのでしょうか。
>
> Kota and I went to a newspaper company on Career Day. Mr. Suzuki, a journalist, showed us around the office. Then he took us out to interview a soccer player.
>
> Mr. Suzuki told us, "Newspapers are important to people everywhere. We need to report the news every day. We have many things to do."

Now I read newspapers every morning. For my future, I
have many things to learn.

語句：around, office, interview, told, important, everywhere,
　　　need, news, future, take ~ out
文法：不定詞の形容詞的用法　⇒　I have many things to do.

5.2 指導案（指導過程）

ここで授業の展開例をマス目の表を使って表示します。

時間配分	指導過程（学習内容）	教員の働きかけ	生徒の活動（反応）	留意点（備考）
5分	Greetings			
10分	新出文構造の導入	不定詞の導入を行う。教員による1人2役でのrole-playing A: It is very hot today. Koji, I want something to drink. B: Here you are. A: Thank you very much. 会話の内容の推測 生徒に内容を尋ねる ポイントを板書する 練習活動 What's this? It's something to *do*. 数回繰り返し練習する	教員のrole-playingを見て，よく英語を聞く 内容を予測する 解答する Picture cardを見て解答する （例） book = something to read food = something to eat hat = something to wear on your head	不定詞の用法について簡単な文脈の中で理解させるようにする Picture cardを活用する
5分	単語の確認	フラッシュカードを使用 新出単語の確認 発音練習	意味を確認して，発音練習	新出語句を可能な限り教科書本文の文脈の中で導入する

5分	本文の内容理解（1）	Picture card を示しながら教科書本文で説明する（2〜3回繰り返す）その後の T/F で理解度を確認する	教科書は閉じて教員の英語を聞く	教科書附属の picture card を活用しながら生徒に語りかけるように話す
		（T/F）Kota and Alex showed Mr. Suzuki around the office.	F	T/F の根拠は次の本文の内容理解（2）で質問することを生徒に予告しておく
		Mr. Suzuki took Kota and Alex out to interview a soccer player. など。	T	
15分	本文の内容理解（2）	教科書の範読範読後黙読の時間を取る	生徒黙読	
		黙読後，T/F根拠を確認	T/F の根拠を答える根拠となる箇所を示す	
		Picture Card を使いながら生徒と問答して理解を深める	教員の質問に英語で解答する	生徒がフルセンテンスで解答できない場合は，徐々にフルセンテンスで答えることができるよう指導する
		"Newspapers are important to people everywhere." について考えさせる	個人で考え，その後にグループで意見交換して発表する（英語 or 日本語）	最初，個人で，次にグループで考えて発表（日本語 or 英語）
		本文の中で現れる不定詞の形容詞的用法の確認		今日の言語材料のまとめの活動なので，生徒の理解度を再度確認する
8分	音読練習	本文の音読意味のチャンクごとに読む文単位で読む	教員に続いて読む	発音のフィードバックをする

		長い文は後から読み上げる（これを back-up reading technique と呼ぶ） 意味上大切な箇所にはストレスを置く，強く読む		
2分	まとめ	再度，内容についての Q&A Is Mr. Suzuki a journalist?	Yes, he is.	全員が分かる，答えることのできる質問をする
		What does Alex do every morning?	He reads newspapers.	
	Greeting			

5.3 指導案作成上の注意

（1）中学校の英語という特性に関して

①小学校に引き続き英語学習の入門段階であるので，英語の学習を動機付けるような内容が取り込まれていることが望ましいでしょう。具体的には，日本語と英語の発音上の違いや，習慣の違いに関する事項などです。

②また，その一方で，英語の基礎に当たる，知識や技能の習得もめざさなくてはなりません。どうしても，機械的な練習が多くなりますので，意味のある文脈を付加する工夫が必要となります。

③コミュニケーション能力の伸長が教科の目標です。聞く・話す活動を多くする工夫が求められます。教科書の内容のオーラル・イントロダクションを頻繁に行い，聞く力を日頃より養う必要があります。また，英語を用いて自己表現をさせる機会を作るのも大切なことです（例：Show and Tell や各種のタスクなど）。

④読むことについては，高等学校に比べてテキストの内容が難しくなることはありませんので，なるべく訳はやめて，内容把握を重視する指導の方が望ましいです。ただし，日本訳が全く不要というわけではありません。

⑤音読練習はとかく単調になりがちなので，バリエーションを工夫しましょう。なお，音読練習は必ずテキストの内容理解の後に行うようにしてください。

（2）上の学習指導案の作成に関係して

①まずは，この授業の目標，あるいは，観点別の到達点を決定しましょう。ここでの授業の目標は，例えば，次のようなものが挙げられます。

「知識・技能」
- 不定詞の形容詞的用法理解し活用することができる。
- テキストの内容を理解し音読することができる。

「思考・判断・表現」
- テキストの内容について質問されたことに根拠を示しながら答えることができる。

「主体的に学習に取り組む態度」
- ペアワーク，グループワークに主体的，積極的に取り組むことができる。

②この授業を行うに当たり，生徒には，新出語句の予習と，大ざっぱに本文の内容を確認してくるようにとの指示を事前に与えておくことを想定しています。

③授業内容の配列については，以下のことに留意しました。

　1 時間の授業で，文法の理解と本文の内容理解の両方を求めることについては学習者の負担が大きいと考え，今回は，どちらかというと本文の内容把握の方に重点を置き，不定詞の形容詞的用法の導入については詳しい説明は省きました。

④不定詞の導入のところで，形容詞的用法の不定詞について，なるべく具体的なイメージを持ってもらうことをねらい，より簡単な例文を用い，絵を見させてそれに当たる不定詞を述べさせるという方法を取りました。もちろん，不定詞とか，形容詞的用法とかの文法用語をなるべく使わないようにしました。

⑤テキストの内容に関する質問については，テキスト上重要な箇所に絞り，かつ，その解答を答えさせ，さらにその解答について，それぞれの生徒にその根拠を述べさせ，授業中，特にその根拠において意見が分かれた場合の議論に時間を振り向けました。

⑥不定詞の形容詞的用法が文章中どのようなところで使われているかを生徒によく確認させるように試みました。

⑦テキスト理解を十分させた上で音読練習を行うことを意図したため，音読練習をかなり後ろの方に配置しました。

⑥ 高等学校英語教育の指導案

　高等学校の英語科の指導案の書き方について解説します。ここでは，現行の「コミュニケーション英語Ⅰ」（改訂後は「英語コミュニケーショ

ンI」）の教材を取り上げます。解説の方法は中学校の指導案の書き方と
同じです。

6.1 取り上げる教材名

Power On English Communication I（東京書籍 2019），Lesson 2
Sleep in Animals の Part 2 を取り上げます。テキスト内容は次の通り
です。

> 草食動物の眠り方は，肉食動物とは違うのでしょうか。
>
>   Plant-eating animals spend most of their time eating and
> watching for predators. For this reason, they sleep for a very
> short time. For example, horses sleep for a couple of hours
> a day. Giraffes sleep for only half an hour. Both horses and
> giraffes sleep in a standing position to respond to any danger
> quickly.
>   How about humans? We eat both plants and meat. We sleep
> for about eight hours a day. We sleep shorter than meat-
> eating animals, but longer than plant-eating animals. Isn't it
> interesting?
>
> 語句 : giraffe(s), standing, respond, respond to …,
>   watch for …, …
> 文法 : 不定詞…〈to ＋動詞の原形〉が名詞や形容詞，副詞のように
>   働きます。
> To sleep well is important.
> The horses had enough grass to eat.
> Horses sleep in a standing position to respond to any danger
> quickly.

6.2 指導案（指導過程）

ここで授業の展開例をマス目の表を使って表示します。

時間 配分	指導過程 （学習内容）	教員の働きかけ	生徒の活動 （反応）	留意点 （備考）
5分	Greetings			

5分	Review	Review をする	教員の英語をよく聞く 前回の Part の内容に関する質問に解答する	フルセンテンスで答えさせるが，そのように返答がない場合は，リキャストして生徒の気付きを促す 生徒の習熟度により，ヒントを与えたりして，成就感をもたせるための工夫をする
10分	Oral introduction	Oral introduction をする Oral introduction 後に英語で五つの質問をする	教科書は閉じて教員の英語を聞く オーラル・イントロダクションの内容を把握するように努める	教科書附属の picture card を活用しながら生徒に語りかけるように話す
5分	新出語句の説明と練習（Presenting vocabulary and practices）	Presenting vocabulary and practices をする	新出語句を本文の文脈の中で理解し，練習する	新出語句を可能な限り教科書本文の文脈の中で導入する
5分	教員の範読 音読練習 （Reading aloud） 内容理解	本文範読 範読後黙読の時間を取る 音読練習 1語読み，フレーズ読み，1分読み，さらには，個人読み，全体読みなど，さまざまなバリエーションの音読演習を行う	教員の範読を聞きながら，本文を指でなぞる 生徒は黙読しながら Oral introduction の時の五つの質問の解答を考え，その根拠が書かれている箇所に下線などを引く 音読練習の時間は，自分のペースで練習する	発音が難しい部分は繰り返し読んで，生徒によく聞かせる

| 15分 | 発展学習
（Retelling
Activity） | 生徒に本文のキーワード
を与え Retelling をさせ
る

例：
Meat-eating animals
Plant-eating animals
Horses
Giraffes
Humans
A standing position
Predators

最初は自分で考え，後に
グループ内で発表し合う | キーワードを
活用して本文
内容について
retelling をする
ことに挑戦する | 教科書は閉じ
て，黒板には，
馬とキリンの
picture card を
掲示する

キーワードは
必ず使って
retelling を行う

生徒の習熟度に
よりノートにメ
モさせたりし
て，発表のスタ
イルは即興的な
ものとはしない
場合もある |
| 5分 | まとめ

Greeting | 本文の要旨をまとめ，不
定詞の用法を確認する | 要旨を発表し，
不定詞を含んだ
文を示して，そ
の意味を確認す
る | Retelling
Activity でモデ
ルになる発表を
もう一度クラス
全体で聞いて，
本文の概要を確
認する |

6.3 指導案作成上の注意

(1) 科目，「コミュニケーション英語Ⅰ」（改訂後，「英語コミュニケーション I」）という特性に関して

①この教科は，聞くこと・話すこと［発表］［やり取り］・読むこと・書くことの5領域間の調和を取りながら，4技能を総合的に育成することをねらいとして，統合的な活動をさせるのが主眼です。基本的には技能の5領域のバランスを図るよう配置した授業内容にするべきです。ただし，そのバランスは，1年を通したり，科目全体として取れているようにすることが肝要です。

②したがって，教科書本文の内容を理解する活動だけではなく，本文の内容を要約して，それ発表させたり，本文の感想を英文で書いたりするような表現活動も授業の中に盛り込むべきです。ただし，その場合，学習者の習熟度を考慮したものでなくてはなりません。

③生徒の言語活動の機会を増やすことを心掛け，そしてまた，教員は授業の中で英語を積極的に用い，英語のインプットをふんだんに与

えるよう留意したいものです。

(2) 上の学習指導案の作成に関係して

①まずは，この授業の目標，あるいは，3 観点を決定しましょう。

ここでの授業の目標は，例えば

「知識・技能」

- テキストの内容を理解し音読することができる。

「思考・判断・表現」

- テキストの内容から人間や肉食動物，草食動物の睡眠時間や睡眠時の姿勢についてキーワードを駆使しながら説明することができる。

「主体的に学習に取り組む態度」

- Retellingやペアワーク，グループワークに主体的，積極的に取り組むことができる。

などがあります。

　ちなみに，今回は，時間的な関係を考慮し，教科書内で目標になっている不定詞の用法については省略しました。この判断が好ましいかどうか疑問の余地はあるものの，時間的配分を考慮して，このような指導目標をしぼり込む意思決定をするケースもあります。

②授業内容の配列については，次のことを考えました。

　まず，前時の内容との関連性を考慮したいと思い，復習を入れました。そこで，前の時間の内容を確かめる活動を入れることと音読練習を入れたいと思いましたが，音読練習の前に教科書の内容理解は済ませておきたいと考え，前述のような指導手順にしました。

③オーラル・イントロダクションや音読練習，音読の模範も，あくまで生徒の習熟度に合わせて，そのやり方や繰り返しの方法，ペースを変えること，つまり臨機応変に対応することに留意しました。

④この教材を読ませて，読んだ内容を retelling する活動を最後に配置しました。肉食動物と草食動物の睡眠時間や睡眠をとる姿勢の違いとその原因を読み理解することをねらいとしました。

⑤本文の内容理解という授業の目的はほぼ果せたと考え，授業のまとめは省き，発展学習（retelling）を最後に行わせるようにしました。

小学校，中学校，あるいは高等学校の教科書から1単元を選び，その課の授業指導案を作成する場合，まず「本時の目標」を書き出してみましょう。

応用発展をめざした課題

小学校，中学校，あるいは高等学校の教科書から1単元を選び，その課の50分の授業構成と各段階の時間配分を考えてみましょう。

コラム

活動における「指示」の大切さ

　授業の成否はいろいろな要因で決定されると思いますが，特に英語活動やタスクが授業の中で導入されることが重要視されている今日の英語の授業においては，「指示」の出来や不出来がその成否を分ける重要な要因となります。ゲームや活動を行う際には，教員が的確な指示を行えるかどうかで活動の成否がほぼ決まると言っても過言ではありません。

　具体的に，あるゲームなどを想定した場合，指示に含まれる情報として，①活動の目的（例：このゲームによってパートナーの好みを見つけ出して欲しいなど），②活動の手順，③活動におけるグループやペアの組織の仕方，④活動上の約束・注意（例：シートを相手に見せてはいけないなど），⑤活動の時間，⑥活動の最終目標，などがあります。また分かりやすい「指示の条件」には，「誰が，何を，どのように，結局どのようになるまでやるかがはっきり説明されている指示」であることなどが挙げられると思います。しかし，最終的に，「指示」のコツについては，数多くの実践を通して，自分で体得していく以外に方法はないといえるでしょう。

第II部

基礎理論・指標編

―現状の理解と進展のために―

第8章

英語指導法の変遷

外国語を教えるための指導法や教授法の研究には長い歴史があります。英語の教え方に限っても，理論的裏付けがあるものから，経験則に基づいて考案されたものまで，多様なものが提唱されてきました。それらの中からいくつかの主要なものに焦点を当て，その特徴を把握しておくことで，自分自身が学習者として受けてきた指導法を客観的に見直し，授業方法の改善につなげることが可能になります。

本章では，指導法に関わる諸要因を視野に入れながら，主な指導法の特徴や課題を理解し，第9章とともに，コミュニケーション能力の育成をめざす指導法を身に付けるための基礎的知識を獲得することになります。

● 本章で学習してもらいたい事柄 ●

- 主な指導法の変遷について
- 文法訳読法の特徴と課題について
- ダイレクト・メソッドの特徴と課題について
- オーラル・アプローチの特徴と課題について
- コミュニカティブ・アプローチの特徴と課題について

1 指導法の変遷

1.1 文法訳読法

日本に限らず海外諸国でも多数の学習者が経験している「文法訳読法」（Grammar Translation Method）は，ヨーロッパでは古代ギリシャ語やラテン語などの古典を読むための指導法として古くから用いられ，後に外国語の教授にも用いられるようになりました。語彙と文法を学び，目標言語から学習者の母語に置き換えることで意味を把握する方法です。交通機関や通信手段が今ほど発達していなかった時代には，学校での外国語は書物から学ぶのが当然だと思われていました。日本では，江戸末

期から明治時代にかけ，海外の知識を吸収することに必死でしたので，外国語が読めて訳せることが何より大切だったのです。以来，文字言語を中心とした文法訳読法は，日本の英語教育の中心的な指導法であり続けました。

1.2 直接教授法

1.2.2 直接教授法の歴史と特徴

18-19 世紀の産業革命以後，交通手段の進歩とともに人々の往来が盛んになると，欧米を中心に，文字中心の文法訳読式で学んでも実用的な技能が身に付きにくいことから，19 世紀後半から 20 世紀初頭かけ，母語を介さずに目標言語の音声指導を重視する「直接教授法」（ダイレクト・メソッド Direct Method）が提唱されました。その中には「自然教授法」（ナチュラル・メソッド Natural Method）と呼ばれたものもあります。以後，直接教授法はさまざまな提案や改良を加えながら研究され，今日に至っています。

日本でも，文法訳読のみの指導を危惧する意見は早くからあり（伊村 1997），1922 年，当時の文部省はイギリスからパーマー（H. E. Palmer）を顧問として招聘し，指導法の改革を試みました。彼が体系化した直接教授法は「オーラル・メソッド」（Oral Method）として確立され（小篠 1995），その外国語指導法や学習理論は，彼の帰国後も彼が設立した研究所[1]に引き継がれ，日本の英語教育にさまざまな影響を及ぼしました。（伊村 1997）。

1.3 オーラル・アプローチ

オーラル・アプローチ（Oral Approach）も，直接教授法の流れを汲む指導法です。1940 年の第 2 次世界大戦勃発を契機に，アメリカ合衆国では諜報戦略などの必要から外国語教育の効率化を図る研究が活発に行われました。当時主流だった行動主義心理学やアメリカ構造主義言語学の理論的裏付けを得て，ミシガン大学のフリーズ（C. C. Fries）などによって開発されたのが「オーラル・アプローチ」です。オーディオリンガル・メソッド（Audio-Lingual Method）とも呼ばれました。口頭練習により発音や表現を定着させようとする点はパーマーの Oral Method

---

注

1) 現在は一般財団法人語学教育研究所。日本で最も長い歴史を持つ英語教育研究の学術団体である。

と同様ですが，言語の習得は習慣形成であるという考えに基づき，刺激と反応による音声訓練を通して文法的に正確な表現だけを発話できるようにする指導法でした。この指導法も，その後の日本の英語教育に多大な影響を与えました。

　しかし，1960年代に入って，新たに認知心理学や生成文法が提唱されると，オーラル・アプローチは学習者自身の表現意欲や創造的な発話の存在を軽視しているとして批判されました。その結果，機械的訓練による習慣形成よりも，学習者自身の表現意欲や意味理解を優先する指導法へと，大きな転換が起きるきっかけとなりました（Ellis 1990）。

1.4 コミュニケーティブ・アプローチ

　1970年代になると，ヨーロッパを中心にコミュニケーション能力を育成する指導法の開発が盛んになりました。「コミュニケーティブ・アプローチ」（Communicative Approach）や「コミュニケーティブ・ランゲージ・ティーチング」（Communicative Language Teaching）と呼ばれる指導法です。移民や難民の受け入れが国際的な問題になっていた時期でもあります。受け入れ側の社会に新しく加わる人たちの生活に支障がないようにするために，最優先されるべき意思疎通に必要な要素に絞り込み，短期間に効果的に成果を上げることが英語教育の課題となり，研究が盛んに行われました。さまざまな指導法が提唱されましたが，特に，言語の実際の使用場面に近い状況を設定した指導や言語の働きを意識した表現・語彙を扱う指導，すなわち "situational（状況設定型）" で "functional（言語機能重視型）" なアプローチなどが，代表的な例です。

　上の項では，教授法の歴史を簡単に紹介しましたが，以下に，上で紹介した指導法の特徴や課題を比較します。

② それぞれの教授法

2.1 文法訳読法（Grammar Translation Method）

　高度な内容の文章を解読するのには適しています。大人数のクラスで行う教授法として効率が良いこともあります。また，知識注入型の授業として受験対策としても有効とされ，これまで日本の英語教育の主流になって来たという事実は否めません。しかし，この指導法には次のような欠陥があります。

(1)音声訓練が軽視されたり，無視されたりしやすく，リスニングやスピーキングの技能育成には結びつかない。

(2)日本語への置き換え作業や翻訳することが目的化してしまう。

(3)学力の高い学習者以外の多くの生徒は，英文を理解しないまま和訳だけを覚えて試験に臨むという波及効果を生む。

(4)学習者は，内容が把握できないまま「日本語らしきもの」を書くことで予習の義務を果たしていると誤解しがちになる。

(5)正しい訳は教員から与えられるものと考え，学習が受動的になりがちになる。

　この指導法は，文法の過剰な学習と母語である日本語への依存度が極めて高くなります。言語の構造を知り母語との違いを確認しながら分析的に精読する力をつける指導法として，活用する可能性は否定できません。しかし，難易度の高いテキストを選べば，学力の高い学習者以外は，和訳を覚えるだけで精一杯で，本来の読解力を育成できない結果になり得ることを忘れてはなりません。注意すべき事項としては，①簡単な文は直読直解を心がけ，不必要に全文和訳をさせない，②文法知識を一方的に詰め込むのでなく，英語の表現を英語のまま使う場面を体験させる授業を行う，③日本語を使わず英語を読んだり書いたりする授業場面を増やす，などがあります。

2.2 ダイレクト・メソッド（直接法：Direct Method）

　この指導法は，母語の介在なしで目標言語とその表す意味の直接的な連合（direct association）を図るのが大きな特徴です。その言語教育観は，各言語は固有の要素を持ち，それらが一連の習慣を形成しているので，外国語学習ではその習慣を獲得することを目標とし，当該外国語のみを用いて授業を行うべきというものです。目標言語を母語に置き換えていては，望ましい習慣形成は行われないという理念に基づきます（Rivers 1981）。

　課題としては，次のような点が挙げられます。

(1)入門期には効果が期待できるが，学習段階が進み教材・内容が複雑になるにつれ母語の使用を禁じることで理解に時間がかかり過ぎることがある。

(2)学習者によっては誤解や理解不能を持ち越したまま学習が継続される。

(3) 言語の形式を操作することが授業の目的になり，学習した形式から
　　逸脱できないため，自然なコミュニケーションの場面に対応できな
　　い。
(4) 非母語話者の教員が教える場合は，教員の言語運用力により授業の
　　質が大きく左右される。

　厳格に母語使用を排除することから生じるマイナス要素を考慮し，学
習者の反応を見ながら学習段階に応じて，母語による文法説明も許容
する指導が考えられます。パーマーが開発した「オーラル・メソッド」
はこれらを追求した系統的な指導法で高い評価を得ています（Prator
1976）。

2.3 オーラル・アプローチ（Oral Approach）
　直接教授法の一つと考えてよいものです。指導手順が「刺激・反応」
による習慣形成に依存しているのが特徴です。「模倣記憶練習」や「文型
練習」によって，新教材は，既習表現を使って口頭で導入されます。そ
れが理解されてから，「模倣」と「反復」練習を経て，「変換」，「選択」
などの応用練習により定着を図ります。この指導法は，基礎的な文法構
造を正確に身に付けさせるので，多人数のクラスでの一斉指導には一定
の効果があります。
　課題としては，以下のようなものがあります。

(1) 模倣・記憶だけに依存した機械的練習で，必ずしも言語を獲得した
　　ことにならないのではないか。
(2) 教室内で文法的に正確な文を作る能力があっても，実際のコミュニ
　　ケーションの場で役に立つとは限らない。
(3) 誤りが生じないように周到に行われる練習は，コミュニケーション
　　に必要な自律的表現力を育てない恐れがある。

　すなわち，生徒の実態に合わせて授業展開や指導手順などの工夫を加
えながら，自主的な発表意欲を喚起し，かつ表現力を豊かにしていける
のかがこの指導法の大きな課題となります。

2.4 コミュニカティブ・アプローチ（Communicative Approach）
　実践的なコミュニケーション能力を重視するこの言語教育観は，現在
では外国語教育の主流となり，「コミュニカティブ・アプローチ」や「コ

ミュニカティブ・ランゲージ・ティーチング」と呼ばれています。この指導法では，「コミュニケーション能力」（communicative competence）を次のように捉えています。コミュニケーション能力とは，実際に言語が使える能力のことで，そのためには，文法や語彙などの言語知識（linguistic competence）だけでなく，特定の表現によって伝達される話者の意図や表現の適切性，さらにその意図を効果的に伝える方略などが重視されます。実際にコミュニケーションが図れることが不可欠だということなのです。また，当然「誰と，いつ，どこで，どのように，何を話すか，話すべきでないか」などを判断する力が求められます（Savignon 2005）。例えば，書く道具が欲しい場合に Pen now! とか Come on, chalk! と言えば，最低限の内容は伝わります。しかし，伝達内容を丁寧に伝えたい場合は，この表現では必ずしも適切ではありません。May I have something to write with, please? のような言い方が，よりふさわしい場面も出てきます。この「選択的表現能力」が，コミュニケーションの場面では必要となります。

　この指導法では正確さ（accuracy）よりも流暢さ（fluency）[2] に重点が置かれます。また，実際のコミュニケーションでは，話し手と聞き手が相互に意味を確認しながら伝達活動を行うので，表現した結果よりも，表現を選択するに至るまでのプロセスが重視されます（Richards, et al. 2001）。

2.4.1　活動例
　コミュニカティブ・アプローチでは，学習者が英語を使って理解したり，表現したり，話し合ったりする意味中心の作業が中心になります。つまり，言語を実際に使う「活動や行為」（タスク）を行わせて習得を促します（Nunan 1989）。そのような活動などは学習レベルに応じて，次のような具体例が考えられます。

2.4.2　基礎・基本的な活動
対話再生型の基本的な活動としては，次のような例があります。

注
2) 従来，「流暢さ」とは，ことばがすらすらとよどみないこと（広辞苑）であり，ネイティブ・スピーカーのような発音やイントネーションで巧みに話すイメージがあった。ここで言う fluency とは，相手のある場面で，相手の発話に自動的に反応でき意味のやりとりを途絶えさせないことを指すと考えるのがよい。

(1) ロールプレイ活動（Role-playing Activity）

　クラス全体で対話練習を行った後に，学習者に役割を与えて2人1組で行う活動。なお，この際にモデルの対話をそのまま再生するだけでなく，学習者の想像力を働かせてモデル対話にない新情報を付け加えて行う発展的な活動もあります。また，モデル対話の応用として，さまざまな状況を設定しながら即興的に対話させれば完璧な言い方はできなくても学習者が自分のことばで表現する可能性が広がります。

(2) インフォメーション・ギャップ活動（Information-gap Activity）

　一方の学習者が知っている情報をもう片方の学習者が知らない状況を設定して相互の情報の差を埋める活動。例えば，ペアになった学習者が，第3者Aさんのことを話題にする際に，一方の学習者は，Aさんの趣味と好きな食べ物だけを知っているが，もう片方の学習者はAさんの誕生日と将来就きたい職業だけを知っているという情報の落差がある状況を設定します。次に，2人それぞれに，Aさんについて知りたい情報が空欄になっている異なるカードを渡して，互いに知らない情報を聞き出す活動などがあります（Doughty et al. 1986）。

(3) プラスワン・ダイアローグ活動 (Plus-one Dialog Activity)

　学習者が，モデル対話にない文や発話を付け加えて行う活動。与えられた対話を覚えることに終始しがちな練習に，学習者が自分のことばで表現できる可能性を与える活動です。その付加的な情報を付け加える箇所は対話の「最初」，「中途」，「末尾」があります（小菅他 1995）。

2.4.3　発展的な活動

(1) 情報交換中心の活動（Specific Info-exchanging Activity）

　クラスメートの数人に「特技」，「趣味」，「就きたい職業」を質問して，得た情報を自己・他者アピールの記入表に書き込み，その結果をクラスの前で発表し合う活動があります。クラス全員を巻き込み，個々に聞き取った内容を記入表にしたがって口頭発表させれば，4技能が関わる総合的な活動となります。

(2) 目的達成中心の活動（Assignment-completion Activity）

　買い物リストと品物を配置したコンビニの平面図を与えて，友人の誕生日パーティーに必要な買い物を予算以内で購入するなどの活動。購入品名，価格，総額などを記入して，クラスに発表します。さらに，クラス全員に報告した内容をリストに書き込ませたり，発表を評価させる活動があります。

(3) 調べ学習中心の活動（Research-based Activity）

　インターネットや図書館の情報検索を使って海外の提携校や姉妹都市を調べ，ポスターにまとめてプレゼンテーションを行う活動。さらに，自分の学校やコミュニティーの紹介文を作成し，電子メールで国外関係者に送信する活動が考えられます。

2.4.4　応用的な活動

(1) オピニオン・ギャップ型活動（Opinion-gap Activity）

　場面や状況に応じて，学習者同士が抱く個人的な「好み」や「感情」などの差異に気付かせて，それらを自己表現させる活動。意見の分かれるトピックで展開している対話を途中まで提示して，それに対する個人的な意見を付加しながら，対話を完成させる活動。例えば，「映画」や「音楽」や「食べ物」に関する対話の一部を示し，その後の部分を生徒の意見を付け加えさせながら，ペアワークなどで完成させる活動です。扱うテーマやトピックを社会的な問題にまで広げて，自分の意見やその理由や根拠を表現させる方法もあり得ます。議論の方法や手順を決めて，最終的に議論の勝ち負けを明らかにする「ディベート」もこの発展的レベルの活動の一つです（Prabhu 1987）。

(2) 推論・ギャップ型活動（Reasoning-gap Activity）

　与えられた情報に基づいて，経験や推論などにより結論を導き出し，生徒相互にその結論を得た経緯を表現させる活動。例えば，交通機関の時刻表を与え，目的地までの最低の運賃と最小限の時間とルート・方法を導き出す活動が考えられます。提供された「時刻表」という情報の中から目的を遂行するために必要な情報を選び出し，最終的な結論にたどりついたプロセスを話し合わせることもできます。両者の推論が食い違う場合には，説明を聞き互いを評価することにより相違点を理解させることが可能となります。場合によっては相手側の推論の改善点を説得する活動も含まれます。

(3) 課題解決型活動（Problem-solving Activity）

　与えたれた課題をペアやグループ単位で，正解を見つけていく活動。例えば，限られた情報に基づいて行う「宝さがし」や「犯人探し」，絵やイラストを見て適合しない箇所を探し出す「間違い探し」などの発展的な活動があります。また，テキストの内容・長さにもよりますが，順不同に並べた数個の英文を，内容や話の展開を考えながら適切に並べていく活動（Slip-story Making Activity）もこの範疇に入ります（Gibbons

2002)。

2.4.5 コミュニカティブ・アプローチの課題
コミュニカティブ・アプローチでのコミュニケーション能力の捉え方
や流暢さが正確性に優先する考え方は，今や，外国語指導の理念として
中心的なものと考えられています。しかし，その指導法実践については，
いくつかの課題があります。

(1)対話を通じての練習は，即興的要素が多くなり，教科書中心の日本
の学校英語に取り込むためには，工夫が難しいこと
(2)授業中のコミュニケーションの場面での，学習者同士の即興的なや
りとりをコントロールすることは，ネイティブ・スピーカーでない
教員にはよほどの言語運用力がないかぎり，荷が重いこと（Brown
2007）。

しかし，最近の傾向として，高い言語運用力を持つ教員が増えつつあ
り，こうした実践的な学習場面に学習者をさらして鍛えることは，ます
ます重要となっていくでしょう。また，まさにコミュニカティブ・アプ
ローチの理念どおりに，教員が学習者と英語を使いながら授業をするこ
とで，教員のコミュニケーション能力が伸びることが期待できます。特に，
teacher talk と呼ばれる，学習者のレベルに応じて語彙の選択や表現を
選択しながら話す方法は，英語による授業実践の中で磨かれるものです。

③ まとめ

1960年代のオーラル・アプローチまでの直接指導法は，多かれ少なか
れ，理論的に組み上げた指導順序に従い，正確な英語表現を口頭訓練に
よって習慣づける指導法でしたが，学習者の認知に働きかける指導の模
索が始まるようになり，新しい視点からの概念に基づくさまざまな指導
法が提唱されました。

コミュニカティブ・アプローチを論じる上で重要な概念として，機能・
概念シラバス（Notional-Functional Syllabus: Wilkins, et al. 1976）
を挙げることができます。コミュニケーション能力を付けるには，文の
形式順に組み立てられた指導計画ではなく，言語の機能（function）と
言語の機能が使われる場面や時間などの概念を重視した指導計画が必要
だとするものです。この考え方は，文部科学省学習指導要領に「言語の

働きと使用場面」として取り入れられています。

　また，コミュニカティブ・アプローチに至る 1970 年代以降に提唱された指導法としては，ナチュラル・アプローチ（Natural Approach），サイレント・ウェイ（Silent Way），デサジェストペディア（Desuggestpedia），コミュニティー・ランゲージ・ラーニング（Community Language Learning），トータル・フィジカル・リスポンス（Total Physical Response）などが挙げられます。これらについては，巻末の用語リストに簡単な解説をしてあります。

　このように，言語をコミュニケーションの道具として捉え，学ぶ側に焦点を当てたさまざまな研究が進みました。21 世紀に入り多くの言語教育の研究者が「教員が何をどう指導するのか」から，「学習者はどのように学ぶのか」すなわち，第二言語習得研究へと関心を移して行くようになったのです。

　日本では，ある教授法が突然それまでの教授法に取って代わったということは起こりませんでした。新しい教授法は時代時代に合わせ従来のものを補完するかたちで少しずつ取り入れられてきたと言ってもよいでしょう。しかし問題なのは，指導法をどうするかということよりも，日本の公教育での英語教育の目標がどれほど明確であったのか，少なくとも同じ学校の教員の間で，理念や目標が共有されていたのかということです。実際，さまざまな指導場面に応じてさまざまな教授法の「良いとこ取り」をする，いわゆる折衷的（eclectic）なアプローチを取ることが最も望ましいと考えることは極めて当然なのですが，学習者の学び方や発達段階が多様であることも忘れてはならないということです（Larsen-Freeman 2000）。

　これからの教員にとって，自分が担当する学習者にはどの指導法が適しているのかを考えることは確かに重要なことですが，何よりも，学習者がどのように学び，何ができるようになりたいのかを第一に考え，到達目標を考えて指導法のことを考えるべきなのです。つまり，指導法と学習法をあわせて考える段階に入ってきたといえるでしょう。そのためには，同僚とその目標を共有する必要があります。

　第二言語習得研究の成果を生かした指導については，第 9 章で詳しく扱います。

中学校及び高校時代に受けた英語の授業は，本章❷に紹介した指導法のうち，どの要素を含んでいたのか，議論しましょう。

自分の英語学習体験を踏まえながら，日本語を用いて進める授業の利点と短所をグループで話し合い，これからの時代に望まれる指導法のあり方について意見をまとめてみましょう。

第 9 章

英語の習得過程と指導との関係
（インプット・アウトプット・インタラクション）

第二言語習得（Second Language Acquisition）という学問があります。母語の次，つまり，第二番目に習得する言語全般の習得のメカニズムを研究する学問です。ここでは，言語を習得する順序やプロセスを研究対象にします。第二言語習得のプロセスに関わってくる重要な要素に，インプット，アウトプット，インタラクションがあります。本章では，この三つのキーワードが，英語の学習や習得にどのような働きをし，これらが重要な理由は何かを考えていきます。

● **本章で学習してもらいたい事柄** ●
- 第二言語習得研究と英語の授業や学習との関係
- 第二言語としての英語習得のメカニズム
- インプット（どのようなインプットが言語の習得を早めるか）
- 情意フィルターを下げる試みの重要性
- インプットの情報処理（学習者の頭の中）のメカニズム
- アウトプット（アウトプットすることはなぜ必要か）
- インタラクション（言語のインタラクションがなぜ必要か）
- 第二言語習得における教員の役割とは何か

1 第二言語習得研究と英語の授業や学習との関係

1.1 第二言語習得研究とは何か

第二言語習得研究という学問分野があります。母語の次の言語がどのようなプロセスで習得されるかを研究する学問分野です。二番目に習得する言語という意味では，母語のように無意識に自然にマスターするバイリンガルの子供の第二言語のような場合と，私たちが学校で学習して，その結果マスターするような意識して習得する第二言語の場合があ

りますが，それらあらゆる条件の第二言語の習得を研究する学問分野が第二言語習得研究です。私たちの場合は第一言語は，多くが日本語ということになります。これは，チョムスキー（N. Chomsky）によれば，Universal Grammar（UG）という生得的な言語習得能力によって，先にも述べたように自然にマスターされます。それに対して，私たちの多くにとっての第二言語である英語は，意識して学習され，マスターされます（門田 2010）。第一言語の母語の習得と第二言語である英語などの外国語の習得の間の大きな違いは，前者が習得というゴールにほぼ全員が到達できるのに対し，後者は，ゴールまでに行ける人，限りなく近づける人とそうでない人に分かれるということです。そこで，どういう条件があればよりゴールに近づく学習者になるのかということが大きな研究対象となりました（Lightbown and Spada 2013）。

1.2 二つの言語環境

　この第二言語習得研究には，第二言語習得プロセス，学習者要因，つまり，学習者の環境や条件による習得の違い，語彙の習得，4技能の習得，教室内での言語の習得などの下位研究の領域があります。したがって，私たち教員が子供に効果的に第二言語習得をさせるために指導をする場合，それに関わる色々な要素を理解していることが望ましく，そのために第二言語習得研究の知見はとても大切なもの，ということになります。

　なお，学ぶ第二言語が英語の場合，英語を学習する言語環境による二つの違いについてもここで覚えておいてください。それは，ESL（English as a second language）と EFL（English as a foreign language）で，前者は第二言語としての英語，後者は外国語としての英語です。ESL は，英語が話されている環境の中で英語を学習する場合で，アメリカへのスペインからの移民がアメリカで英語を学習する場合などです。それに対して，EFL は，私たちのように英語が使用されていない地で教科として英語を学習する場合です。ESL と EFL とでは，英語が浴びせられる時間が決定的に違い，後者においては，より文法などの言語知識の学習が重視されます。

② 第二言語としての英語習得のメカニズム

　さて，以上の第二言語習得研究の中で本章で特に焦点を当てたいのは，私たちの多くにとっての第二言語である英語の習得プロセスの研究成果

です。英語という言語はインプットを外から受けて，頭の中のブラックボックスの中に入り，そこでインプットが情報処理され，内在化され，そして，アウトプットされる中で，習得されていきます。そのプロセスはこれまでクラッシェン（S. Krashen）（Krashen 1985）などを中心に研究されてきました。その第二言語習得プロセスの知見を踏まえると，教員はそのプロセスのさまざまな段階でどのような配慮や注意をしなければならないのかということを見ていきたいと思います。

ところで，ここまで言語について「習得」と「学習」が出てきました。この違いはどこにあるのでしょう。門田（2010:5）によれば，習得は，「特に意識しなくても自然に手に入れる無意識的プロセス」を指し，学習は，「一生懸命意識的に勉強をする」プロセスを指します。ここでは，英語を学習してマスターする場合を対象としています。

日本の学校という学習環境で英語を学習してマスターする場合，第二言語習得研究では次のようなプロセスを経ると言われています（Krashen 1985; Ellis 1994; 新多 2018:99 などを参考に作成）。

インプット（input）⇒ 情意フィルター（affective filter）⇒ ⇒ 学習者の頭の中（learner's mind）：気付き（noticing）・アップテイク（uptake）→ 理解（comprehension）→ インテイク（intake）→ 統合（integration）⇒ アウトプット

以下では上に掲げたそれぞれの要素について説明し，実際の指導上，それぞれにどういう配慮が必要なのかを見ていきます。

③ インプット（どのようなインプットがことばの習得を早めるか）

第二言語の習得のプロセスの第一番目にくるのは，インプットです。インプットがなければ，当然，アウトプットもできません。では，学習者にインプットさえ与えれば自然とアウトプットに導かれ，その結果，習得に至るかというと，そんな簡単な話ではありません。つまり，英語の知識，文法や語彙の音声インプットを与えても，自然と英語の習得に至るとは限らない，ということです。クラッシェンは，第二言語の習得に必要なのは，理解可能なインプット（comprehensible input）であると考えました。学習者が理解することができるインプットということです。生徒に与えられる英語のインプットが理解可能なものであれば，それにより学習者はインプットを自分の中に吸収でき，最終的に内在化さ

れることになり，それが溜まることによってアウトプットできるようになるのです。例えば，母語においても，まずは聞くというインプットがたくさん子供に浴びせられ，その累積の結果，やがてことばの発話が現れ始めます。したがって，英語学習の場合も同様に，教員は学習者にインプットを与える際に，学習者のレベルに合った英語をたくさん与え，また理解可能なインプットをたくさん与える努力や工夫をすべきなのです。

このように，インプットを学習者のレベルに合わせることを input modification（インプットの修正）といいます。では，どういう修正の仕方があるのでしょうか。それにはいくつかの方法があります。

まず，日本人教員でもできる input modification として，以下のような聞き直しの方法があります。

（1）WH-questions を Yes-No questions に変換する
How is your team?　⇒　Is your team very good?
What did you do?　⇒　Did you / Didn't you ride your bicycle?
（2）WH-questions を選択疑問文に変える
What are you doing?　⇒　Are you going to home or are you going to school?
If you win today, what do you get?　⇒　You know, a prize, a trophy?

あるいは，リンチ（T. Lynch）（Lynch 1996:41）は，以下のような方法を提示しています。

（1）語彙の修正
- よりありふれた共通性のある語彙を使う
- イディオムは避ける
- 代名詞より固有名詞を使う
（2）文法の修正
- 短い発話をする
- 複雑な文は避ける
- より規則性のある表面構造の文を使う
- 現在時制の文を使う
（3）発音の修正
- ゆっくり話す
- はっきり分かりやすく言う

- ゆっくり長くポーズを置いて言う
- 標準的な発話・発音の使用頻度を上げる
- 抑揚をはっきり付けて言う

(4) ジェスチャーを用いた修正

- ジェスチャーを多く使う
- 表情を使って表現する

とにかく，授業内で，文脈と結びついたクラスルーム・イングリッシュを使用する頻度を高めたり，一つの単語をより簡単な表現に直したり，ある一つの事柄を説明するのにより多く情報を付け加えたりすることによって，教員は学習者が英語のインプットを理解しやすい状況を出来る限り多くつくることが望ましいということです。

 情意フィルターを下げる試みの重要性

　クラッシェンの理論の中に,「情意フィルター仮説」というものがあります。情意フィルターというのは，インプットが学習者の中に取り込まれることを妨げる心理的な壁のことです。この心理的な壁が学習者の中に高く存在する場合には，たとえ，英語による理解可能なインプットが学習者に与えられたとしても，インプットが頭の中に入り，理解されたり，情報処理されることがなくなる，という考えです。では，この情意フィルターが高いとは，どういう状況をいうのでしょうか。クラッシェンとテレル（S. Krashen and T. Terrell）（Krashen and Terrell 1983:39）によれば，それは学習者の不安度のレベルが高かったり，言語学習の動機が低いということなどを意味します。そして，理想的な学習態度の者はこの情意フィルターが低く，また，学習者にとって理想的な教室環境とは，不安感が少なく，防衛的な態度が見られない教室を指します。このような環境の中で学習を行う者は，インプットを受け入れやすく，しかもそのインプットは深く本人の中に取り込まれるということになります。

　したがって，学習者の情意フィルターを下げることについて，教員は重要な役割を担うことになります。つまり，まず教員は英語の授業の教室環境を学習者にとっての不安や何らかの強制からできるかぎり遠ざける努力をしなければなりません。また，学習者が英語を発する際に，失敗をしても大丈夫なんだという気持ちにさせながら，積極的に英語を発

する環境をつくり，さらに，楽しんで英語を学び，英語学習の動機を促進するような活動を仕組む必要があります。特に，思春期の生徒にとっては，人前で恥をかくことで，ますます英語の発信に消極的になってしまうでしょう。もしも生徒が教員との英語でのやり取りにプレッシャーを感じている場合，ペアやグループで活動を行うようにさせると，重圧は多少，緩和されるかもしれません。

　また，楽しい雰囲気を教室内に生み出すという意味では，小学校「外国語活動」の場合には，歌やゲームを使って，児童に英語による楽しさをつくり，英語学習に良いイメージを持たせることも肝要になるでしょう。小学校の場合，絵本の読み聞かせなども，情意フィルターを下げて，英語に浸らせる良い方法になるはずです。

❺ 学習者によるインプットの情報処理のメカニズム

　学習者に外から刺激として与えられたインプットは，情意フィルターの壁を通って頭の中に入ります。次にそのインプットが頭の中でどう情報として処理されるかというと，❷で頭の中のプロセスとして示したように，インプットへの気付き（noticing）・アップテイク（uptake）→ 理解（comprehension）→ インテイク（intake）→ 統合（integration）と進んでいきます。

　まず，頭の中に入ったインプットは学習者によって気付かれなければなりません。認識です。例えば，明日の天気予報の放送において，"It will probably rain tomorrow, but it will be fine day after tomorrow."「明日はおそらく雨ですが，明後日は晴れるでしょう」という表現が言われるのを聴いている内に，「天気予報に出てくる表現には未来形の will が多く使われるな」と学習者が気付くかもしれません。このような気付きが，インプットを意識するという意味で重要なことです。このような理由から，まずは，インプットを印象づける指導の工夫が必要です。ある場面で必ず繰り返して登場するクラスルーム・イングリッシュなどはこの点で重要な働きをします。気付きと同様，アップテイクというのも，気付きの種類と似ているかもしれません。アップテイクというのは，エリス（R. Ellis）（Ellis 2003:352）によれば，学習者が間違った発話をし，それに対して修正などのフィードバックをされた場合，その誤りを訂正して，正しい発話ができることをいいます。あるいは，自分が学んだことをはっきり口に出せる，という定義もあります。これも正しい形への一種の

気付きだということができます。こうして，インプットへの気付きを経て，理解の段階にきます。これは主に，ことばの形と音声と意味の認識の一致が見られるということです。そしてその次に，インテイクの段階にきます。これは，インプットを情報処理した結果，頭の中に保持された言語データのことで，この場合，インプットの気付きと理解が行われているということを意味します。さらにこの場合のインプットは言語知識の一部になっています（白畑・若林・村野井 2010）。その次に統合の段階が来ますが，新多（2018:97-98）によれば，蓄積された外国語の知識に新しく内在化された知識が統合して，いよいよアウトプットが可能になる段階に来るということです。

⑥ アウトプット（アウトプットすることはなぜ必要か）

　以上のインプットの情報処理を経て，知識やその他の脳内への蓄積の段階を過ぎて，アウトプットの段階にきます。第二言語習得におけるアウトプットの重要性を主張したのは，スウェイン（M. Swain）（Swain 1985）の提唱したアウトプット仮説（output hypothesis）といわれるものです。スウェインは，理解可能なインプットを学習者に与えるとより習得しやすくなるというクラッシェンの考えに賛同し，カナダのイマ―ジョン教育において豊富なインプットを生徒に与えていましたが，生徒はなかなか正確な文法を持った発話をすることができませんでした。つまり，発話上に文法的な誤りがどうしても残ってしまったのです。

　そこで，彼女は，聞き手にとって理解可能なアウトプット（comprehensible output）を学習者が発することで，言語習得に至る，ということを見出しました。具体的には，自分がある発話をした場合，それが相手に通じていない，つまり自分のアウトプットが相手に通じていない場合，まず自分で，表現の中の何かがいけないことに気付きます。

　次に，それを修正して自分の意が相手に通じたとき，自分が言えた表現が正確であることを理解します。以後は通じる表現が継続してでき，結果的にそれが習得に至る，ということなのです。別のことばで言うと，目標言語と自分の言語とのギャップに気付くことで，相手に通じる正確な言い方を意識し，身に付ける機会が与えられる，ということです。そうなると，目標言語に照らして自分の言い方や表現が正しいかどうかを判断することが言語習得にとって重要だということになり，そうであるとすると，他者，特にネイティブ・スピーカーからの，学習者の

発話や表現への疑義の提示が重要であるということになります。それらは例えば，明確化要求（clarification request）と言ったような行為を指し，Could you please say that again? / Sorry, I didn't get that. といったような表現を投げかけることで，発話の正確さへの疑義を示すことになるのです。現場ではこのような役割を ALT に依頼するということも外国語の発達のための一つの有効な方法になるでしょう。また，自分の発話と正しい発話との間のギャップに気付かせるもう一つの方法として，recast（口頭での間接的な訂正）があります。これは，以下の発話のように，学習者の誤った発話に対し，正しく修正したことばで反応したり，切り返すことで，学習者に正しい言い方を意識させる方法のことを指します。

Student: I goed to Asakusa last week.
Teacher: Oh, you went to Asakusa last week! That's very nice.

　いずれにしても，教室内のやり取りを通して，学習者に正しい表現を意識させたり気付かせたりする工夫がたくさん存在することを教員は知る必要があります。

7 インタラクションの重要性（言語のインタラクションがなぜ必要か）

　2017（平成 29）年に告示された小学校高学年と中学校の新学習指導要領においては，従来の4技能（聞く，話す，読む，書く）から，話す領域が①話すこと［やり取り］，②話すこと［発表］に分かれて4技能5領域になり，それぞれに目標が設定されています。例えば，中学校において設定された話すこと［やり取り］の目標においては，「即興で伝え合う」や「述べ合うことができるようにする」など，学習者同士で情報を伝え合うことの達成が想定されています。この「やり取り」がいわば，英語による学習者同士のインタラクションということになります。このインタラクションが重要視される理由は次の通りです。それらは前に述べたインプットやアウトプットの理論にも関係しています。
　まず，インプットについては，相手が英語などの外国語に習熟していない場合，英語が堪能な者は，相手のレベルに合わせたことばを提供することが重要です。この場合，相手のレベルを判断し，分かりやすいことばで返すという行為はやり取りなしには不可能だからです。次に，アウトプットについては，自分の表現の正確さが心もとない場合に，その

ことばを話してみますが，それが不正確だった場合，十分に意味が伝わらないと相手から明確化要求をされ，そして結果的に自分の発話を修正して正確に伝えられたときに，発話者はことばの習得に一歩近づくことになります。この場合もことばのやり取りが必要だということになるでしょう。ロング（M. Long）（Long 1983）は，外国語話者は目標言語の母語話者との意味交渉（meaning negotiation），つまり，意味の理解を伴う会話のやり取りを行うことで，理解可能なインプットを外国語話者が受け取ることになり，それが結果的に言語の習得を促す，と考えました。この仮説をインタラクション仮説（interaction hypothesis）と言います。

　したがって，このインタラクションによって，学習者は理解可能なことばのインプットを得たり，よりレベルの高い相手からフィードバックを受けたりすることによって，自分が学ぶ英語などの外国語をより完成度の高いものにすることができるのです。

⑧ 第二言語習得における教員の役割

　さて，これまで，インプットからアウトプットまで，外国語の言語習得のプロセスについて見てきました。それは，次のようなプロセスでした。

（理解可能な）インプット（input） ⇒ 情意フィルター（affective filter） ⇒ 学習者の頭の中（learner's mind）：気付き（noticing）・アップテイク（uptake） → 理解（comprehension） → インテイク（intake） → 統合（integration） ⇒ アウトプット

　では，現場の教員は，これらの一連のプロセスの中で，どのような役割を果たすことができるでしょうか。最後にそれについて考えてみたいと思います。

　まずは，理解可能なインプットを学習者に提供するために，学習者への英語をなるべく理解しやすいものにすることができます。例えば，発話の速度を落としたり，表現の際にジェスチャーを使ったりなどが考えられます。また，日頃頻繁に同じ場面で使われる教室英語もこれに含まれます。

　次の情意フィルターについては，この心理的な壁を学習者の中で低くすることが指導者の役目です。教員の存在が嫌いにならないように，受容的な態度で学習者を受け入れるとか，失敗の恐怖がないようなクラスづくりをすることが肝要になります。

次に，学習者の頭の中でのインプットの情報処理を深く有効にするために，ある表現を文脈の中に組み込んで表現の意味を印象づけたり，単調な繰り返しの練習ではなくて，ゲーム性を取り入れたり，さらには古い知識と新しい知識を統合する活動を導入したりすることも良いでしょう。

　また，アップテイクを促進させるためには，フィードバックを与えて，学習者に自分の誤りに気付かせる試みも大切です。ここまでのことで，インプットの気付きや理解が促進されるはずです。次のインテイクの促進の場合は，繰り返しの練習や，文脈の中の意味のあるインプットのやり取りが有効になるでしょう。

　最後のアウトプットについては，学習者に次のようなことを試みさせるのはどうでしょうか。自分より目標言語に熟達している相手に向けてアウトプットをしてみて，通じないようなら，それを修正して再度相手に話しかけさせるのです。そうして，もしも修正したアウトプットが通じたら，正しい形として定着する可能性が高くなります。

　なお，アウトプットをしながら自分の発話を修正して習得に向かう行為は，主に話し相手とのインタラクションを通じて達成されるといって良いでしょう。この一連の言語の習得プロセスにおいては，インタラクションのようなことばのやり取りが重要なことは言うまでもありません。

　要するに，外国語に限らず言語は，インプット，アウトプット，インタラクションを通して概ね習得されることになるのです。

✅ 理解チェックのための課題

情意フィルターを下げる工夫として教員に何ができるでしょうか。その方法を挙げてください。できれば，学校段階ごとに挙げてください。その前提として，学習者の不安の要因も挙げてみてください。

✅ 応用発展をめざした課題

英語学習においてインプットを内在化させる方法を仲間と相談して考えてみてください。その一つとして練習や活動などが挙げられますが，定着に効果があると思う方法について，話し合ってみてください。

言語知識の熟達化

　言語知識の熟達化について説明します。小学校の「外国語活動」と「外国語」では定型表現（chunk）を場面，状況に応じてインプットすることが優先されます。例えば，部屋の中央に大きな机が置かれていると想像してください。小学校の「外国語活動」と「外国語」のイメージは，その机の上に乱雑に書類が置かれ積み重ねられている状況です。そして，机の上にある書類を定型表現と考えてください。机の上に置かれた定型表現を子供は，場面や状況に応じてなんとか探し出してその定型表現を発話できればよいわけです。

　次のステップ，中学校では，机の周りにタッグがついた引き出しのある整理ラックがあると思ってください。机の上に置かれた定型表現を現在完了とか不定詞とかのタッグのついた引き出しに収める，整理することになります。分析的に整理することになります。

　そして，高等学校では，場面状況に応じて適時，適切，瞬時にその引き出しから必要なものを引き出して活用できるようにする，というイメージになります。

　以上，小学校から高等学校までの言語知識の熟達化のイメージがつかめたでしょうか。心理学的に説明しますと，定型表現をタッグの付いた引き出しに収めるのが言語知識の「精緻化」です。引き出しから場面，状況に応じて適時に適切に，そして瞬時に取り出し活用できるようになることを，言語知識の「自動化」と呼びます。

　言語知識の熟達化を「精緻化」と「自動化」で説明してみました。

第 10 章

学習指導の出発点・学習指導要領を理解するために

国が指導の指針を示す「学習指導要領」が試案ながら定められたのは 1947（昭和 22）年です。それ以来，時代の変化や社会の要請に応じて，学習指導要領はほぼ 10 年ごとに改訂されてきています。

ここでは，2017，2018（平成 29，30）年度に改訂された次期学習指導要領の基本的な考え方や方針を整理し，これから始まる未来の教育の基盤を理解しましょう。今回の学習指導要領には，これまでの考え方を大きく発展させたものがいくつかあります。初めに，その基本的な考え方を整理した中央教育審議会の答申から新しい学習指導要領を理解するための重要な事柄を 6 項目にまとめました。

● **本章で学習してもらいたい事柄** ●
- 子供たちの現状と課題
- 学習指導要領を改訂に導く基本的な考え方
- 「生きる力」とその育成の考え方
- 「学びの地図」として学習指導要領の理解
- 資質・能力の育て方
- 新しい学習指導要領の内容構成の考え方

① 学習指導要領とは何か

学習指導要領とは，教育基本法の下でつくられている学校教育法などに基づき，国が責任をもって公の教育を進めるための文書です。そこには，全国の各学校で作成される教育課程を編成する際の基準が示されています。小学校，中学校，高等学校などごとに，それぞれの教科の目標や教育の内容がまとめられています。各学校にあっては，この基準に基づき，それぞれの地域や学校の特徴・実態に応じて工夫のある教育課程を編成しています。

② 学習指導要領の変遷－時代が求める教育の理解のために－

　学習指導要領の冒頭には総説が設けられ,「改訂に当たる基本理念」が示されています。これまでの学習指導要領は, 第二次世界大戦後の昭和の時代から現代まで, それぞれの時代に必要な教育をどのように見通してきたのでしょうか。学習指導要領を振り返ることによって, これまでの教育の歩みを理解しましょう。同時に, そのことによって, 国が考えている今後 10 年の教育の在り方についても正しく理解することができます。

◇**昭和 22（1947）年度版**：大戦後の教育制度の刷新のために, 広範囲に教育課程の新たな枠組みを整えるために試案が示されました。
◇**昭和 26（1951）年度版**：法的な拘束力を持たない「試案」（改訂版）として公布されました。それまでの教科主義から脱却し, 経験主義を取り入れて柔軟な扱いがなされました。
◇**昭和 33 年（1958）年改訂**：全教科を通じて広く行われていた経験主義による教育が改められ, 教育課程の基準としての性格を明確にしました。
◇**昭和 43（1968）年改訂**：科学技術の進歩や経済の発展に伴い, 教育内容の量的な拡大が図られました。
◇**昭和 52（1977）年改訂**：教育の中心が知識の伝達に置かれすぎているのではないかと見直しがなされ, 学習負担の適正化など教育内容が基礎的・基本的なものに精選されました。
◇**平成元（1989）年改訂**：国際化や情報化など社会の大きな変化に自ら対応できる心豊かな人間の育成を図るために, 各教科における思考力・判断力・表現力などの育成, 自ら学ぶ意欲や主体的な学習の仕方を学ぶように改訂されました。
◇**平成 10（1998）年改訂**：自ら学び自ら考える力など「生きる力」の育成が重視されました。
◇**平成 20（2008）年改訂**：「生きる力」の内容として基礎的・基本的知識・技能の習得, 思考力・判断力・表現力の育成が謳われました。
◇**平成 29（2017）年改訂**：グローバル化の進展を受け, 世界共通の学力の育成をめざすことになりました。

このように学習指導要領は, およそ 10 年をひとまとめにしてその時々

の時代が求める教育の内容を示しています。

③ 新学習指導要領の基本方針策定のための基本認識－中央教育審議会答申－

　新しい学習指導要領を読み解くためには，改訂の基本的な方向性を理解することです。今後 10 年間の教育を支える基盤となることを考えますと，細かな変更箇所にとらわれないで，大きな改訂に至る理念を理解したいと思います。そのために，ここでは，学習指導要領改訂の考え方の土台となっている 2016（平成 28）年 12 月 21 日の中央教育審議会の基本的な考え方を理解することにします。

3.1 子供たちの現状や課題
　中央教育審議会が改訂に当たって始めに行ったことは，これまでの教育の成果の検証です。子供たちがどのように育っているかや，何が十分で何が不十分であるかなどを分析しています。今回の答申（以下，答申は，2016（平成 28）年 12 月 21 日の答申を指すことにします。）における整理を拾い上げてみましょう。子供たちは学校生活を楽しいと感じ，保護者は学校の取組に満足しているとの評価がなされているものの，その一方で，授業や学びの実態については，

- 判断の根拠などを付して自分の考えを述べることには課題が残る
- 学ぶことの楽しさや意義を実感できていない
- 学ぶことと自分の人生や社会とのつながりを実感しながら，自らの能力を引き出し，学習したことを生活や社会の中の課題解決に生かしていないなど，

また，情報化社会の影響を受けた課題については，

- 情報環境が変化する中で，視覚的な情報とことばの関係が希薄化している
- 文章の構成や内容を的確に捉えることができていないなど，

さらに，健康や人間性などの育ちについては，

- さまざまな体験的な活動を行い，生命や自然について考えたり自分の価値や他者と協働する大切さなどの実感の機会が限られている
- 安全や食を取り巻く社会環境が大きく変化しているなど

といったような現状の指摘や教育課題についての認識が，今回の学習指導要領の改訂の基本的な方向性を支えています。

3.2　子供の未来と教育の内容

　これからの社会は，知識基盤社会が続きます。しかも最近における情報化やグローバル化の進展は，想像を超える速さを示しています。その典型は，人工知能が人間の代わりをする範囲の広がりでしょう。子供たちの生きる社会や暮らしを大きく変えていくことは容易に想像されます。

　このような社会の変化を受けて，答申では「子供たち一人一人が，予測できない変化に受け身で対応するのではなく，主体的に向き合って関わり合い，その過程を通して，自らの可能性を発揮し，よりよい社会と幸福な人生の創り手となる力を身に付けられるようにすることが重要である」とし，人間としてそうした社会の中で，自分を育て生き抜けるよう教育内容や指導の在り方を示しています。

3.3　「生きる力」の育成の考え方

　「生きる力」については，平成 8 年 7 月の中央教育審議会答申において，変化の激しいこれからの社会を生きていくために必要な資質・能力の総称であると位置づけていますが，その具体的な内容は，次のとおりです。

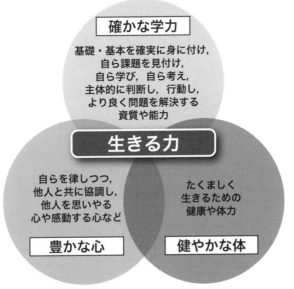

（文部科学省 2016 を基に作成）

これらの力は，人生を切り開き，他者と協働し，新たな価値を創造するものとして引き続き充実を図る必要があるとしています。

3.4 学習指導要領の枠組みの改善の意味するところ

これまでの学習指導要領は，各教科などにおいてそれぞれの教科の教員がその教育内容を教えるという枠組みを担ってきました。そのため，各教科の「内容をどれだけ知っているか」に指導の目的が集まる傾向にありました。ところが，予測が困難で変化をし続ける時代においては既存の知識を蓄えるだけでは，とても未来を切り開き生き抜くことができるとは思えません。

すでに，2008，2009（平成20，21）年の改訂では，思考力・判断力・表現力などが求められる「知識基盤社会」においては，教科の枠を超えた横断的・総合的な学習とともに探求的な学習や協同的な学習が求められているとして，「①課題の設定→②情報の収集→③整理・分析→④まとめ・表現」といった探求の過程を大切にする教育の必要性が明示されています。今回の改訂では，さらに議論を進めて学習指導要領そのものが，子供たちが身に付けるべき資質・能力や学ぶべき内容などを分かりやすく見渡せる「学びの地図」としての機能をもち，教科や学校段階を越えて教育関係者間が共有する教育課程の基盤となっていることを打ち出しています。

つまり，これからの教育の在り方として，教科を越えるという特徴が意味するところは，国語でも算数・数学でも英語でも同じ養うべき汎用的な資質・能力があることや，さらに学校段階を越えるということは，小学校の学びが中学や高等学校につながっていかなくてはならないということを意味しているということです。

3.5 教育課程は「学びの地図」であるとは

これまでの改訂は，学習指導要領の目標を実現するため教科などの教員が教科の何を教えるかを想定して行われてきました。しかしながら，今回の学習指導要領では，個々の教科だけでは対応できない資質・能力が示されています。また，学習者の学びの在り方にも「主体的・対話的・深い学び」といった大きな改善の説明が見られ，子供たちを取り巻く教育関係者として家庭地域社会の人々の一層の参画も期待されています。

これは，まさに学習指導要領が，これまでの枠組みを見直すことを求めたということです。この見直しの点を，答申では，以下の6点にまと

めています。

  (1)「何ができるようになるか」
  (2)「何を学ぶか」
  (3)「どのように学ぶか」
  (4)「子供一人一人の発達をどのように支援するか」
  (5)「何が身に付いたか」
  (6)「実施するために何が必要か」

　このような視点から学習指導要領の全体像を眺めましょう。「学びの地図」とは，指導や学びについての情報が，教育関係者だけでなく，子供自身でも必要な学びを理解したり，家庭や地域の人々でも学習指導要領を見れば，知りたいことが分かるという意味です。

3.6 何ができるようになるか―三つの柱―

　子供たちの成長を通じて現在と未来をつなぐことを実現するためには，次に，教育課程全体や各教科などの教育活動を通じて，「何ができるようになるのか」を考えることになり，それは，育成をめざす資質・能力となります。

　ここで，再度，関係する「学力の三要素」と「生きる力」を確認しておきましょう。

　学校教育法の第 30 条では，学力の要素が規定されました。「基礎的な知識及び技能を習得させるとともに，これらを活用して課題を解決するために必要な思考力，判断力，表現力その他の能力をはぐくみ，主体的に学習に取り組む態度を養うことに，特に意を用いなければならない」と示されています。つまり「基礎的な知識・技能」，「思考力・判断力・表現力」，「主体的に学習に取り組む態度」と整理されたのです。

　一方，「生きる力」は，この章の 3.3 で図を示しましたが，以下の三つの要素から成り立つと示されています。

　確かな学力：基礎・基本を確実に身に付け，自ら課題を見付け，自ら学び，自ら考え，主体的に判断し，行動し，より良く問題を解決する資質や能力
　豊かな心：　自らを律しつつ，他人と共に協調し，他人を思いやる心や感動する心など
　健やかな体：たくましく生きるための健康や体力

このようにして，「学力の要素」と「生きる力」の内容は教育内容の核を形成しており，教育に当たる際の目標としての出発点でもあり，目標の実現度を評価する指導の出口としての終着点でもあると考えましょう。

3.7 カリキュラム・マネジメントの必要性

　次期学習指導要領が期待する教育目標を実現するためには，単一に教科の努力の積み上げではなく，学校全体としての取り組みが必要とされています。このことは今までも何度も強調されてきたことですが，今回の改訂は従前とどこが違うのでしょうか。

　学習指導要領を「学びの地図」として構想された新しい「枠組み」では，以下の3点が強調されています。

(1) 各教科などの教育内容を教科相互で捉えること。したがって，学校が設定する目標の達成には，教科横断的な視点から教育課程を編成する必要があること。

(2) 常に子供たちの成果に関するデータを集積し，教育課程を不断に修正すること。

(3) 教育活動を進めるに当たっては，必要な人的・物的資源などを地域などの外部の資源をも含めて活用を図ること。

　これらの3点を熟考し分かることは，教科の学習だけにこだわっていてはいけないということ，教育の成果について実証的な点検が必要となってきたということ，さらに多様で複雑な学びの内容は，学校教員の努力に加え，必要な人材を学校外においても確保し活用するような重層的なカリキュラムを編成する必要が出てきているということです。

3.8 どのように学ぶのか

　示された内容を理解し身に付けることは，「どのように学ぶか」という問題と一体的に考えるべきでしょう。つまり，これからの時代に求められる資質・能力を身に付け，不断に能動的に学び続けることができるようになるためには，子供たちが「どのように学ぶか」といった「学びの技」を教えることであり，いかに自立的な学びを生涯にわたり持たせ続けることができるかという課題でもあります。

　学んだ成果として期待されているのは，「知識・技能」が実践的な場において生きて働くものになっていること，「思考力・判断力・表現力」は未知の状況にも対応できること，「学びに向かう力・人間性等」が生涯に

渡り人生や社会に生かすことができることです。

　このような学びの在り方を，「主体的」，「対話的」，「深い学び」と整理していますが，このような学び方を身に付ければ，生涯に渡って能動的に学び続け，未来を新たに切り開いたりすることができ，今や学びの質を組み替えることが急務であることが分かります。

　この学びの質的な転換について「アクティブ・ラーニング」として「子供たちが，習得した概念や思考力等を手段として活用・発揮させながら学習に取り組み，その中で資質・能力の活用と育成が繰り返されるような指導の創意工夫を促していくこと」とまとめています。

3.9 何が身に付いたかをどのように評価するか

　学習の評価に関しては，2000（平成 12）年 12 月の教育課程審議会の答申「児童生徒の学習と教育課程の実施状況の評価の在り方について」において基本的な考え方が示されています。

　その答申では，冒頭から「学校の教育活動は，意図的，計画的，組織的に行われるものである」，「評価を行うことは学校の責務である」，「学力については，知識の量のみでとらえるのではなく，学習指導要領に示す基礎的・基本的な内容を確実に身に付けることはもとより，それにとどまることなく，自ら学び自ら考える力などの『生きる力』が育まれているかどうかによってとらえる必要がある」といった評価をする際の重要な姿勢が示されています。

　この考え方は，その後「評価規準の作成，評価方法等の工夫改善のための参考資料」といった行政資料として全国の学校の参考資料となり，「観点別学習状況の評価」により評価の観点を設けてそれにしたがって実現状況を判定するという全国統一した考え方になりました。

　今回の学習指導要領の実現をどのように評価するべきかについては，今後新しい参考資料などが示されると思われますが，答申の中では，いくつかの視点や認識が整理されています。その中心は，

　　(1)現行の四つの観点を改め，三観点（「知識・技能」，「思考力・判断力・
　　　　表現力」，「主体的に学習に取り組む態度」）とする。
　　(2)小・中・高等学校の各教科を通じたものとする。

の 2 点です。これらの説明に当たる留意点として，「行動面が一時的な局面でとらえられている」，「学校間で取組の差がある」などの改善課題の指摘や「指導と評価の一体化」，「学習者が振り返りの機会の設定により評価の意味を理解する」といった評価の積極面を指導にも生かす方策にも言及がなされています。

「生きる力」とは何かについて，児童・生徒に説明することを想定して，分かりやすくまとめてみましょう。

学習指導要領が「学びの地図」としての機能をもつことを保護者に説明する資料をＡ４版１枚で作成してみましょう。

コラム

単元計画を作成する技・バックワードデザイン

　授業を行う前に作成する指導計画と実際の授業が，真逆の流れになることをご存じでしょうか。

■単元計画を作成する手順
①教科書に示されている「内容」，「言語材料の扱われ方」，「単元の終末に期待されている活動」などから，教科書の単元の特徴を見抜きます。
②次に，その特徴から「～することができる」という表記で，授業の最終時間の目標を設定します。
③授業の最後で「～することができる」ようになるためには，その前の授業で何ができないといけないかと，順に一時間ずつ「できるようになっていないといけない」ことを遡ります。

■授業の実際の流れ
①その授業の中心目標を設定します。
②その目標に向かって，「導入」，「説明・練習・運用などの発展」，「まとめ」と授業を進めます。

例：「スピーチができる」（単元の目標）

授業の流れ	学習内容	計画の流れ
↑	・学級の前でスピーチができる ・スピーチができるよう十分練習する ・原稿を用いてよいスピーチの仕方を学ぶ ・スピーチ原稿を完成させる ・よいスピーチ原稿の書き方を学ぶ ・教科書などを通して，スピーチ原稿の書き方を学ぶ ・教科書などを通して，スピーチの仕方を学ぶ	↓

　教育によって最終的に何がもたらされるかという結果から遡って，教育を設計するという考え方です。これまで，教育は評価に馴染まないとの認識であったのが，教育も経済など他の分野と同様に例外ではないとの考え方が広がった結果なのです。
　　　西岡加名恵（2008）『逆向き設計で確かな学力を保証する』明治図書

第11章

学習指導要領が示す英語力

　英語力とは何か，さらには，英語力を明らかにすることがなぜ必要なのか，といった疑問を自分に問いかけたことはありませんか。これらの質問に答えることは，英語の授業を通して，「児童・生徒にどのような英語力を身に付けさせようとしているのか」という質問に答えることになり，とても重要なことです。

　日本の教育行政の仕組みでは，国は全国の学校に対する公的な責任を学習指導要領という形で果たしています。小学校から高等学校までの全ての校種の学習指導要領に「目標」を設け，全国的に教育の均一性を確保しています。つまり，目標は，学習を通して獲得をめざすもので，それが「学力」ということになることが分かります。

　そこで，この章では，新しい学習指導要領に示された各学校段階の目標を併記することによって，小学校から高等学校に至る英語力と，その英語力を一貫して育てようとしている考え方を理解したいと思います。資質・能力の三つの柱に関わる目標の理解は，最も重要なポイントです。

● **本章で学習してもらいたい事柄** ●
- 「知識及び技能」の育成に関わる目標
- 「思考力・判断力・表現力」の育成に関わる目標
- 「学びに向かう力，人間力等」の涵養に関わる目標

① 新しい学習指導要領に盛り込まれた英語の学力の理解のために

1.1 外国語によるコミュニケーションにおける見方・考え方

　小学校・中学校・高等学校の学習指導要領解説外国語編のそれぞれの「目標」には「外国語によるコミュニケーションにおける見方・考え方を働かせ」という文言があり，「外国語で表現し伝え合うため，外国語やその背景にある文化を，社会や世界，他者との関わりに着目して捉え，コミュニケーションを行う目的や場面，状況などに応じて，情報を整理しながら考えなどを形成し，再構築すること」と解説しています（文部科学

省 2017b, 2017c, 2018c）。小学校から高等学校まで「どのような視点で物事を捉えるか」,「どのような考え方で思考していくのか」といった物事を捉える共通の視点や考え方を示しています。

なお,「コミュニケーションにおける見方・考え方」が取り上げられたのは，機械的に外国語を用いてやり取りするのではなく，コミュニケーションを図ろうとする当事者が互いに配慮し，相手意識をもつことの大切さを確認するためです。

1.2 小学校から高等学校にいたる外国語科の目標

今回の学習指導要領の改訂では小学校から高等学校への一貫した教育の必要性が重要視されています。このことを分かりやすく理解することができるよう文部科学省はこの度，下に示したような学校段階別の一覧表を付録に加え，この一貫性を理解しやすくしています。

外国語科の目標			
小学校第 3 学年 及び第 4 学年 外国語活動	小学校第 5 学年 及び第 6 学年 外国語	中学校 外国語	高等学校 外国語
外国語によるコミュニケーションにおける見方・考え方を働かせ，外国語による聞くこと，話すことの言語活動を通して，コミュニケーションを図る素地となる資質・能力を次のとおり育成することをめざす。	外国語によるコミュニケーションにおける見方・考え方を働かせ，外国語による聞くこと，読むこと，話すこと，書くことの言語活動を通して，コミュニケーションを図る基礎となる資質・能力を次のとおり育成することをめざす。	外国語によるコミュニケーションにおける見方・考え方を働かせ，外国語による聞くこと，読むこと，話すこと，書くことの言語活動を通して，簡単な情報や考えなどを理解したり表現したり伝え合ったりするコミュニケーションを図る資質・能力を次のとおり育成することをめざす。	外国語によるコミュニケーションにおける見方・考え方を働かせ，外国語による聞くこと，読むこと，話すこと，書くことの言語活動及びこれらを結び付けた統合的な言語活動を通して，情報や考えなどを的確に理解したり適切に表現したり伝え合ったりするコミュニケーションを図る資質・能力を次のとおり育成することをめざす。

（文部科学省 2018c）

この一覧表を通じてみられるポイントは，以下の通りです。

- 小学校から高等学校までの外国語教育の目標の「見方・考え方」をコミュニケーションの過程に生かすこと
- 生徒の発達段階に応じた「見方・考え方」を豊かに育てること
- この「見方・考え方」が豊かになっていくことによって，学校と学校を取り巻く世界とが結びつき，学校で学ぶ内容が生きて働くようになること
- こうした学びの過程を実現させることにより，主体的・対話的・深い学びが現実的なものになるよう授業改善をすること
- 他者とのコミュニケーションに焦点を当てて，指導を行うこと
- 「理解する」,「表現する」といった単なる受け手・送り手に留まらないで，双方向の「やり取り」を行うこと

このようにして，各学校段階のコミュニケーションの活動を進めるよう，期待が込められています。

1.3「知識及び技能」の習得に関わる目標

外国語科の具体的目標（1）に示された「知識及び技能」について小学校段階から高等学校段階までの一覧表を見比べてみましょう。

	小学校第3学年及び第4学年 外国語活動	小学校第5学年及び第6学年 外国語	中学校 外国語	高等学校 外国語
（知識及び技能）	(1) 外国語を通して，言語や文化について体験的に理解を深め，日本語と外国語との音声の違い等に気付くとともに，外国語の音声や基本的な表現に慣れ親しむようにする。	(1) 外国語の音声や文字，語彙，表現，文構造，言語の働きなどについて，日本語と外国語との違いに気付き，これらの知識を理解するとともに，読むこと，書くことに慣れ親しみ，聞くこと，読むこと，話すこと，書くことによる実際のコミュニケーションにおいて活用できる基礎的な技能を身に付けるようにする。	(1) 外国語の音声や語彙，表現，文法などを理解するとともに，これらの知識を，聞くこと，読むこと，話すこと，書くことによる実際のコミュニケーションにおいて活用できる技能を身に付けるようにする。	(1) 外国語の音声や語彙，表現，文法，言語の働きなどの理解を深めるとともに，これらの知識を，聞くこと，話すこと，書くことによる実際のコミュニケーションにおいて，目的や場面，状況などに応じて適切に活用できる技能を身に付けるようにする。

（文部科学省 2018a）

小学校の「外国語活動」では，言語や文化について体験的に理解すること，日本語と外国語との音声の違いに気付くこと，そして外国語の音声や表現に慣れ親しむことが目標とされています。

一方，教科としての英語では，外国語の音声や語彙，表現，文法などの「理解」の面と，その知識を四つの言語の領域において適切に活用することができるよう「技能」の面から成り立っていることが分かります。

1.4「思考力・判断力・表現力等」の育成に関わる目標

外国語科の具体的目標（2）に示された「思考力・判断力・表現力等」について小学校段階から高等学校段階までの一覧表を見比べてみましょう。

	小学校第3学年及び第4学年 外国語活動	小学校第5学年及び第6学年 外国語	中学校 外国語	高等学校 外国語
（思考力，判断力，表現力等）	(2) 身近で簡単な事柄について，外国語で聞いたり話したりして自分の考えや気持ちなどを伝え合う力の素地を養う。	(2) コミュニケーションを行う目的や場面，状況などに応じて，身近で簡単な事柄について，聞いたり話したりするとともに，音声で十分に慣れ親しんだ外国語の語彙や基本的な表現を推測しながら読んだり，語順を意識しながら書いたりして，自分の考えや気持ちなどを伝え合うことができる基礎的な力を養う。	(2) コミュニケーションを行う目的や場面，状況などに応じて，日常的な話題や社会的な話題について，外国語で簡単な情報や考えなどを理解したり，これらを活用して表現したり伝え合ったりすることができる力を養う。	(2) コミュニケーションを行う目的や場面，状況などに応じて，日常的な話題や社会的な話題について，外国語で情報や考えなどの概要や要点，詳細，話し手や書き手の意図などを的確に理解したり，これらを活用して適切に表現したり伝え合ったりすることができる力を養う。

（文部科学省 2018a）

　これら思考力等の力を養成することができるようにするためには，次のような過程を通した学びが期待されています。

　（1）外国語を実際に使用する
　（2）互いの考えを適切に伝え合い，多様な考えを理解したり集団としての考えを形成する
　（3）学んだことの意味付けを行ったり，既得の知識や経験と新たに得られた知識を言語活動に活用する

1.5「学びに向かう力，人間性等」の涵養に関わる目標

　外国語科の具体的目標（3）に示された「学びに向かう力，人間性等」について小学校段階から高等学校段階までの一覧表を見比べてみましょう。

	小学校第 3 学年及び第 4 学年外国語活動	小学校第 5 学年及び第 6 学年外国語	中学校外国語	高等学校外国語
（学びに向かう力，人間性等）	（3）外国語を通して，言語やその背景にある文化に対する理解を深め，相手に配慮しながら，主体的に外国語を用いてコミュニケーションを図ろうとする態度を養う。	（3）外国語の背景にある文化に対する理解を深め，他者に配慮しながら，主体的に外国語を用いてコミュニケーションを図ろうとする態度を養う。	（3）外国語の背景にある文化に対する理解を深め，聞き手，読み手，話し手，書き手に配慮しながら，主体的に外国語を用いてコミュニケーションを図ろうとする態度を養う。	（3）外国語の背景にある文化に対する理解を深め，聞き手，読み手，話し手，書き手に配慮しながら，主体的，自律的に外国語を用いてコミュニケーションを図ろうとする態度を養う。

（文部科学省 2018a）

　この目標の実現には，「知識・技能」・「思考力・判断力・表現力等」を働かせ，実際に用いるようなコミュニケーションの場面をつくり，さまざまに表現をさせ，何度も繰り返したりすることによって，生徒に自信をつけさせることが必要となります。そうした自信がつくことによって，主体的，自律的な学習姿勢が生まれてきます。このことは，単に学校の授業のことだけではなく，学校以外の場所や，学校卒業後の外国語などの学習に取り組む態度の育成に結びつくなど，生涯にわたる学びの姿勢を育成することにつながるという点を見逃してはいけません。

1.6 補足：学習指導要領の英語の目標と学力の関係

　平成の中学校の学習指導要領に示されている目標を基にして，英語の学力の構成要素を明らかにしようとしたモデル図があります。このモデルは，英語科の目標と学力の要素を分析的に表したものです。このモデルは，「観点別の学習状況の評価」により分析的に目標の実現状況を評価

する仕組みが導入されることになったときに考案されました。つまり，英語の学力を分析的に判定することができるためには，学力を構成する要素を明らかにすることが前提となることを理解しましょう。

中学校英語学力の構造（北尾 2011）

　このモデル図を少し説明します。W，S，L，R は順に「書くこと」，「話すこと」，「聞くこと」，「読むこと」のスキルを表します。このスキルは，言語知識や文化の支えが不可欠です。また，これら全てを取り巻き密接な関係にあるのが「関心・意欲・態度」となっています。外国語科の目標の文言と構成要素とを比べてみましょう。

② 小・中・高等学校目標領域と言語活動の例の学校段階別一覧表

2.1 はじめに：「目標」，「言語材料」，「言語活動」を一体的に

　中学校の目標の説明をみると，「各学校において作成される学習到達目標は，五つの領域別の目標を踏まえながら，より具体的な言語材料と言語活動を統合して設定されたものにすることが望ましい」と記載されています。何よりも最初に「目標」と「言語材料」と「言語活動」を常に一体的に捉える必要性を理解しておきましょう。

2.2 カリキュラム・マネジメントの三つの必要性

　同じく目標の説明の冒頭に，「同一の学習到達目標について，複数の単元で異なる言語材料を活用した異なる言語活動を行うことにより，五つの領域別の目標をよりよく達成できるようなカリキュラム・マネジメントや課題設定が望まれる」とあります。

　ここには，三つの大切な考え方が示されています。一つ目は，目標は，単一の単元だけではなく複数の単元で指導スパンを広げて達成されることもあるということです。二つ目は，ある目標の達成のために，異なる言語材料を用いて異なる言語活動を設定して行うこともあるということです。つまり，教科書の単一の Lesson や UNIT にこだわる必要はない

ということです。このような考え方に立てば，カリキュラム・マネジメントが不可欠になることが理解されましょう。

　さらに，もう一つ重要な認識が示されています。「課題設定」という考え方です。授業が知識や技能の習得だけに止まってはならないということです。つまり，獲得された知識や技能を使って思考・判断・表現等をする機会である「課題（タスク）」の設定を必要としているということです。

2.3 目標領域と言語活動を一体的に

　今回の学習指導要領解説の特徴の一つは，目標領域について学校段階別に示されたことと，その目標を実現するために言語活動の例を一つ一つ示したことにあります。この点を理解しやすくするために，学校段階別の「目標領域の一覧表」と「言語活動の例」を左右見開きできるように工夫して，その両方を見比べながら，どのような言語活動を充てるのかといった構想のイメージづくりをしましょう。

2.3.1 五つの目標領域の学校段階別一覧表「聞くこと」

　小学校から高等学校段階に至る「聞くこと」の目標領域の一貫性を確かめましょう。

	小学校第 3 学年及び第 4 学年外国語活動	小学校第 5 学年及び第 6 学年外国語	中学校外国語	高等学校英語コミュニケーション I
聞くこと	ア　ゆっくりはっきりと話された際に，自分のことや身の回りの物を表す簡単な語句を聞き取るようにする。	ア　ゆっくりはっきりと話されれば，自分のことや身近で簡単な事柄について，簡単な語句や基本的な表現を聞き取ることができるようにする。	ア　はっきりと話されれば，日常的な話題について，必要な情報を聞き取ることができるようにする。	ア　日常的な話題について，話される速さや，使用される語句や文，情報量などにおいて，多くの支援を活用すれば，必要な情報を聞き取り，話し手の意図を把握することができるようにする。
	イ　ゆっくりはっきりと話された際に，身近で簡単な事柄に関する基本的な表現の意味が分かるようにする。	イ　ゆっくりはっきりと話されれば，日常生活に関する身近で簡単な事柄について，具体的な情報を聞き取ることができるようにする。	イ　はっきりと話されれば，日常的な話題について，話の概要を捉えることができるようにする。	イ　社会的な話題について，話される速さや，使用される語句や文，情報量などにおいて，多くの支援を活用すれば，必要な情報を聞き取り，概要や要点を目的に応じて捉えることができるようにする。
	ウ　文字の読み方が発音されるのを聞いた際に，どの文字であるかが分かるようにする。	ウ　ゆっくりはっきりと話されれば，日常生活に関する身近で簡単な事柄について，短い話の概要を捉えることができるようにする。	ウ　はっきりと話されれば，社会的な話題について，短い説明の要点を捉えることができるようにする。	

（文部科学省 2018a）

この一覧表を眺めて留意したいことは，各学校段階ごとの特徴の理解と学校間における「一貫性」の理解の二つです。

- 小学校「外国語活動」のポイントは，3・4年生の児童が初めて英語に触れる機会であることです。そのため，自分のことや身の回りのことなどを題材とし「抵抗感」をなくす扱いが求められています。
- 小学校「外国語」については，「ゆっくり」，「はっきり」と話される身近な「簡単な語句や基本的な表現」，「具体的な情報」，「短い話の概要」などが聞き取れることが期待されています。
- 中学校「英語科」では，日常的な話題について「必要な情報」，「話の全体像（あらまし）」を聞き取れること，社会的な話題では，話し手が伝えようとしている「要点」を聞き取れることがめざされています。
- 高等学校の英語では，中学校の「はっきりと話されれば」が引き継がれています。多くの支援を活用して聞いたり，日常的な話題だけでなく，社会的な話題についても扱い，聞き落としてはならないポイントを聞き取れることが目標とされています。

なお，高等学校では，各科目毎に目標が設定されており，各科目間のつながりや発展性に留意する必要があります。また，「聞くこと」の活動だけで指導を完了するばかりではなく，聞いた内容を書いてまとめ，誰かに伝えるなどの統合的な活動への発展にも留意が必要です。

2.3.2 言語活動の例　学校段階別一覧表「聞くこと」

小学校から高等学校段階に至る「聞くこと」の言語活動の一貫性を確かめましょう。

	小学校第3学年 及び第4学年 外国語活動	小学校第5学年 及び第6学年 外国語	中学校 外国語	高等学校 英語コミュニケーションI
聞くこと	(ア) 身近で簡単な事柄に関する短い話を聞いておおよその内容が分かったりする活動。	(ア) 自分のことや学校生活など，身近で簡単な事柄について，簡単な語句や基本的な表現を聞いて，それらを表すイラストや写真などと結び付ける活動。	(ア) 日常的な話題について，自然な口調で話される英語を聞いて，話し手の意向を正確に把握する活動。	(ア) 日常的な話題について，話される速さが調整されたり，基本的な語句や文での言い換えを十分に聞いたりしながら，対話や放送などから必要な情報を聞き取り，話し手の意図を把握する活動。また，聞き取った内容を話したり書いたりして伝え合う活動。

（イ）身近な人や身の回りの物に関する簡単な語句や基本的な表現を聞いて，それらを表すイラストや写真などと結び付ける活動。	（イ）日付や時刻，値段などを表す表現など，日常生活に関する身近で簡単な事柄について，具体的な情報を聞き取る活動。	（イ）店や公共交通機関などで用いられる簡単なアナウンスなどから，自分が必要とする情報を聞き取る活動。	（イ）社会的な話題について，話される速さが調整されたり，基本的な語句や文での言い換えを十分に聞いたりしながら，対話や説明などから必要な情報を聞き取り，概要や要点を把握する活動。また，聞き取った内容を話したり書いたりして伝え合う活動。
（ウ）文字の読み方が発音されるのを聞いて，活字体で書かれた文字と結び付ける活動。	（ウ）友達や家族，学校生活など，身近で簡単な事柄について，簡単な語句や基本的な表現で話される短い会話や説明を，イラストや写真などを参考にしながら聞いて，必要な情報を得る活動。	（ウ）友達からの招待など，身近な事柄に関する簡単なメッセージを聞いて，その内容を把握し，適切に応答する活動。	
		（エ）友達や家族，学校生活などの日常的な話題や社会的な話題に関する会話や説明などを聞いて，概要や要点を把握する活動。また，その内容を英語で説明する活動。	

（文部科学省 2018b）

- 小学校「外国語活動」では，イラストや写真などを参考にしながら聞かせて分かりやすくし抵抗感を下げる活動が必要となっています。
- 小学校「外国語」では，中学年の指導の考え方を継続し，中学校以降の学習につながる汎用性の高い学習になるよう配慮することが求められています。
- 中学校「英語科」では，身近な暮らしを想定した活動について，「店」，「公共交通機関」，「アナウンス」などさまざまな場面を取り上げ，学校の暮らしにこだわらないようにする工夫が必要となっています。
- 高等学校の英語では，「話される速さを調整」とあるように，話されるスピードにも注目する必要があります。また，内容的にも，意味をくみ取ったり，必要な情報を選択的に聞き取るなどの活動が求められています。さらに，聞き取るだけでなく，その内容について話し合ったり書いたりする活動への広がりも求められています。

2.3.3 五つの目標領域の学校段階別一覧表「読むこと」

　小学校から高等学校段階に至る「読むこと」の目標領域の一貫性を確かめましょう。

	小学校第3学年 及び第4学年 外国語活動	小学校第5学年 及び第6学年 外国語	中学校 外国語	高等学校 英語コミュニケーションⅠ
読むこと		ア 活字体で書か れた文字を識別し、 その読み方を発音 することができるよ うにする。	ア 日常的な話題 について、簡単な 語句や文で書かれ たものから必要な 情報を読み取るこ とができるようにす る。	ア 日常的な話題について、使 用される語句や文、情報量など において、多くの支援を活用す れば、必要な情報を読み取り、 書き手の意図を把握することが できるようにする。
		イ 音声で十分に 慣れ親しんだ簡単 な語句や基本的な 表現の意味が分か るようにする。	イ 日常的な話題 について、簡単な 語句や文で書かれ た短い文章の概要 を捉えることができ るようにする。	イ 社会的な話題について、使 用される語句や文、情報量など において、多くの支援を活用す れば、必要な情報を読み取り、 概要や要点を目的に応じて捉え ることができるようにする。
			ウ 社会的な話題 について、簡単な 語句や文で書かれ た短い文章の要点 を捉えることができ るようにする。	

（文部科学省 2018a）

- 小学校「外国語活動」では，「聞くこと」「話すこと」に中心が置かれており，「読むこと」の領域では説明が付されていません。
- 小学校「外国語」では，文字の形の識別，名称の発音ができることなど，音声と文字を関連させる指導が求められています。
- 中学校「英語科」では，小学校「外国語」の「読むこと」の目標で示された「音声で十分に慣れ親しんだ簡単な語句や基本的な表現の意味が分かること」を踏まえています。身近な生活場面のメールなどから必要な事柄を読み取ったり，物語の大まかなあらすじをとらえることが考えられます。さらに，自然環境などの文章から必要な事柄を判断して読み取るなど文章の特徴に応じた読み方が必要です。
- 高等学校の英語では，日常的な話題と社会的な話題に分けて設定され，前者では，読むことの負担を考慮したり，視覚的な情報を与えるなどして取り組みやすくする工夫が必要となっています。一方，社会的な話題について読む場合は，文章の大意を把握したり，特定の情報を取り出し吟味するなどの読み方が求められています。

なお，高等学校では，各科目毎に目標が設定されており，各科目間のつながりや発展性に留意する必要があります。また，「読むこと」の活動だけで指導を完了するばかりではなく，読んだ内容を書いてまとめるなどの統合的な活動として，複数の技能を統合して活動させる際は，留意が必要です。

2.3.4 言語活動の例　学校段階別一覧表「読むこと」

　小学校から高等学校段階に至る「読むこと」の言語活動の一貫性を確かめましょう。

	小学校第 3 学年 及び第 4 学年 外国語活動	小学校第 5 学年 及び第 6 学年 外国語	中学校 外国語	高等学校 英語コミュニケーションⅠ
読むこと		(ア) 活字体で書かれた文字を見て，どの文字であるかやその文字が大文字であるか小文字であるかを識別する活動。	(ア) 書かれた内容や文章の構成を考えながら黙読したり，その内容を表現するよう音読したりする活動。	(ア) 日常的な話題について，基本的な語句や文での言い換えや，書かれている文章の背景に関する説明などを十分に聞いたり読んだりしながら，電子メールやパンフレットなどから必要な情報を読み取り，書き手の意図を把握する活動。また，読み取った内容を話したり書いたりして伝え合う活動。
		(イ) 活字体で書かれた文字を見て，その読み方を適切に発音する活動。	(イ) 日常的な話題について，簡単な表現が用いられている広告やパンフレット，予定表，手紙，電子メール，短い文章などから，自分が必要とする情報を読み取る活動。	(イ) 社会的な話題について，基本的な語句や文での言い換えや，書かれている文章の背景に関する説明などを十分に聞いたり読んだりしながら，説明文や論証文などから必要な情報を読み取り，概要や要点を把握する活動。また，読み取った内容を話したり書いたりして伝え合う活動。
		(ウ) 日常生活に関する身近で簡単な事柄を内容とする掲示やパンフレットなどから，自分が必要とする情報を得る活動。	(ウ) 簡単な語句や文で書かれた日常的な話題に関する短い説明やエッセイ，物語などを読んで概要を把握する活動。	
		(エ) 音声で十分に慣れ親しんだ簡単な語句や基本的な表現を，絵本などの中から識別する活動。	(エ) 簡単な語句や文で書かれた社会的な話題に関する説明などを読んで，イラストや写真，図表なども参考にしながら，要点を把握する活動。また，その内容に対する賛否や自分の考えを述べる活動。	

（文部科学省 2018b）

- 小学校や中学校の初学年では，多くの文字や文が出てくるにしたがって，学習に困難を生じるケースも出てくることに配意して，特に小学校段階では音声に十分に慣れ親しんだ後に，文字を読む活動に出会わせる必要があります。
- 中学校「英語科」では，黙読で自分に合った速度で読むことや音読で英語の音の特徴を生かした読み方，また逐語的な読み方からの脱却など英文の読み方に改善が求められています。

- 高等学校の英語では，中学校「英語科」の「領域間の統合的な言語活動の工夫」を受けて，一層そうした活動を発展させて扱うことが必要となっています。論証文の扱いなどでは，「読むこと」で育てられた論理性が論理的に「話すこと」の土台につながっていくような扱いが必要となるでしょう。

2.3.5 五つの目標領域の学校段階別一覧表「話すこと［やり取り］」

小学校から高等学校段階に至る「話すこと［やり取り］」の目標領域の一貫性を確かめましょう。

	小学校第3学年及び第4学年 外国語活動	小学校第5学年及び第6学年 外国語	中学校 外国語	高等学校 英語コミュニケーションⅠ
話すこと［やり取り］	ア 基本的な表現を用いて挨拶，感謝，簡単な指示をしたり，それらに応じたりするようにする。	ア 基本的な表現を用いて指示，依頼をしたり，それらに応じたりすることができるようにする。	ア 関心のある事柄について，簡単な語句や文を用いて即興で伝え合うことができるようにする。	ア 日常的な話題について，使用する語句や文，対話の展開などを活用すれば，基本的な語句や文を用いて，情報や考え，気持ちなどを話して伝え合うやり取りを続けることができるようにする。
	イ 自分のことや身の回りの物について，動作を交えながら，自分の考えや気持ちなどを，簡単な語句や基本的な表現を用いて伝え合うようにする。	イ 日常生活に関する身近で簡単な事柄について，自分の考えや気持ちなどを，簡単な語句や基本的な表現を用いて伝え合うことができるようにする。	イ 日常的な話題について，事実や自分の考え，気持ちなどを整理し，簡単な語句や文を用いて伝えたり，相手からの質問に答えたりすることができるようにする。	イ 社会的な話題について，使用する語句や文，対話の展開などにおいて，多くの支援を活用すれば，聞いたり読んだりしたことを基に，基本的な語句や文を用いて，情報や考え，気持ちなどを論理性に注意して話して伝え合うことができるようにする。
	ウ サポートを受けて，自分や相手のこと及び身の回りの物に関する事柄について，簡単な語句や基本的な表現を用いて質問をしたり質問に答えたりするようにする。	ウ 自分や相手のこと及び身の回りの物に関する事柄について，簡単な語句や基本的な表現を用いてその場で質問をしたり質問に答えたりして，伝え合うことができるようにする。	ウ 社会的な話題に関して聞いたり読んだりしたことについて，考えたことや感じたこと，その理由などを，簡単な語句や文を用いて述べ合うことができるようにする。	

（文部科学省 2018a）

- 小学校「外国語活動」では，安心してコミュニケーションが図れるようにし，ことばを用いて「やり取り」することの大切さを養うことが大切です。
- 小学校「外国語」では，同じ挨拶でも中学年で扱った知り合いから，知らない人への拡充が図られるなど広がりがみえます。「その場で」という文言にみられるように，中学年の達成感を土台にして蓄積し

た力を発揮させることも必要となってきます。

- 中学校「英語科」では，相手の発話に応じて「即興で伝え合う」姿勢を育てることが求められています。また，相手から質問されたような場合には，単に答えるだけでなく，対話を継続せたり発展させるなどが必要でしょう。
- 高等学校の英語では，会話の流れに応じて関連する話題を提供したりすることによって，会話の流れを変えたり止めたりしないで継続することができるようになることが求められています。また，社会的な話題を扱う場合には，「論理性に注意して」とあるように，論理に矛盾や飛躍が生じないようにして，論理に一貫性があるような「やり取り」が期待されています。

なお，高等学校では，各科目毎に目標が設定されており，各科目間のつながりや発展性に留意する必要があります。また，「話すこと［やり取り］」の活動だけで指導を完了するばかりではなく，やり取りの結果を学級全体に発表するなどの統合的な活動への発展にも留意が必要です。

2.3.6 言語活動の例　学校段階別一覧表「話すこと［やり取り］」

小学校から高等学校段階に至る「話すこと［やり取り］」の言語活動の一貫性を確かめましょう。

	小学校第3学年及び第4学年外国語活動	小学校第5学年及び第6学年外国語	中学校外国語	高等学校英語コミュニケーションⅠ
話すこと[やり取り]	(ア) 知り合いと簡単な挨拶を交わしたり，感謝や簡単な指示，依頼をして，それらに応じたりする活動。	(ア) 初対面の人や知り合いと挨拶を交わしたり，相手に指示や依頼をして，それらに応じたり断ったりする活動。	(ア) 関心のある事柄について，相手からの質問に対し，その場で適切に応答したり，関連する質問をしたりして，互いに会話を継続する活動。	(ア) 身近な出来事や家庭生活などの日常的な話題について，使用する語句や文，やり取りの具体的な進め方が十分に示される状況で，情報や考え，気持ちなどを即興で話して伝え合う活動。また，やり取りした内容を整理して発表したり，文章を書いたりする活動。
	(イ) 自分のことや身の回りの物について，動作を交えながら，好みや要求などの自分の気持ちや考えなどを伝え合う活動。	(イ) 日常生活に関する身近で簡単な事柄について，自分の考えや気持ちなどを伝えたり，簡単な質問をしたり質問に答えたりして伝え合う活動。	(イ) 日常的な話題について，伝えようとする内容を整理し，自分で作成したメモなどを活用しながら相手と口頭で伝え合う活動。	(イ) 社会的な話題について，使用する語句や文，やり取りの具体的な進め方が十分に示される状況で，対話や説明などを聞いたり読んだりして，賛成や反対の立場から，情報や考え，気持ちなどを理由や根拠とともに話して伝え合う活動。また，やり取りした内容を踏まえて，自分自身の考えなどを整理して発表したり，文章を書いたりする活動。

（ウ）自分や相手の好み及び欲しい物などについて，簡単な質問をしたり質問に答えたりする活動。	（ウ）自分に関する簡単な質問に対してその場で答えたり，相手に関する簡単な質問をその場でしたりして，短い会話をする活動。	（ウ）社会的な話題に関して聞いたり読んだりしたことから把握した内容に基づき，読み取ったことや感じたこと，考えたことなどを伝えた上で，相手からの質問に対して適切に応答したり自ら質問し返したりする活動。	

（文部科学省 2018b）

- 小学校「外国語活動」では，「話すこと」を急がせないように留意し，コミュニケーションを楽しませることが必要であることが強調されています。
- 小学校「外国語」では，「双方向的な活動」，「基本的な表現を継続的に使用する」，「即興的な活動に取り組む」といった内容の活動が期待されています。しかしながら，いずれの活動でも性急に「〜できる」といった成果を求めないようにしましょう。
- 中学校「英語科」では，小学校段階を受けて即興的に会話を行ったりメモに基づきながら伝え合ったり，あるいは多様な考えや立場を共有するといった相手を意識した活動への発展が期待されています。
- 高等学校の英語では，情報を聞き取る場面でも「知らないから聞く」といった会話の自然さに注意が払われています。また，活動のやりっ放しではなく振り返りも求められ，学習状況を学習者が認知して学ぶ姿勢についても留意が求められています。

2.3.7 五つの目標領域の学校段階別一覧表「話すこと［発表］」

　小学校から高等学校段階に至る「話すこと［発表］」の目標領域の一貫性を確かめましょう。

	小学校第3学年及び第4学年外国語活動	小学校第5学年及び第6学年外国語	中学校外国語	高等学校英語コミュニケーションⅠ
話すこと［発表］	ア　身の回りの物について，人前で実物などを見せながら，簡単な語句や基本的な表現を用いて話すようにする。	ア　日常生活に関する身近で簡単な事柄について，簡単な語句や基本的な表現を用いて話すことができるようにする。	ア　関心のある事柄について，簡単な語句や文を用いて即興で話すことができるようにする。	ア　日常的な話題について，使用する語句や文，事前の準備などにおいて，多くの支援を活用すれば，基本的な語句や文を用いて，情報や考え，気持ちなどを論理性に注意して話して伝えることができるようにする。

176

イ 自分のことについて、人前で実物などを見せながら、簡単な語句や基本的な表現を用いて話すようにする。	イ 自分のことについて、伝えようとする内容を整理した上で、簡単な語句や基本的な表現を用いて話すことができるようにする。	イ 日常的な話題について、事実や自分の考え、気持ちなどを整理し、簡単な語句や文を用いてまとまりのある内容を話すことができるようにする。	イ 社会的な話題について、使用する語句や文、事前の準備などにおいて、多くの支援を活用すれば、聞いたり読んだりしたことを基に、基本的な語句や文を用いて、情報や考え、気持ちなどを論理性に注意して話して伝えることができるようにする。
ウ 日常生活に関する身近で簡単な事柄について、人前で実物などを見せながら、自分の考えや気持ちなどを、簡単な語句や基本的な表現を用いて話すようにする。	ウ 身近で簡単な事柄について、伝えようとする内容を整理した上で、自分の考えや気持ちなどを、簡単な語句や基本的な表現を用いて話すことができるようにする。	ウ 社会的な話題に関して聞いたり読んだりしたことについて、考えたことや感じたこと、その理由などを、簡単な語句や文を用いて話すことができるようにする。	

（文部科学省 2018a）

- 小学校「外国語活動」では、英語を用いて人前で発表することは、あまりなじみがないことでもあり、十分に慣れ親しんだ表現を用いることが大切で、暗記して発表をさせるような活動は避けるような留意が必要です。また、実物や写真などを示しながら話すことは、聞き手にとっても分かりやすくなり、聞き手を意識した指導の必要性は小学校から高等学校まで一貫した指導姿勢となると言えましょう。
- 小学校「外国語」では、人前での発表が外国語学習の意欲につながる指導や、自分の考えや気持ちを簡単な語句を用いて話せるようにする指導が求められています。
- 中学校「英語科」では、特に、即興で話すことができるようになるために、指導を継続的に行うように留意が必要です。また、小学校の活動には示されていない「まとまりのある内容」を話すことができるようになることも重要な期待となっています。
- 高等学校の英語では、事前準備の必要性に言及されていますが、発表に際してアウトラインやメモを作成することは、発表を分かりやすくし、重要な指導内容との認識が示されています。さらに、そのようにして時間をかけて作成したメモや原稿などを読み上げるだけの活動にしないで、聞き手に配慮する発表となるように説明が付されています。

なお、高等学校では、各科目毎に目標が設定されており、各科目間のつながりや発展性に留意する必要があります。また、「話すこと［発表］」の活動だけで指導を完了するだけでなく、発表したことについて聞き手との質疑・応答や感想を述べるなどの統合的な活動として、複数の技能

177

を統合して活動させる際は，留意が必要です。

2.3.8 言語活動の例 学校段階別一覧表「話すこと［発表］」

　小学校から高等学校段階に至る「話すこと［発表］」の言語活動の一貫性を確かめましょう。

	小学校第3学年及び第4学年外国語活動	小学校第5学年及び第6学年外国語	中学校外国語	高等学校英語コミュニケーションI
話すこと［発表］	(ア) 身の回りの物の数や形状などについて，人前で実物やイラスト，写真などを見せながら話す活動。	(ア) 時刻や日時，場所など，日常生活に関する身近で簡単な事柄を話す活動。	(ア) 関心のある事柄について，その場で考えを整理して口頭で説明する活動。	(ア) 身近な出来事や家庭生活などの日常的な話題について，使用する語句や文，発話例が十分に示されたり，準備のための多くの時間が確保されたりする状況で，情報や考え，気持ちなどを理由や根拠とともに話して伝える活動。また，発表した内容について，質疑応答をしたり，意見や感想を伝え合ったりする活動。
	(イ) 自分の好き嫌いや，欲しい物などについて，人前で実物やイラスト，写真などを見せながら話す活動。	(イ) 簡単な語句や基本的な表現で，自分の趣味や得意なことなどを含めた自己紹介をする活動。	(イ) 日常的な話題について，事実や自分の考え，気持ちなどをまとめ，簡単なスピーチをする活動。	(イ) 社会的な話題について，使用する語句や文，発話例が十分に示されたり，準備のための多くの時間が確保されたりする状況で，対話や説明などを聞いたり読んだりして，情報や考え，気持ちなどを理由や根拠とともに話して伝える活動。また，発表した内容について，質疑応答をしたり，意見や感想を伝え合ったりする活動。
	(ウ) 時刻や曜日，場所など，日常生活に関する身近で簡単な事柄について，人前で実物やイラスト，写真などを見せながら，自分の考えや気持ちなどを話す活動。	(ウ) 簡単な語句や基本的な表現を用いて，学校生活や地域に関することなど，身近で簡単な事柄について，自分の考えや気持ちなどを話す活動。	(ウ) 社会的な話題に関して聞いたり読んだりしたことから把握した内容に基づき，自分で作成したメモなどを活用しながら口頭で要約したり，自分の考えや気持ちなどを話したりする活動。	

（文部科学省 2018b）

- 小学校「外国語活動」では，発達段階を考慮して興味・関心を汲んで「話したくなる」ようなテーマを扱う必要があります。また，どのような活動が期待されているかよく分からないケースも十分あり得ることなどからモデルを示したりイメージをつくったりする必要もあります。
- 小学校「外国語」では，「外国語活動」と関連性を持たせたり，同じ内容を扱うときには新鮮さを加えるなどの工夫が必要となります。
- 中学校「英語科」では，小学校段階の指導を踏まえて，一方的に発表するだけに終わらせないで，発表の内容について評価を加えたり，助言をしたりする活動まで指導の範囲を広げるように留意点が述べ

られています。

- 高等学校の英語では，発表に当たって，内容上の論理性が大切にされることはもちろん，口頭のみの発表だけでなく，視覚的な補助を用いたり，聴衆の大小に応じての発表経験をさせるなど多様な活動が期待されています。発表後のフィードバックについても教員のみならず，生徒同士の評価も行い学習の共有的積み上げが期待されています。

2.3.9 五つの目標領域の学校段階別一覧表「書くこと」

　小学校から高等学校段階に至る「書くこと」の目標領域の一貫性を確かめましょう。

	小学校第 3 学年及び第 4 学年 外国語活動	小学校第 5 学年及び第 6 学年 外国語	中学校 外国語	高等学校 英語コミュニケーション I
書くこと		ア　大文字，小文字を活字体で書くことができるようにする。また，語順を意識しながら音声で十分に慣れ親しんだ簡単な語句や基本的な表現を書き写すことができるようにする。	ア　関心のある事柄について，簡単な語句や文を用いて正確に書くことができるようにする。	ア　日常的な話題について，使用する語句や文，事前の準備などにおいて，多くの支援を活用すれば，基本的な語句や文を用いて，情報や考え，気持ちなどを論理性に注意して文章を書いて伝えることができるようにする。
		イ　自分のことや身近で簡単な事柄について，例文を参考に，音声で十分に慣れ親しんだ簡単な語句や基本的な表現を用いて書くことができるようにする。	イ　日常的な話題について，事実や自分の考え，気持ちなどを整理し，簡単な語句や文を用いてまとまりのある文章を書くことができるようにする。	イ　社会的な話題について，使用する語句や文，事前の準備などにおいて，多くの支援を活用すれば，聞いたり読んだりしたことを基に，基本的な語句や文を用いて，情報や考え，気持ちなどを論理性に注意して文章を書いて伝えることができるようにする。
			ウ　社会的な話題に関して聞いたり読んだりしたことについて，考えたことや感じたこと，その理由などを，簡単な語句や文を用いて書くことができるようにする。	

（文部科学省 2018a）

- 小学校「外国語活動」では，「書くこと」の領域の指導はありません。
- 小学校「外国語」では，「音声に十分慣れ親しんだ」語句や表現を「書き写すこと」が意図されています。書くという活動は，学習者にとって負担が大きく，「書き写す」に当たっては例示をしてそれを参考にするなど無理のない指導手順が求められています。
- 中学校「英語科」では，音声言語以上に正確さが重視されること，

一貫性のある文章が書けるように「導入－本論－結論」といった文章構成にも触れること，さらに I agree や because といった表現形式の指導にも留意が払われるよう求められています。

- 高等学校の英語では，まとまった文章を書くことが求められていますが，その際は，複数の段落で構成することも含まれています。そのような活動を行うには，事前にアウトラインのつくり方，つなぎことばの有用性など書くことに必要となる事柄の指導は不可欠となりましょう。聞いたり読んだりした事柄について自分の考えや気持ちを述べるには，異なる領域の言語活動を統合的に扱う必要が出てきます。

なお，高等学校では，各科目毎に目標が設定されており，各科目間のつながりや発展性に留意する必要があります。また，「書くこと」の活動だけで指導を完了するばかりではなく，書いた内容を読み合ったり，質疑応答したり，意見や感想を伝え合ったりする統合的な活動として，複数の技能を統合して活動させる際は，留意が必要です。

2.3.10 言語活動の例　学校段階別一覧表「書くこと」

小学校から高等学校段階に至る「書くこと」の言語活動の一貫性を確かめましょう。

	小学校第3学年及び第4学年外国語活動	小学校第5学年及び第6学年外国語	中学校外国語	高等学校英語コミュニケーションⅠ
書くこと		(ア) 文字の読み方が発音されるのを聞いて，活字体の大文字，小文字を書く活動。	(ア) 趣味や好き嫌いなど，自分に関する基本的な情報を語句や文で書く活動。	(ア) 身近な出来事や家庭生活などの日常的な話題について，使用する語句や文，文章例が十分に示されたり，準備のための多くの時間が確保されたりする状況で，情報や考え，気持ちなどを理由や根拠とともに段落を書いて伝える活動。また，書いた内容を読み合い，質疑応答をしたり，意見や感想を伝え合ったりする活動。

	(イ) 相手に伝えるなどの目的を持って,身近で簡単な事柄について,音声で十分に慣れ親しんだ簡単な語句を書き写す活動。	(イ) 簡単な手紙や電子メールの形で自分の近況などを伝える活動。	(イ) 社会的な話題について,使用する語句や文,文章例が十分に示されたり,準備のための多くの時間が確保されたりする状況で,対話や説明などを聞いたり読んだりして,情報や考え,気持ちなどを理由や根拠とともに段落を書いて伝える活動。また,書いた内容を読み合い,質疑応答をしたり,意見や感想を伝え合ったりする活動。
	(ウ) 相手に伝えるなどの目的を持って,語と語の区切りに注意して,身近で簡単な事柄について,音声で十分に慣れ親しんだ基本的な表現を書き写す活動。	(ウ) 日常的な話題について,簡単な語句や文を用いて,出来事などを説明するまとまりのある文章を書く活動。	
	(エ) 相手に伝えるなどの目的を持って,名前や年齢,趣味,好き嫌いなど,自分に関する簡単な事柄について,音声で十分に慣れ親しんだ簡単な語句や基本的な表現を用いた例の中からことばを選んで書く活動。	(エ) 社会的な話題に関して聞いたり読んだりしたことから把握した内容に基づき,自分の考えや気持ち,その理由などを書く活動。	

（文部科学省 2018a)

- 小学校「外国語活動」では,この領域の活動は示されていません。
- 小学校「外国語」では,例えば単調な繰り返しの学習を避けることや「書くこと」の活動を行うには思わぬ時間がかかることなどへの注意書きがまとめてあります。
- 中学校「英語科」では,正確な書き方への段階を踏まえる留意が述べられています。「書くこと」におけるつまずきには,語彙や文法などだけでなく発想や情報整理,文章構成などさまざまなものがあり,小学校で慣れ親しんだ語句や表現を活用することも考えられます。また,自分で修正したり,領域間の統合を図る重要性への言及もみられ,留意が必要です。
- 高等学校の英語では,指導のための「展開例」などを示して多様な文章に出会わせることや読み手を説得する文章や論理的な文章が書けるような活動が期待されています。また,原文の情報の引用や言い換えなど引用のマナーについても言及が繰り返され,生涯にわたる学びを意識した説明に注意しましょう。

「知識・技能」の習得に関わる指導について，五つの領域のどれか一つを取り上げ，「目標」と「言語材料」と「言語活動」の関係性が分かる活動例をつくってみましょう。

英語科の目標の（2）「思考力・判断力・表現力等」の育成について五つの領域から一つを取り上げ「目標」と「言語材料」と「言語活動」の関係性が分かる活動例をつくってみましょう。

コラム

英語学習の動機付けと動画の活用

　日本における英語学習の環境は，日本語があまりに便利（邦語翻訳はすぐに出版される）なので最も良くないと言えるかもしれません。また，中学校や高等学校の公開授業などに参加しても，英語の音の特徴に関する指導シーンに出会うことはめったにありません。とても不思議です。英語の音の特徴を学ぶことは，英語が国際間のコミュニケーションにおける共通語としての働きを持つことばなので，通じ易さ（intelligibility）を高めるためにはとても重要です。

　Penguin Random House UK から *PETER RABBIT*（2018）が出版されています。これは，BASED ON THE MAJOR MOVIE とあるように映画から生まれています。字幕も便利なのですが，日本人の英語学習者にとっては，使われる場面や自然な英語使用がよく分かり，学習環境を改善する機会としてとても有益だと思われます。DVD を手に入れれば，発音，リズム，イントネーション，間の取り方，強調，強弱など音の特徴が，繰り返し学べます。自分が知らない語は，とりわけ聞き取りにくいと言われています。そうなると，英語字幕は，未知の英語の理解の玄関口になります。

　そのように考えますと，一人で学ぶ英語学習の機会として映画（動画）はとても有効だと思われます。いかがですか。

第 12 章

学習指導要領・小中高の英語指導の一貫性

　今回の学習指導要領は，小学校から高等学校まで，全く同じ構成を取っています。そこには，小・中・高等学校の 12 年間一貫した考え方や取扱いで外国語教育を展開してほしいという願いや期待があると考えましょう。

　そのため，この章では，「目標」，「内容」と「指導計画の作成と内容の取り扱い」を踏まえて指導を行うことを前提としたときに必要な理解すべき特徴を説明します。

● **本章で学習してもらいたい事柄** ●
- 新しい英語の学力を支える考え方を理解しよう
- 新しい英語の授業を支える考え方を理解しよう
- 複数領域統合型授業がなぜ求められるかを理解しよう
- 教科横断型授業がなぜ求められるかを理解しよう

 英語科の三つの資質・能力

1.1 三つの資質・能力とは何か

　三つの資質・能力ということばを用いるときは，これまでの英語科固有のカテゴリーとしてのみ捉えるのではなく，どの教科やどの学校段階にも共通する資質・能力の育成に関わる必要が生まれたと考えましょう。

国語科	社会科	……	英語科 教科固有 (1)「知識及び技能に関する能力」

| 教科横断 | (2)「思考力・判断力・表現力等」
(3)「学びに向かう力，人間性等」 | | |

……

（2）や（3）に示されている資質・能力は，これまでも重要な資質・能力として説明されてきていましたが，今回は目標として表面に出され，明確に指導の効果を評価でも求められることになりました。つまり，英語科の授業でも，上の図の縦軸（教科固有）と横軸（教科横断）の交わるところを担うという点が注目すべきポイントになったということです。

1.2 三つの資質・能力間の関係

　これまでの指導は，どちらかと言うと各教科などの縦割りの指導に傾斜しがちでした。しかしながら，今やそうした内容を学ぶことを通して「何ができるようになるのか」が重要視されています。それは，これから始まる先が読みにくい時代において未知の状況にも対応する資質・能力の育成が求められているからです。

　そのような時代に必要となった三つの資質・能力のうち，あくまでも「知識及び技能」はさまざまな資質・能力の基盤となるものとの認識が必要でしょう。しかしながら，思考・判断・表現したりする過程でも，「知識・技能」は育成されるものと考える必要があります。

　このように，知識・技能は孤立的に積み上げられるのではなく，知識・技能が相互に関連し合うことや，獲得された個別の知識・技能がさまざまな状況で使われたり，他の知識・技能と関連づけられて習熟・熟達することも考えられ，三つの資質・能力は密接な関連を持っていると言えます。

1.3 聞き手，読み手，話し手，書き手に配慮するとは

　高等学校の「論理・表現Ⅰ」の科目の（2）話すこと［発表］の記述を拾い上げてみます。「スピーチやプレゼンテーションは，ある程度事前の準備をして臨むことが考えられるが，その場合でも，自分の考えなどを聞き手に効果的に伝えることを意識した活動となるよう留意し，事前に書いた原稿をそのまま読み上げるだけに終始しないようにすることが重要である。また，スピーチやプレゼンテーションの後に，聞き手との質疑応答や感想などを伝え合うやり取りの活動を行うことも大切である」。

　このような記述を読むと，例えばスピーチを行う場合には，スピーカーの指導だけでなく，リスナーの指導も必要になってくることが分かります。一生懸命に準備した級友のスピーチに何もコメントをしないでいるような指導では，コミュニケーション能力は育ってこないといえ，聞き手に配慮するということの指導の必要性が理解できるでしょう。

② 英語の授業を内から支える一貫性

2.1 言語の場面や言語の働き・機能

　中学校の学習指導要領解説において（3）言語活動及び言語の働きに関する事項を見ると，「知識及び技能」に示す事項を活用して，英語の目標に掲げられた五つの領域の達成のために「①言語活動に関する事項」に示された言語活動を行うことや，「②言語の働きに関する事項」を適切に取り上げて指導を行うといった文言が見られます。

　およそ，実社会の中でことばが使用されるときに，状況や場面が伴わないような場合において使用されるということは考えられません。平成元年に改訂された学習指導要領からこの「場面と機能」が文字となって現れ，例えば，文法事項を教える際にも，その事項がどのような場面で使用されるのかに一層留意することが求められるようになりました。英語母語話者を雇用することができるような場合には，そうした生きた場面や状況を添えた形で文法などの説明がなされていけば，もっと運用面での壁が低くなるに違いありません。

2.2 「英語の授業は英語で行う」の誤解

　この文言は，現行の高等学校学習指導要領解説外国語編の第 3 章「英語に関する各科目に共通する内容等」における四つ目の事項の解説に記述されています。そこには，次のとおり示されています。

> 「本規定は，生徒が英語に触れる機会を充実するとともに，授業を実際のコミュニケーションの場面とするため，授業を英語で行うことの重要性を強調するものである」

　ところが，英語による言語活動を行うことが授業の中心になっていれば，日本語を交えた授業もあり得るとしている点が見落とされ，ことさらに，英語で行われなくてはいけないという文言が一人歩きしている感じがあります。問題は，授業を英語で行うかどうかという使用言語のことだけではなく，授業そのものが英語の学力を育てるものになっているか，つまり英語の学力を育てるように授業改善が進んできているかを問うものだったはずです。

　今回は，中学校にもこの規定を広げ，学習指導要領では，「英語による言語活動を行うことを授業の中心に据えることを意味する」と，全く同じ趣旨を再掲載しています。授業を英語の授業らしくするということを

再度念押ししておきたいと思います。

2.3 補助としての機器利用

一昔前には，授業は，教科書を用いて黒板を利用した説明が中心でした。しかしながら，今や生徒の興味・関心を高め，指導の効率化や言語活動の更なる充実を図る必要がでてきています。

特に，学年が進行するにつれて学習への興味・関心を失い，学習への困難を感じる児童・生徒が減少していない現実から，学ぶ環境の一層の改善が必要となっています。そのような状況への対応の一つの方法は，写真や映像などの視覚的な学習補助材を用いたり，インターネットを活用して実際の世界との結びつきを高めるといったことが考えられます。

このような機器を利用することの積極性は，これまでも叫ばれ続けてこられました。しかしながらその一方で，電子ボードなどでデジタル教材を用いるような限定的な使用はあるものの，毎日の授業に機器を利用した教材の作成や提示，コミュニケーションの活動を補い助ける形の活用については十分とは言えず，一層の工夫が求められています。

 ## 英語の授業を外から支える一貫性

3.1 主体的・対話的で深い学びの実現

主体的な学びとは，外国語の学習への興味・関心を高めて，外の世界との関わりの中で，自分の学びがどう生きるかと問う学びのことです。そのように考えますと，小学校中学年の身の回りや自分の住む社会をスタートとし，だんだんと外の世界との関わりを持たせることにより学びが育ってくるものと捉えます。

対話的な学びは，他者との関連で考えるべきでしょう。身の回りの事柄からだんだんと外の世界への関わりの広がりを計画し，情報の伝達や自分の思い・考えを伝え合う機会を設定する必要があります。

深い学びは，言語に関する知識などを用いて実践的なコミュニケーションの活動を行い，外国語教育における「見方・考え方」を働かせて思考・判断・表現させ，学習内容に深く関わらせることで育ってくると考えましょう。

このような学びは，言語を表面的で形式的に取り扱うような活動を繰り返していても深まりません。活動と活動に関係性が明確であるとか，活動が進むにつれて深まりや発展性があることを明確なことばで特徴付

けられる授業の計画が前提となり，これは今回の学習指導要領の実施に
当たり求められる授業改善の中心的な部分であろうと思われます。

3.2 カリキュラム・マネジメントと授業

　そもそも，カリキュラム・マネジメントの必要性は，今回の学習指導
要領の改訂によって出てきた概念ではありません。教育課程の編成を行
うときに不可欠の考え方のはずでした。では，今回どうしてこの概念が
脚光を浴びているのでしょうか。
　それは，学びの内容が，教科ごとに単独で完成するものではないとの
認識が全面に押し出されたからです。英語科だけを取り上げても，単独
の領域の能力や技能の育成が語られるケースが大変少なくなりました。
「聞くこと」，「読むこと」，「話すこと」，「書くこと」の中から異なる領域
の技能を「統合する」といった技能統合型の授業への注目にあります。
日常生活の中でも，ある技能が単独で機能することはとても限られてい
ます。例えば，電話の場面では，「聞くこと」と「話すこと」が同時に展
開しています。こうした現実を踏まえ，さまざまな活動を授業で計画す
るには，個々の活動について自然な言語使用の場面や言語の機能を振り
返り自然な学びの在り方にのみ注目するだけでなく，さらに，いわばカ
リキュラムを「編む」（教科と教科が互いに補完し合っていくようにカリ
キュラムを編成する）ことが必要になったということです。

3.3 各学校段階間のつながりの強調

　小学校段階における一貫性は，高学年の「外国語」の目標を見ると，
例えば，中学年における「外国語活動で音声や基本的な表現に慣れ親しみ，
外国語学習への動機付けを高めた上で」とあるように，中学年の活動を
踏まえた上で高学年の指導が積み上がっていることが明示されています。
　中学校の学習指導要領解説外国語編を見ると，例えば，「話すこと［や
り取り］」について，小学校の外国語科の目標に「その場」という文言が
ありますが，その説明では「相手とのやり取りの際，それまでの学習や
経験で蓄積した英語で」という説明があり，これまでの学習や経験を踏
まえる必要のあることが分かります。また，中学校の外国語科での「『簡
単な語句や文を用いて即興で話すことへとつながっていく』と中学校へ
の接続に言及していることにも留意が必要である」と，はっきりとした
中学校への「連続性」に言及が見られます。
　このような内容上の学校段階間における連続性は，学習指導要領の教

187

育目標や内容について，資質・能力の三つの柱が再整理されたためであります。なお，小中一貫校の設置などが加わり，今後は幼小・小中・中高といった縦のつながりは一層強化されると思われます。

3.4 領域統合型の授業

　例えば，電話を受ける場面では，相手の言うことを聞いていますし，聞き取れないときや聞き取ったことを確かめるときにはことばを用いて確かめたりします。つまり，電話での応答ができるには，「聞くこと」と「話すこと」が同時に，あるいは交互に行われています。このように，日常行われている実際のコミュニケーションの場面では，複数の異なる技能を用いていることになります。英語の授業においてこのような場面を設定して活動を行えば，必然的に複数の異なる技能を用いることになるということです。また，手紙の返事を書くときには，相手の手紙を読んで内容を理解した後に，必要な内容を書いて返事をします。この場合では，「読むこと」と「書くこと」の技能が必要になります。

　このような実際のコミュニケーションを授業に生かすと，例えば，中学校学習指導要領解説外国語編の「言語活動に関する事項」の「書くこと」の例には，「社会的な話題に関して聞いたり読んだりしたことから把握した内容に基づき，自分の考えや気持ち，その理由などを書く活動」が載せられていますが，この部分の解説には，「領域間の統合を図ることが重要である」と記されています。それは，読んで理解し，整理して書くという異なる技能の活動が想定されているからです。

◎ 理解チェックのための課題

　これからの英語教育においては，複数領域の統合型の授業が求められています。その理由について，実際のコミュニケーションの場面を例にとり説明してみましょう。

◎ 応用発展をめざした課題

　中学校の教科書の一つの単元を用いて，教科横断型の授業をデザイン（単元指導計画や具体的な授業指導案などを作成）してみましょう。

言語習得における意味交渉の重要性

言語習得を成立させる重要な要件の一つにコミュニケーションにおける意味交渉というものがあります。つまり，互いに，意味が理解できるやり取りをするということです。Lightbown and Spada（2013）に，母語習得のケースで，アメリカでのジムという少年の事例が出てきます。彼の両親は両方とも耳が聞こえず，家庭でのコミュニケーションは専ら手話で行われていました。でもジムには手話は理解できません。そんな彼は3歳9カ月の段階でことばがうまく出て来ないという状況でした。つまり母語の習得に障害があったのです。その後，彼は児童福祉施設のスタッフに見いだされ，そこで彼自身にとって意味の分かるやり取りが可能な大人がいる環境に置かれました。そこで，スタッフと意味の分かるやり取り，つまり意味交渉がことば上行われるようになり，ジムの言語発達は正常になりました。ここでの環境，つまり言語での意味交渉の確立，というのは言語習得にとって重要な要因であったことが分かります。

ただし，聾唖者の父母と暮らす日常の環境においてことばが皆無だったかというとそういうわけでもなく，実はテレビやラジオ放送の英語をジムは耳にしていたということがいわれています。でも，それらの英語はジムの言語レベルに合っていないものでした。

ということで，外国語としての英語習得においても意味交渉的コミュニケーションは当然，重要になります。そこで，教師が教室で英語を使う場合は，その英語は児童・生徒が理解可能な英語に調整されたものが必要だということになります。例えば，リスニングを行う場合，意味が分からない英語を何度聞いても英語の習得には意味がないことが分かるでしょう。英語のリスニング能力を向上させたいのであれば，聴いた英語について，その音と意味の対応を確認できることが必要になります。そのために，聴こえてくる英語のスクリプトを活用することがお勧めです。英語で流れてくるものをスクリプトで確認しながら，リスニングの訓練を継続する。ここでも外国語の習得における意味交渉の重要性は揺るぎないものだと言えそうです。

第 13 章

指導と評価の一体化

　学習評価は，児童・生徒の学習状況を確認したり，学習意欲を高めたりする機能をもちます。さらに，教員が学習指導の改善資料を得る機会ともなります。このことから，現在，学習指導と学習評価を一体として考える，「指導と評価の一体化」が求められています。

　指導改善をめざし，「指導と評価の一体化」を授業の指導過程で実践する具体的な手立てを考えます。それとともに，目標に準拠した評価による「観点別学習状況の評価」と「評定」の進め方から，パフォーマンス評価と定期考査問題の作問について検討します。

　最後に，教科化された小学校外国語科の評価について，その基本的な考え方を確認します。

● **本章で学習してもらいたい事柄** ●
- 「指導と評価の一体化」の実際とは何か
    - 時中の「形成的評価」の実際
    - パフォーマンス評価
- 「観点別学習状況の評価」と「評価」の進め方をどうするか
    - 定期考査問題の作問
- 小学校外国語科の評価をどうするか

① 学習指導と学習評価

　この章の主題は「評価」です。ここで扱う「評価」とは「教育評価」のことです。「教育評価」とは，石田（2012）によると，「目標の実現状況を確認（測定）し，それに基づいて，その間の教育が目標実現のために機能していたかを評価（値ぶみ，点検，反省）し，十分機能していたら次へ進み，機能が不十分であれば，機能するように改善して教育をし直し，すべての目標実現を果たし，それを見とどけて次に進むためにおこなうものである」と説明されています。

　また，教育評価は，教育活動のサイクルの最後のものとの認識が一般

的ですが，教育評価の本来の在り方は，「この指導で教育目標を実現できそうか」をまず「事前」に確認します。次に，「教育目標は，この指導で実現しつつあるのか」を「途中」で確認します。この時点の確認で，「教育目標」に向けて生徒の学習が必ずしも思う方向に進んでいない場合，指導の修正や改善が必要になります。これがいわゆる「指導と評価の一体化」です。そして，「終わり」に，「教育目標は実現できたか」を見取り，所期の目標の実現状況を確認します。

　この様に，時間の経過に従い評価をする場面ごとに，「事前」の確認が「診断的評価」，「途中」の確認が「形成的評価」，「終わり」の確認が「総括的評価」といいます。ここでは，特に，学習指導に対する評価，「学習評価」について考えます。

② 「指導と評価の一体化」の実際

2.1 指導過程の全体像

　授業の指導過程の途上で行う指導と評価の一体化を図る「形成的評価」について考えるに当たり，まず指導過程の全体像を確認します。

　現在でも中学校外国語（英語）科授業の典型的な指導過程として，P (presentation)-P (practice)-P (production)，いわゆる，PPP という手順で授業が行われている場合があります。

　この指導過程は，まず，教科書などの教材にある新出の語句や文構造を生徒に提示（presentation）して理解を求め，練習（practice）して習得をめざします。そして，最後に，ある目的や場面，状況において，既習の言語材料も含め新出の言語材料を活用（production）することでコミュニケーション能力の育成をめざすというものです。

　指導過程にはいくつかの活動があり，それぞれのねらいは最終的にはその時間の指導目標につながるように計画されています。

2.2 PPP の実際

　PPP を用いた具体の指導事例を取り上げます。最初に，この時間の新出語句と新出文構造を表 1 の通りとします。

> New Words & Phrases:
> almost, noon, interesting, work(s), wait(ing), drink(ing), water,
> now, soon
> be interested in, from now on, not ~ at all
> New sentences
> Kate is walking along the river with her dog now.

【表 1】 新出語句と新出文構造

新出文構造は，いわゆる，基本文が現在進行形の英文，Kate is walking along the river with her dog now. であるとします。

まず，New Words & Phrases について確認していきましょう。通常，教員がまず発音のモデルを示し，次にフラッシュカードや電子黒板を活用しながら綴りと意味を示して，学級全体で発音練習をします。場合によっては，それらの新出語句を既習の英文を活用して単語単独ではなく文の中で示しながら練習することもあります。学級全体で練習した後に，例えば，列ごとに生徒を順番に指名して発音させることもあります。

次に，「新出の文構造」に取りかかります。教科書本文の内容が描かれた picture card や電子黒板などの ICT 機器を活用してその内容を示しながら，または，外国語指導助手（ALT）とやり取りをしながら，ある場面や状況を設定した中で新出文構造を示し，生徒の気付きを促します。必要に応じて教員がその文構造について説明を加えるなどして理解を図ります。

この活動が一段落すると，その文構造を練習します。典型的な練習方法として，教員と生徒，または ALT と生徒がその文構造を用い対話練習をして理解を深め運用力を高めます。ただし，単純で脈絡のない単語の置き換えや疑問文や否定文への転換だけを繰り返すような機械的な練習はしないよう注意することが必要です。

2.3 Presentation-Practice（新出語句）の場面での形成的評価

ここで，授業を進めるに当たり，単位時間の時中における「指導と評価の一体化」を図る手立てについて説明します。

英語学習の習熟度により，学級にはおおまかに三つの生徒のグループがあると考えることができます。まず，習熟度の高い生徒のグループ，習熟度が十分でない生徒のグループ，そしてこの二つのグループの中間に位置する生徒のグループです。それぞれのグループを GG（Good

Group), SG（Slow Learners Group), MG（Middle Group）と呼ぶ
こととします。

　最初に, almost の練習を終えるのですが, その際, 次の単語, noon
に進むに当たり意図的に SG の生徒数名を指名して発音させてみます。
その生徒達がなんなく almost の発音ができて意味が言えれば学級全体に
も理解がなされていると判断します。それで次の単語である noon に進
むことになります。この時, 教員はどんな判断をしているのでしょうか,
それは SG の生徒がこの単語を発音できて意味が言えるのであれば, GG
や MG の生徒も同じようにできる, という判断の下に次の単語に進むの
です。もし万一, この場面で SG の生徒がつまずくようなことがあったら,
もう一度全体で練習したり, また, MG の生徒数名を指名してその単語
を発音させたり, 意味を確認させたりして他の生徒にはそれをよく聴く
ことを指示します。そして, もう一度 SG の生徒を抽出して発音と意味
の確認が取れれば次に進むことができるのです。

2.4 Presentation-Practice（新出文構造）の場面での形成的評価

　次の新出文構造の学習に進みます。新出文構造の導入と練習はいくつ
かの手立てがありますが, 一般的には, picture card などを活用して新
出文構造が使用されている場面や状況を創出して, その中で, その時間
の新出文構造である英文を導入して練習します。

　例えば, picture card の中に描かれているさまざまな登場人物の行動
を現在進行形で描写したりしながら新出文構造である Kate is walking
along the river with her dog now. を言い換えて表現の幅を広げながら,
その意味と形式に対する理解を深めていきます。

　英文 Kate is walking along the river with her dog now. をもとに,
picture card に描かれている登場人物を描写する活動では, 最初は MG
や GG の生徒を中心に指名して発話させます。先にも述べたように, 授
業中は生徒に対して自分以外の他の生徒の英語の発音や発話を注意深く
聴くように常日頃から指導していることが前提になります。その中で,
MG や GG の生徒が次々に picture card 中の登場人物を英文で表現しよ
うと英文を発話します。

　その時, SG の生徒には他の生徒の発話をよく聴いてまねる, また, そ
の英文を頭の中でリハーサルすることなどが期待されているのです。一
通りこの picture card の描写が終わろうとする頃に, SG の生徒に指名
して発話させます。言いよどんだり, 誤ったりした場合は, 正しい英文

を教員が発話して生徒にその誤りに気付かせるリキャスト（recast）という手法をとって学習活動を進めていきます。

　すなわち，SG の生徒は GG や MG の発話を十分に聴く機会を得てそれらをモデルとしてまねるように頭の中で聴き取った英文をリハーサルして発話するのです。practice の終盤，SG の生徒が教員の助けを借りながらも，時には，リキャストされたことに気付きながら英文を言い直すことができたら，次の production に進むことになります。

2.5 Production（言語活動）の場面での形成的評価

　最後の production では，前述の practice と同じ picture card を活用して，その内容を物語風に仕立てて既習の語彙や文構造を駆使しながら5〜6文の英文で物語るという課題を与えたとします。まず，教員はモデルを示します。クラス全体でリピートしてモデルを確認します。モデルには前段の活動で生徒が picture card 中の登場人物を描写した英文などを活用します。次に，時間を取り，生徒一人一人が発表文を考えノートに書き出したり，メモしたりした後に，個別に練習をさせます。その間，教員は机間指導をします。ある生徒は既習の語彙以外のものを使いたいと質問してくるかもしれません。別の生徒はモデル文をマイナーチェンジして物語ろうとしたり，またはモデル文を繰り返すので精一杯かもしれません。

　ある程度，英文が整ったところで，マイナーチェンジの物語を発表させます。そこで教員がその物語の内容について英語で Q&A を行います。モデル文の確認が中心になります。続いて生徒の既習語彙だけに頼らずに辞書を頼りに創作した物語を発表させます。この様なことを続けて，生徒間で他の生徒の発表を十分によく聴かせたり，生徒間で英語の Q&Aをさせたりしたところで，さらに別の生徒に発表させます。発表の内容はモデル文とほぼ同じかもしれませんが，モデル文が発話できればよしとして，さらに残りの生徒にも発表させて Q&A を繰り返します。

　繰り返しになりますが，この発表の間は発表者以外の生徒はその発表を注意深く聴いて，時には生徒間で Q&A を行わせたりします。その過程で，生徒の中には，そのやり取りを頭の中でリハーサルすることができるようになるかもしれません。そのようにして生徒によっては創作する者，モデルのマイナーチェンジをする者，ほぼモデルの繰り返しになる者もいるでしょう。いずれにしても，再生ができたところで，さらに，次の活動に進みます。

2.6 グループ活動などでの場面での形成的評価

ここまでの「形成的評価」の実際は一斉指導の中で実施しやすいもの，また，どちらかというと，教員主導で行う教授活動の場面で考え得る手立てです。しかし，英語科授業ではペア活動やグループ活動，さらに，インタビュー活動（ゲーム）など，生徒の活動が主体のものも少なくありません。その場合の「形成的評価」の実際について説明します。

2.6.1 授業の構成

一般的に，授業は教員 1 人に生徒 30 数名という教室で行われます。「授業」は元来，教員の「教授活動」と生徒の「学習活動」のバランスが大切で，その一方に偏りすぎると本来の「授業」が成り立たなくなります。例えば，「授業」時間の大部分が教員の「教授活動」である場合，教員の一方的な説明や解説，時には，単語の発音や文構造の練習のみが中心で，いわゆる，知識・技能の伝達が中心の授業となります。この様な授業が「一斉画一的な授業」などといわれ，授業改善の第一の標的となります。

逆に，生徒の自主性を大切にするとの考えの下に，生徒に課題が与えられる場合，また，課題が与えられず自力で課題を発見することが求められる場合があり，教室内ばかりか学校内の図書室やコンピュータ室を行ったり来たりして，その時間に何を学んだのか不明のまま時間だけが過ぎていく，ということになりがちな場合もあります。

すなわち，「教授活動」と生徒の「学習活動」のバランスを取ることはとても大切だということです。さらに，「授業」のもう一つの基本は，「全体」から「個」，また「個」から「全体」へと，全体で指導したものや，生徒が個別またはグループで考えたり，表現したりしながら活動したものについて，その成果を学級全体で確認，共有する，ということにも留意したいものです。

英語科の授業では新出語句や文構造の練習が一段落すると言語活動に取り組みます。メッセージのやり取りになります。その折りには，ペアで活動する場合もありますし，グループで前述のような picture card を活用して物語を創作し，それをグループ内で発表して Q&A などを行う，ということもあります。

2.6.2 グループ活動などでの形成的評価

その際，教員は机間指導しながらペアやグループの活動状況を確認，把握します。ティーム・ティーチングであれば ALT の場合でも JTL の

場合でも同じですが，確認する視点を明確にして共有しておくことが大切です。机間指導しながらチェックして，予定している活動時間のほぼ半ばぐらいで一端活動を中断させます。そして，その間チェックした中で修正が必要なものを，多くても3点くらいまでにしぼります。また，他の生徒のモデルになるペアの活動などが認められたら実際にその生徒達に実演させます。この様にして生徒の活動を確認しながら，それぞれの活動が目標の実現につながるように授業を進めます。このことも生徒間での「やり取り」を確認する「指導と評価の一体化」につながる「形成的評価」の一つの手立てとなります。

　ペアやグループには多様な習熟度の生徒が混在していますので，それぞれのペアやグループの構成を配慮しながら授業を進めるのは言うまでもありません。

2.7 時中の「形成的評価」を「観点別学習状況の評価」に生かす手立て

　ここまで，教員はどのような判断の下に授業を進めているのでしょうか。もう一度確認しますと，観点別学習状況の評価のA，B，Cの3段階のBの段階を基準にして活動全体を確認して，学級全体がBにほぼ到達したと判断できたところで次の活動に進むことにしていると考えることができます。この様な教授＝学習活動を日常的に積み重ねていくことで観点別学習状況の評価の信頼性と妥当性が担保されます。

　さらに，パフォーマンス評価についても，時中の「形成的評価」を生かすことで日常的に児童・生徒のパフォーマンスを確認することができます。例えば，ひとかたまりの英文の音読をさせたり，スピーチをさせたり，また，生徒と生徒が英語でやり取りをして，ある課題を解決したりするなどの活動があります。そして，それらの言語活動全体を特設の機会を設けて実施して評価する場合もあるでしょう。しかし，そのような特設の場面を設定せずとも，ここまで説明した形成的評価の手立てを講ずれば，評価規準を明確にして工夫して評価することで，すなわち，形成的評価を積み重ねていくことで，生徒一人一人の「聞くこと」，「話すこと［発表］［やり取り］」，「読むこと」，「書くこと」などのパフォーマンスを評価することができます。そこから生徒のコミュニケーション能力の全体像を推測，推定することが可能となるのではないか，と考えることができるのです。これは日常的に実践できる確認方法です。

③ 学習評価についての基本的な考え方

　中央教育審議会は, 2016（平成 28）年 12 月に「幼稚園, 小学校, 中学校, 高等学校及び特別支援学校の学習指導要領等の改善及び必要な方策等について」の答申（以下, 答申）をとりまとめました。答申では学習評価についての基本的な考え方が示されています。

　答申では,「学習の成果を的確に捉え, 教員が指導の改善を図るとともに, 子供たち自身が自らの学びを振り返って次の学びに向かうことができるようにするためには, この学習評価の在り方が極めて重要」として, その意義についてまとめています。

　また,「学習評価については, 子供の学びの評価にとどまらず,『カリキュラム・マネジメント』の中で, 教育課程や学習・指導方法の評価と結び付け, 子供たちの学びに関わる学習評価の改善を, 更に教育課程や学習・指導の改善に発展・展開させ, 授業改善及び組織運営の改善に向けた学校教育全体のサイクルに位置付けていくことが必要」とし, 学習評価に関わる取り組みをカリキュラム・マネジメントに位置付けることの必要性についても述べています。

3.1 学習評価の留意点

　この答申を踏まえて, 中教審初中教育分科会教育課程部会が「児童生徒の学習評価の在り方について（報告）」（以下, 報告）をとりまとめて, 2019（平成 31）年 3 月 29 日, 文部科学省から「小学校, 中学校, 高等学校及び特別支援学校等における児童生徒の学習評価及び指導要録の改善等について（通知）」という通知（以下, 通知）が発出されました。「通知」において,「『学習指導』と『学習評価』は学校の教育活動の根幹であり, 教育課程に基づいて組織的かつ計画的に教育活動の質の向上を図る『カリキュラム・マネジメント』の中核的な役割を担っている」ということが記されています。

　さらに,「学習評価について指摘されている課題」として,「学期末や学年末などの事後での評価に終始してしまうことが多く, 評価の結果が児童生徒の具体的な学習改善につながっていない」とか,「現行の『関心・意欲・態度』の観点について, 挙手の回数や毎時間ノートを取っているかなど, 性格や行動面の傾向が一時的に表出された場面を捉える評価であるような誤解が払拭し切れていない」などを挙げています。

　特に「授業改善につながっていない点」については, 石田（2012）は,

その著書の中で，教育心理学者の続有恒氏が「教育の成果，例えば学力を測定し，その結果を『評定』し，1，2，3 等で表示して成績を付け，評価をしたと思い終わりにする教員がほとんどで，それを資料として教育を評価する，本来の『評価』が行われていない」と指摘していることを紹介しています。目標実現のために，教育の値踏み，点検，反省，改善が行われていないということを問題にしています。

 ## 学習評価の主な改善点について

　次に，「通知」にある主な改善点について説明します。

　各教科などの目標及び内容を「知識及び技能」，「思考力，判断力，表現力等」，「学びに向かう力，人間性等」の資質・能力の三つの柱で再整理した新学習指導要領の下で，観点別学習状況の評価の観点は，「知識・技能」，「思考・判断・表現」，「主体的に学習に取り組む態度」の三観点としました。その際，図 1 の「各教科における評価の基本構造」にもありますが，「学びに向かう力，人間性等」については，「主体的に学習に取り組む態度」としています。この観点は観点別学習状況の評価として見取ることができる部分と，それにはなじまず個人内評価などを通じて見取る部分があることに留意する必要があると明記しています。

　この「主体的に学習に取り組む態度」については，知識及び技能を獲得したり，思考力，判断力，表現力等を身に付けたりすることに向けた粘り強い取組を行おうとする側面と，自らの学習を調整しようとする側面という二つの側面を評価することが求められています。

　「報告」には，図 2 の①粘り強く学習に取り組む態度と②自ら学習を調整しようとする態度について，「これら①②の姿は実際の教科等の学びの中では別々ではなく相互に関わり合いながら立ち現れるものと考えられる」として，「実際の評価の場面においては，双方の側面を一体的に見取ることも想定される」と説明されています。具体的には，「例えば，自らの学習を全く調整しようとせず粘り強く取り組み続ける姿や，粘り強さが全くない中で自らの学習を調整する姿は一般的ではない」としています。また，①や②について特筆すべき事項がある場合は，指導要録の「総合所見及び指導上参考になる諸事項」に評価を記述することも考えられるとしています。

　学習評価の結果の活用に際しては，児童・生徒の学習状況を分析的に把握することが可能な「観点別学習状況の評価」と，これらを総括的に

捉え，教育課程全体における各教科などの学習状況を把握することを可能にする「評定」の双方の特徴を踏まえつつ実施することとして，その後の指導の改善などを図ることが重要であることを強調しています。

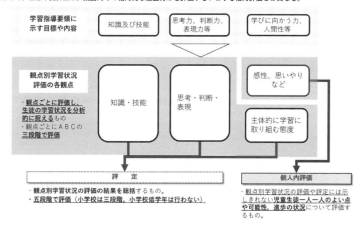

【図 1】各教科における評価の基本構造（文部科学省 2019a）

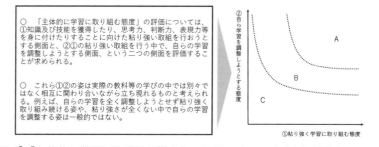

【図 2】「主体的に学習に取り組む態度」の評価のイメージ（文部科学省 2019a）

図 2 の右側の図は，①の「粘り強く学習に取り組む態度」と②の「自ら学習を調整しようとする態度」がともに，生徒の学習に取り組む姿として顕著に立ち現れてくる状況を A の領域に，一方，ともに著しく現れてこない状況を C の領域であるとして図示しています。

⑤ 教育課程の編成と年間指導計画の作成

　学校の教育課程の編成については，例えば，中学校の場合，学校教育法施行規則第 74 条に，「中学校の教育課程については，この章に定めるもののほか，教育課程の基準として文部科学大臣が別に公示する中学校学習指導要領によるものとする」とあります。これを受けて学校では教育課程を編成します。その過程で各教科などの年間指導計画が作成されることになります。

　年間指導計画を作成するに当たり，その留意事項が小学校，中学校及び高等学校学習指導要領に明記されています。中学校学習指導要領では，「3　指導計画の作成と内容の取扱い」の（1）の冒頭に「指導計画の作成に当たっては，小学校や高等学校における指導との接続に留意しながら，次の事項に配慮するものとする」とあり，同様のことが小学校及び高等学校学習指導要領においても記述されています。

　さらに，中学校外国語科の目標が学年ごとではなく一括して示されていることから，同じく（1）のイには，「学年ごとの目標を適切に定め，3学年間を通じて外国語科の目標の実現を図るようにすること」とあります。高等学校においては，第 3 款「英語に関する各科目にわたる指導計画の作成と内容の取扱い」の 1 の（4）に「多様な生徒の実態に応じ，生徒の学習負担に配慮しながら，年次ごと及び科目ごとの目標を適切に定め，学校が定める卒業までの指導計画を通して十分に段階を踏みながら，外国語科の目標の実現を図るようにすること」とあります。

　中学校においては，学年ごとの目標を定めて，次に，主たる教材である検定教科書を中心に教材分析を行い，まず，それぞれの学年の目標につながるように単元（図書により Unite や Program など呼称はさまざまなので，ここでは「単元」に統一します。）ごとの目標を整えていくという段階を踏みます。さらに，3 学年を見通して学習指導要領に掲げられている目標の実現が十分に可能であるかどうかを確認して，それぞれの学年の年間指導計画が一応固まることになります。

⑥ 観点別学習状況の評価の実施に向けて

　2017（平成 29）年告示の学習指導要領の観点及びその趣旨が発表されました。下の表にその全体が記載されていますので確認してください。ここでは中学校の外国語科の観点とその趣旨について解説します。ここ

でもう一度確認しますが，今回，観点は 3 観点にまとめられていて，それらは，「知識・技能」，「思考・判断・表現」，「主体的に学習に取り組む態度」となりました。

〈小学校　外国語〉

観点	知識・技能	思考・判断・表現	主体的に学習に取り組む態度
趣旨	●外国語の音声や文字，語彙，表現，文構造，言語の働きなどについて，日本語と外国語との違いに気付き，これらの知識を理解している。 ●読むこと，書くことに慣れ親しんでいる。 ●外国語の音声や文字，語彙，表現，文構造，言語の働きなどの知識を，聞くこと，読むこと，話すこと，書くことによる実際のコミュニケーションにおいて活用できる基礎的な技能を身につけている。	●コミュニケーションを行う目的や場面，状況などに応じて，身近で簡単な事柄について，聞いたり話したりして，自分の考えや気持ちなどを伝え合っている。 ●コミュニケーションを行う目的や場面，状況などに応じて，音声で十分慣れ親しんだ外国語の語彙や基本的な表現を推測しながら読んだり，語順を意識しながら書いたりして，自分の考えや気持ちなどを伝え合っている。	外国語の背景にある文化に対する理解を深め，他者に配慮しながら，主体的に外国語を用いてコミュニケーションを図ろうとしている。

〈中学校　外国語〉

観点	知識・技能	思考・判断・表現	主体的に学習に取り組む態度
趣旨	●外国語の音声や語彙，表現，文法，言語の働きなどを理解している。 ●外国語の音声や語彙，表現，文法，言語の働きなどの知識を，聞くこと，読むこと，話すこと，書くことによる実際のコミュニケーションにおいて活用できる技能を身に付けている。	コミュニケーションを行う目的や場面，状況などに応じて，日常的な話題や社会的な話題について，外国語で簡単な情報や考えなどを理解したり，これらを活用して表現したり伝え合ったりしている。	外国語の背景にある文化に対する理解を深め，聞き手，読み手，話し手，書き手に配慮しながら，主体的に外国語を用いてコミュニケーションを図ろうとしている。

観点の評価及びその趣旨（文部科学省 2019b）

201

6.1「知識・技能」について

　まず，「知識・技能」の評価は，外国語科の学習過程において，知識及び技能の習得状況について評価を行うとともに，それらをそこまで学習した知識及び技能と関連付けたり活用したりしながら，知識を理解して技能として活用できているかを評価することになります。

　これは，趣旨にもありますように，「外国語の音声や語彙，表現，文法，言語の働きなどを理解している」という「知識」の面と，その知識を「聞くこと，読むこと，話すこと，書くことによる実際のコミュニケーションにおいて活用できる技能を身に付けている」という「技能」の面とで構成されていることから，評価の観点の趣旨も知識と技能とに分けて示されています。

　具体的には，「知識」の面においては，外国語の音声や語彙，表現，文法，言語の働きなどについて理解している状況を評価します。ただし，「理解している状況」については，音声であれ語彙であれ，どのような状況に至るとおおむね理解しているのか，また，十分理解しているのか，という具体的な状態を想定しておくことが必要となります。

　また，「技能」の面においては，聞くこと，読むこと，話すこと，書くことによる実際のコミュニケーションにおいて知識を活用できる技能を身に付けている状況を評価します。外国語による実際のコミュニケーションの場面で知識がどの程度活用できているのか，ということを見取ります。そのためには，実際のコミュニケーションの場面が必要ですし，さらに，どのような状態に至ればおおむねその技能を身に付けているかという具体の状態を描き出しておくことが必要です。

6.2「思考・判断・表現」について

　観点の趣旨から考えると，具体的には，授業において外国語での実際のコミュニケーションの場面，状況を想定して，日常的な話題や社会的な話題を取り上げて，まず，簡単な情報や考えを理解する場面があります。さらに，それらについて自分の思いや考えを外国語で表現したり，伝え合ったりすることになります。

　この時，生徒の中ではどのようなことが起こっているのでしょうか。まず，外国語で情報が入力され，それを理解しようと考えます。思考します。理解できない場合は聞き返す場面もあるでしょう。また，人に質問することもあるでしょう。聞き返したり，人に質問しようとしたりすることは自分で判断することになります。そして，理解したことをもとに，

自分でいろいろ考え，どの考えがよいか判断して，それを正確に，または適切に外国語で表現することになります。

　この一連の過程で，この観点でも求められている，思考力，判断力，表現力が育てられることになります。ただし，ここでもこの一連の活動における生徒の具体の姿，それを描き出しておくことが必要になります。それは学習指導要領の外国語科の目標とともに「聞くこと」，「話すこと［やり取り］」，「話すこと［発表］」，「読むこと」，「書くこと」，それぞれの目標から単元の目標を固め，次に単位時間の目標を定めることで，その具体の姿を想定するよう考えることになります。

　その姿に照らして「十分満足できる」，「おおむね満足できる」，「努力を要する」という評価を行います。この観点の評価は生徒の行動で確認できる部分と生徒の内面の活動があることから，評価するのに一番迷ったり悩んだりすることになります。工夫をして生徒の具体の姿を目標に照らして，しっかり描き出すことがとても大切です。

6.3「主体的に学習に取り組む態度」について

　この観点は，まず外国語の背景にある文化に対する理解を深め，他者に配慮しながら，主体的に外国語を用いてコミュニケーションを図ろうとしている状況を評価します。

　「聞くこと」「話すこと」については，例えば，相手の理解を確かめながら話したり，相手の言ったことを共感的に受け止めたりしている状況を評価します。「読むこと」「書くこと」は，例えば，相手が理解できるように読んだり，書いたりするなどの状況を評価します。

　「主体的に学習に取り組む態度」については，前出の図2の通り，学習に粘り強い取り組みを行う側面と自らの学習を調整しようとする側面，という二つの側面を評価することになります。外国語科の場合，「主体的に外国語を用いてコミュニケーションを図ろうとする」状況であれば，必然的にこれらの資質・能力が育成されると考えられます。

　この観点では，例えばコミュニケーション活動の過程で相手の文化的背景を理解しながら相手に分かりやすいように，また，相手に共感的に接することでコミュニケーションを続けようとしているか，などの生徒の姿が想定されています。

観点別学状況の評価の実際

　前述のように評価の観点が三つ設定されました。授業の指導過程でその時間のねらいに照らしてこれらの観点をどのように見取るか，その具体の方法を考える必要があります。

　まず，単元全体のねらいを定めます。それを踏まえて3観点の評価規準，それぞれの観点ごとに「おおむね満足」である状況を具体的に書き出します。次に，例えば，ある単元に6時間を配当したとします。時間が6時間，観点別の評価規準が3観点で観点ごとに一つの項目で計画したとします。1項目の評価を複数回実施すると考えますと，1時間の授業で見取る項目数は，1項目，または多くても2項目，または，ない場合もあると考えられます。「ない場合」とは，例えば，評価規準の「助動詞 can を用いた文の構造を理解して活用することができる」ようになる練習をする時間，例えば，PPP の presentation や practice の場面を中心とした時間が考えられます。生徒はこの PP を踏んで目標の文構造を理解し，活用できるよう練習を積んで，最後の P（production）に至って，実際の場面，状況に応じてコミュニケーションを図ることになります。

　ただし，教員は PPP の presentation の場面であれ，practice の場面であれ，最後の production の場面であれ，それぞれの局面で適時，適切に生徒の学習状況を確認しながら，すなわち，形成的評価を行いながら授業を進めています。どの場面においても，評価規準の B「おおむね満足できる」状況に至らない場合は，その場で再度指導をし直します。そのような場面の積み重ねが授業ですし，その中の一場面が評価規準を評価して記録に残す場面となります。

　すなわち，評価する時期が大切です。ある一定量の練習や活動を積んだ後に記録に残す評価を行います。その時期と場面をあらかじめ決めておくことです。基本的にどの場面であっても B「おおむね満足できる」を何とかめざします。そうすると，記録に残す評価の場面では A「十分満足できる」と C「努力を要する」の生徒のパフォーマンスを時中または時後に記録して蓄積していくことになります。

 ## 観点別学習状況の評価と評定への総括

　評価に対する妥当性，信頼性などを高めることが必要です。そのためには，それぞれの学校で学期末，学年末で観点別学習状況の評価を観点

204

ごとにまとめたり，評定へ総括したりする考え方や方法について学校で
共通理解を図り，生徒及び保護者に十分説明をして理解を得ることが必
要です。

8.1 観点別学習状況の評価—観点ごとの評価—

　観点別学習状況の評価をまとめる時期を，単元末，学期末，学年末と
した場合，どの段階で，どの評価情報（資料）に基づいて総括するかに
よって，結果に微妙な違いが生ずることも考えられます。

　ここでは，学期ごとの観点別学習状況の評価において，観点ごとにま
とめ得る一つの考え方や方法について紹介します。まず，単元内では，
一つの評価規準に評価の機会を複数回もつことが望ましいでしょう。そ
してそれぞれの単元で観点ごとの評価をまとめます。

　単元ごとに「知識・技能」，「思考・判断・表現」，「主体的に学習に取
り組む態度」の観点別学習状況の評価を行うわけです。それが例えば，
「B」「B」「B」と評価されたとします。これを記録にとどめます。そして，
その学期で四つの単元を学習したとして，観点「知識・技能」の評価が，
「BBBB」と評価された場合，この観点の当該学期の評価は「B」と考え
られます。「BBAA」の場合は，「A」かもしれませんし，「B」であるか
もしれません。その際，総括の仕方は学校であらかじめ確認しておくこ
とが必要でしょう。

　さらに，学期ごとの観点別学習状況の評価をまとめて，学年の評価を
求めます。3 学期制のもとで，「知識・技能」の学期ごとの評価が，「AAB」
であれば学年の評価は「A」と考えられます。学校が 3 学期制であれば，
一つの観点の評価「A」「B」「C」の組み合わせは全部で 10 通りあり，
どの組み合わせを「A」とするか「B」とするか「C」とするかあらかじ
め確認しておく必要があります。

8.2 評定への総括

　最後に，学期末や学年末において観点別学習状況の評価を，「評定」へ
総括します。例えば，3 学期制の 1 学期末の三つの観点の評価が，「A」「A」
「B」である場合，評定を「5」とするのか「4」とするのか，学年はじめ
の確認に沿って判断します。同様に学年においても，繰り返しになりま
すが，「知識・技能」の評価が 1 学期「B」，2 学期「A」，3 学期「B」と
したときに，これをまとめて，「A」とするのか「B」とするのかについ
ても学年はじめに確認しておくことが必要でしょう。ここでは「A」と判

断されたとし，同様に，「思考・判断・表現」が「B」，「主体的に学習に取り組む態度」が「B」と判断されたとしますと，学年の観点別の評価は，「A」「B」「B」となります。この場合，学年の評定は「4」と考えることができます。

　まとめとして重要なことは，まず，授業において，日常的に，「指導と評価の一体化」を図ること，そして学校が組織として学習評価を行う，ということで，その際の考え方と方法を教職員の間で十分に話し合い確認しておくことが必要だということです。

（参考 1）「観点別学習状況の評価」の進め方（国政研「参考資料」を改変）

	評価の進め方	留意点，参考資料の活用場面
単元 単元（Unit や Program など）から構成される年間指導計画をまとめる際，「学習内容のまとまり」について，外国語科は「聞くこと」などの五つの領域を踏まえて指導計画上の目標を設定します。	1 単元又は題材の目標を設定する	・学習指導要領の目標と内容を踏まえる。 ・児童・生徒の実態，前単元までの学習状況などを踏まえる。 ※以下の「活用場面」は「参考資料」に記載，参照
評価規準 ・設定した目標について，児童・生徒がどのような学習状況を実現すればよいのかを具体的に想定したものです。 ・観点ごとに設定し，「おおむね満足できる」状況を示しています。	2 評価規準を設定する	**活用場面 1** ・単元で取り上げる同じ内容の『第2編　評価規準に盛り込むべき事項等』を参考にして，評価規準を設定する。 ・上記で設定した目標を踏まえるように留意する。
「指導と評価の計画」 ・設定した評価規準と評価方法を指導計画に位置付けたものです。	3 評価規準を「指導と評価の計画」に位置付ける	**活用場面 2** ・評価時期や評価方法などについて，『第3編　評価に関する事例』を参考にして，「指導と評価の計画」を作成する。

評価の目的	4 評価結果のうち「記録に残す場面」を明確にする	活用場面 3
●学習評価を行うに当たっては，児童・生徒の学習状況を把握して次の指導に生かすことが重要です。 ●また，指導要録の記録に向けて観点ごとに評価結果を記録に残し，それを総括することも必要です。	5 観点ごとに総括する	●『第 3 編 評価に関する事例』を参考にして，どんな評価資料（子供の反応や作品など）を基に，どのような（「おおむね満足できる」状況等の判断の）目安で評価するかを考える。 活用場面 4 ●『第 3 編 評価に関する事例』を参考にして，集まった評価資料やそれに基づく評価結果（A，B，C）などを基礎資料に，観点ごとの総括的評価（A，B，C）を記録する。

（国立教育政策研究所 2019）

⑨ 定期考査問題の作問に向けて

　ここまで時中の「形成的評価」を「観点別学習状況の評価」に生かす実際について説明してきました。ここでは，さらに定期考査問題の作問について考えます。

　通常，定期考査は，「指導と評価の一体化」の一環として実施されます。定期考査は日常の授業実践の指導と評価の延長線上にあります。定期考査の目的は，学習者が授業での学習内容をどの程度理解し習得して，活用することができるかを確認することです。

　定期考査を作問する際に，まず，考査問題全体の大まかな設計図を考えます。試験範囲にある「単元の目標」や「単元の評価規準」，試験時間を念頭に大問数と大問ごとのねらいを決めます。定期考査は，普通，紙媒体で行われることから，「聞くこと」，「読むこと」，「書くこと」の領域ごとに，「知識・技能」や「思考・判断・表現」の観点について確認することが一般的です。

　ここでは，「知識・技能」と「思考・判断・表現」に当たる作問例を確認しながら，その方向性を探ります。作問に当たり観点の趣旨は❻を参照してください。

9.1 「知識・技能」の資質，能力を問う試験問題の作問
　全体的に作問に当たっては実用英語検定試験や大学入試センターの問

題が大いに参考になります。まず、「知識・技能」の観点は、言語知識の「理解」と「活用」を確認する観点です。次の英文は、空欄に適語を書き入れる問題ですが、言語知識の「活用」を問う問題です。ここでは考え方の例として1問だけ出題しています。

> 問：次の英文の空欄に適する語句を書き入れなさい。
>
> Kathy finished ☐☐☐☐☐ her room and then went to the park to play tennis with her friends.

　この1文だけが示されれば、生徒はfinishの後には、-ing形が続くことを理解していて、さらに自分で活用できる語彙の中から、paintingでもいいし、また、cleaningでも、furnishingでも、rearrangingでも意味が通じるというわけになります。正解が一つとは限りません。しかし、この問題に選択肢が与えられたとしましょう。例えば、
　①to clean　②cleaning　③clean　④to be cleaned
となると、選択肢の内容からも、これはfinishの後には-ing形が続くという言語知識だけを問う問題になってしまいます。
　一般的に生徒が言語知識A、B、Cを学習して習得したかどうかを確認するための問いは、「Aは何？」、「Bは何？」、「Cは何？」というように、それぞれ個別に問う問題となります。これらは、「知識・技能」の観点では、ある言語知識の「理解」を問う問題となります。
　例のように、問題で選択肢が与えられた場合は「理解」、与えられない場合は「活用」を問う問題と考えられます。選択肢がない場合は、空欄に何を埋めるか、自分の言語知識を最大限に活用して、何とかこの英文が意味をもち、機能するように整えることが求められるからです。

9.2「思考・判断・表現」の資質、能力を問う試験問題の作問
　まず、「書くこと」の試験問題についてです。
　作問に当たり、例えば、実用英語技能検定の3級筆記試験にはライティングの問題がありますが、その問題が参考になります。
　例えば、定期考査の試験範囲で学習した言語材料を示しつつ、Questionに解答させます。さらに、その理由を三つ述べさせる、という問題です。
　Questionとして、例えば、"Which do you like better, reading books or playing video games?"と問うて解答を求めます。

　採点は，指定した言語材料活用の有無，語数，理由を三つ明示して論を進めているかを中心に，単語の綴り，語法・文法上の誤りの減点方法などは事前に取り決めて試験を行います。

　次に，「読むこと」の試験問題についてです。

　定期考査の試験勉強のため考査範囲にある教科書教材を丹念に読み込んで，暗唱して試験に臨む生徒もいるかもしれません。「知識・技能」のみを確認する際には暗記や暗唱の試験で十分でしょうが，「思考・判断・表現」の問題を作問するにはアイディアが必要です。これも実用英語技能検定，大学入試センターのセンター試験の問題が参考になります。

　教科書教材の本文であっても定期考査においては，英語で Q&A で解答を求める，選択肢を用意してそこから選択させる，解答を英語で書かせるということも考えられますが，ひとつの大問に，「読むこと」と「書くこと」の二つの技能の問題が混在することになります。

　すなわち，統合型の言語活動が求められるに及び，読んだものの概要を英語で書いてまとめる，という問題も考えられるからです。この場合，採点基準を事前に明確にすることが求められます。

　また，教科書本文の英文を文ごとにばらばらにしてランダムに並べ替えるとともに，もとの英文にはない英文，もとの英文の趣旨に反する英文を紛れ込ませて英文を構成，並べ替える，という問題も考えられます。

　以上，定期考査問題は授業中に行っている言語活動の延長にあるものですから，まず，言語知識の理解や活用を問う問題においても，例えば教員と生徒の時中のやり取りの過程で発話された表現と類似したものが試験に出題されることが必要ではないでしょうか。

　次に，「書くこと」の問題は，"Which do you like better, reading books or playing video games?" と生徒に問うて口頭で答えを求めます。それを書き取らせ，その英文を時中や時後に ALT に添削させて生徒に返却します。そのようなやり取りを彷彿されるものが求められます。

　最後に，「読むこと」の問題では，話の流れ，談話の構造を意識しながら英文を読むということを日常的に行うことで，考えながら英文を読む体験を積み重ね，それを踏まえた問題となります。

　以上のことは，繰り返しになりますが，定期考査は授業の言語活動の延長線上にあり，「形成的評価」の積み重ねによって学習行動が学習の目標にどの程度迫ることができたかを考査のインターバルごとに総括的に確認するためのものであるという理解が大切です。

⑩ 小学校「外国語活動」と「外国語」の評価

10.1「〜するようにする」と「〜ができるようにする」の違い

まず，ここで小学校「外国語活動」と「外国語」の「話すこと［やり取り］」の目標を確認します。

小学校外国語活動（英語）
1 目標
(2)話すこと［やり取り］
　ア　基本的な表現を用いて挨拶，感謝，簡単な指示をしたり，<u>それらに応じたりするようにする</u>。
　イ　自分のことや身の回りの物について，動作を交えながら，自分の考えや気持ちなどを，簡単な語句や基本的な表現を用いて<u>伝え合うようにする</u>。
　ウ　サポートを受けて，自分や相手のこと及び身の回りの物に関する事柄について，簡単な語句や基本的な表現を用いて質問をしたり<u>質問に答えたりするようにする</u>。

（文部科学省 2017b）

小学校外国語科（英語）
1 目標
(3)話すこと［やり取り］
　ア　基本的な表現を用いて指示，依頼をしたり，それらに<u>応じたりすることができるようにする</u>。
　イ　日常生活に関する身近で簡単な事柄について，自分の考えや気持ちなどを，簡単な語句や基本的な表現を用いて<u>伝え合うことができるようにする</u>。
　ウ　自分や相手のこと及び身の回りの物に関する事柄について，簡単な語句や基本的な表現を用いてその場で質問をしたり質問に答えたりして，<u>伝え合うことができるようにする</u>。

（文部科学省 2017b）

　小学校「外国語活動」の「話すこと［やり取り］」の目標の文末の表現，下線部を確認すると，「それらに応じたりするようにする」，「伝え合うようにする」，「答えたりするようにする」とあります。一方，同じく小学校「外国語」の「話すこと［やり取り］」の目標の文末の表現，下線部を確

認すると，「応じたりすることができるようにする」，「伝え合うことがで
きるようにする」とあります。

　この「するようにする」と「できるようにする」の違いは何でしょうか。
「外国語活動」の「するようにする」は，その活動をしている場面で，基
本的な表現を用いて挨拶，感謝，簡単な指示をしたり，それらに応じた
りしている様子がうかがわれれば，それでよいと考えることです。

　しかし，「外国語」の「話すこと［やり取り］」の目標ア「基本的な表
現を用いて指示，依頼をしたり，それらに応じたりすることができるよ
うにする」というのは，この活動が教科書教材のある単元で学習したも
のであっても，他のどこかで同様の場面・状況に遭遇したときに子供が
目標にある「基本的な表現を用いて指示，依頼をしたり，それらに応じ
ることができる」ようになっていることを示しています。

　ですから，この目標の実現状況は「外国語活動」の場合と異なり，学期末，
または，学年末にも同じ様な場面，状況に遭遇した場合にも，同様の応
対ができることが求められているということです。そのことが評価の対
象となります。

　1回限りではできたとはいえません。本当に「～できる」ためには，複
数の場面や状況で同様のパフォーマンスを行うことが求められるわけで
す。「外国語活動」では基本的にその場で行うことが求められているわけ
ですが，「外国語」の「～できる」はそのような訳にはいきません。

10.2 検定教科書の特徴

　中学校や高等学校においてはどうでしょうか。目標の文末は，「～でき
る」となっています。そこで主たる教材である検定教科書を確認します
と，現行の検定教科書においても同様のことが考えられていて，ある技
能，例えば，「聞くこと」において，「～ができる」と記述されている場合，
同様の活動が教科書の中に複数回インターバルを置いて適切に配置され
ています。また，中学校の教科書においては3年間を見通して活動が組
まれているものもあり，ある意味，検定教科書のシラバスをよく吟味す
ることで，学習指導要領のねらいに沿った活動を適切に行うことができ
るのではないかと考えることができます。

　このことは，参考2のヨーロッパ言語共通参照枠（CEFR）の能力記
述文が全て「～できる」と書かれていることから，それぞれの段階にお
いても特定の場面や状況に限らず，同様の場面や状況の下ではそこに書
かれたことが「できる」，ということが求められているということと同じ

だと考えることができます。

（参考 2）CEFR が示している 6 段階の共通参照レベル

熟達した言語使用者	C2	聞いたり読んだりした，ほぼ全てのものを容易に理解することができる。いろいろな話しことばや書きことばから得た情報をまとめ，根拠も論点も一貫した方法で再構築できる。自然に，流暢かつ正確に自己表現ができる。
	C1	いろいろな種類の高度な内容のかなり長い文章を理解して，含意を把握できる。ことばを探しているという印象を与えずに，流暢に，また自然に自己表現ができる。社会生活を営むため，また学問上や職業上の目的で，ことばを柔軟かつ効果的に用いることができる。複雑な話題について明確で，しっかりとした構成の詳細な文章を作ることができる。
自立した言語使用者	B2	自分の専門分野の技術的な議論も含めて，抽象的な話題でも具体的な話題でも，複雑な文章の主要な内容を理解できる。母語話者とはお互いに緊張しないで普通にやり取りができるくらい流暢かつ自然である。幅広い話題について，明確で詳細な文章を作ることができる。
	B1	仕事，学校，娯楽などで普段出会うような身近な話題について，標準的な話し方であれば，主要な点を理解できる。そのことばが話されている地域にいるときに起こりそうな，たいていの事態に対処することができる。身近な話題や個人的に関心のある話題について，筋の通った簡単な文章を作ることができる。
基礎段階の言語使用者	A2	ごく基本的な個人情報や家庭情報，買い物，地元の地理，仕事など，直接的関係のある領域に関しては，文やよく使われる表現が理解できる。簡単で日常的な範囲なら，身近で日常の事柄について，単純で直接的な情報交換に応じることができる。
	A1	具体的な欲求を満足させるための，よく使われる日常的表現と基本的な言い回しは理解し，用いることができる。自分や他人を紹介することができ，住んでいるところや，誰と知り合いであるか，持ち物などの個人的情報について，質問をしたり，答えたりすることができる。もし，相手がゆっくり，はっきりと話して，助けが得られるならば，簡単なやり取りをすることができる。

（ブリティッシュ・カウンシル 2019）

⑪ まとめ

　「指導と評価の一体化」が，現在，強く求められています。本章では指導過程における「指導と評価の一体化」，時中の「形成的評価」の実際について説明してきました。学習指導と学習評価はまさに一体のものであることが理解いただけたかと思います。重要なことは，教員の学習指導が指導目標を実現させているか，という一点につきます。「指導と評価の一体化」は，そのための手段に過ぎません。

　このことを精緻化するためには，教員の判断規準を明確にしていくことが必要です。次の「応用発展をめざした課題」に取り組むことで判断規準をさらに明確化してください。

✅ 理解チェックのための課題

　自分の中学校や高等学校時代の定期考査問題を調査して，それぞれの設問が生徒に何を問うているのか分析してみましょう。

✅ 応用発展をめざした課題

　時中の評価で児童・生徒のあるパフォーマンスを○とするか×とするか，教員はその判断を瞬時に行っていますが，例えば，研究授業のビデオなどを視聴して，その授業者の判断規準を教室での指導場面を踏まえて推測しながら，その判断基準を言語化してください。

第 III 部

応用・発展編
―よりよい指導と授業改善のために―

第 14 章

英語授業を豊かにするために

　英語の教員として授業を構成し，実際に実施することは決して容
易なことではありません。さらに，生徒が授業に積極的に参加した
くなるような，活気があり，かつ内容が豊富な授業や活動にするた
めには，教員の側のさまざまな能力と工夫が必要となります。この
章では，主に教員の側に立って英語の授業を豊かにするために必要
な事柄を列挙し，解説していきたいと思います。具体的には，学習
者に英語の授業に興味や関心を持たせ，積極的に活動に参加する意
欲を生み出すための授業や指導の工夫，さらには，彼らを英語の世
界に引き込むような演出の工夫などです。加えて，そのような豊か
な授業の工夫をするために役に立つ情報の探し方についても見てい
きましょう。

● 本章で学習してもらいたい事柄 ●

- 豊かな英語の授業とは一体どのようなものなのか
- 授業を英語で行うために必要な英語力とはどのようなものか
- 授業内の教員の発話には生徒の英語力向上や教える内容の理解
  のためにどのような機能や効果があるのか
- 授業を豊かにするためにクラスルーム・イングリッシュにはど
  のような意味があり，また種類があるのか
- 授業を豊かにするためには英語に関するどのような教養が必要
  となるのか
- 授業を豊かにするための教員の力量，授業をつくり上げる教員
  の資質にはどのようなものがあるのか
- 授業を豊かなものにするための情報の在り処をどうやって探し
  たらよいのか

① 豊かな英語の授業とは何か

　まず，本題に入る前に，豊かな英語の授業とは具体的にはどのような

要素が含まれるか，そのイメージをいくつか列挙してみましょう。

(1)英語を使うさまざまな活動が含まれている。

(2)学ぶ題材が刺激的で楽しく，知的好奇心を湧かせるものである。

(3)一つの英語の活動に多様な技能を含んでいる（英語を読んだり，書いたり，話したり，聞いたりする）。

(4)異文化理解について多面的な情報が提供される。

(5)学習形態が変化に富んだものになる（ペアやグループ活動など）。

(6)一つの単元を構成するいくつかの授業が均一・平板なものではなく，構成や流れ，含まれる内容や活動が多様化したものになっている。

(7)先生と生徒，生徒同士など，さまざまな人同士の英語のやり取りがある。

(8)複数の視聴覚・ICT 機器が授業で使われる。

(9)学習においてその結果だけでなく，作業プロセスも重視される。

(10)授業内容に学習者が関与できる可能性がある。例えば，学ぶ文法項目について自分が今後それを使用するような場面や文脈が用意されている。

(11)学習の内容や活動が知的年齢に見合ったものが含まれている。

② 教員の英語力

　2003（平成 15）年 3 月 31 日に文部科学省によって公表された「『英語が使える日本人』の育成のための行動計画」によれば，英語の教員に要求される英語力の目安として，実用英語検定で準 1 級，TOEFL（PBT）で 550 点，TOEIC で 730 点以上の得点を取ることとされています。この基準で実際の英語力がどのようなものか，イメージできる人も多いでしょう。そこで，もう少し具体的な形で提示してみます。

　例えば，教員が特に必要とする英語運用力やその他，指導力としては以下のような事項が挙げられると思います（小川 1999）。

(1)クラスルーム・イングリッシュが完全に使える。

(2)生徒の既習語彙・未習語彙及び既習文法・未習文法を正確にわきまえて話せる。

　これについては，授業において，語彙や表現に関して既習の表現をできるだけ使って，生徒に英語で話しかけることができることを意味

しています。

(3) 自分ばかり話しすぎないで，生徒の方がたくさん話せるようにもっていける。

　これについては，生徒の関心のあるものを具体的に話題として取り上げ，質問を簡単な英語で生徒にすることができる能力を含んでいます。

(4) 言語活動で話すモデルになれたり，生徒の話す相手になれたりする。

　これについては，モデル文のリズムやイントネーションを正しく発音できたりなど，生徒の相手として，生徒のレベルに合った英語が話せることが重要となります。

(5) 生徒の誤りやすいポイントをよく把握していて，教員自身，特にそういうポイントを正しく話すことができると同時に，生徒の誤りを指摘・矯正できる。

　その他，当然，ある程度の聴解力や語彙力，丁寧度の違いに関する知識を持っていることも，コミュニカティブな授業を行う際に必要となります。

③ 授業内におけるクラスルーム・イングリッシュの意味

　ここではまず，教室内における教員の発話の一つであるクラスルーム・イングリッシュの意味について述べることにしましょう。そのいくつかを以下に挙げてみます。

(1) 英語の習得につなげるための最も重要な条件は，学習者に理解可能なインプット（comprehensible input）を与えることであるといわれています。つまり，学習者のレベルに合った，あるいはそれよりも少し上のレベルの英語を浴びせることが英語習得には重要だというのです。言い換えれば，生徒のレベルに合ったクラスルーム・イングリッシュは彼らの英語の習得にとって重要な意味を持つということです。

(2) 英語の聴解力が高まる。

(3) Thinking in English により英語の意味を理解することが可能になる。つまり，その結果，英語の直読直解が可能になる。またそのような習慣を形成できる。

(4) 英語の情報処理能力が速くなる。

(5) 英語の表現力や語彙力が伸びる。

その他（語学教育研究所 1988）として，

(6) 教室の雰囲気づくりに寄与する。

(7) クラスルーム・イングリッシュは，教室という具体的な状況での英語のやり取りなので，本当の意味のコミュニケーション（authentic communication）になり得る。

その他，教室で使える表現として以下を紹介しましょう。

(1) 文法導入や練習の場面

In this case, you can say ~.
「こういう場面では，〜のように言うことができます」
What do you say?「どう言いますか」
Can you say ~? / Can you try?「言えますか / できますか」
Hold your textbook, please. / Please put the textbook down.
「教科書を持ってください / 教科書を下ろしてください」

(2) まとめの場面

I would like you to take notes.「ノートにまとめてください」
How did you say it in English, everybody?
「それをどう英語で表現しましたか，皆さん」
What comes here?「ここにはどういう表現が入りますか」
Did you write something like this?「こんなふうに書けましたか」
How do you write "knowledge"?
「『knowledge』という単語はどんなふうに書きますか」

　最近では，英語母語話者（ALT）が学校を訪問する機会も多くなりました。日常的に使用する英語は易しいようにみえて慣れないとかえって難しいものもあります。そのために ALT が学校に来られたときに「こんなときどう表現するの」リストなどをつくって，自分の表現の幅を広げる工夫などをしたいものです。

 ## 4　英語に関する知識と教養

　生徒に英語について興味を持たせることは重要なことです。英語の力を向上させるためには英語に対する動機付けが大切です。英語の授業を内容的に豊かにしようと努力するのはそのためです。ただ，

英語に興味を持たせるといっても，英語それ自体に関係することで興味を喚起することが好ましいといえるでしょう。人気のある TV スターを活動の登場人物に出して興味を引くというだけでは十分ではありません。英語にも日本語と同様に丁寧表現や男ことば・女ことばがあるのだろうかとか，言語そのものにより焦点を当てて生徒の英語に対する興味・関心を引き出してもらいたいのです。

　したがって，生徒の興味や関心を授業や英語学習に引くためにも，教員は英語について豊かな知識と教養を持つ必要があります。英語に関する知識と教養という点から，英語に関係する書籍をたくさん読むことで，英語とそれが話されている文化圏の理解を深めておくことが望まれます。もちろん英語の語法や語源的な知識もある程度持っておかないといけません。なぜなら，ある文法項目を導入したときに，その文法規則についての理屈や理由（例：なぜ複数形には規則的に変化するものとそうでないものとがあるのか）を述べることができたり，ある単語がちょっと変わったスペリングの配列をしているときに語源的情報から説明できたり，また，ある新題材が出てきたときにそれに付随した情報（例えば，竜巻のための避難所はアメリカではどこに作られているのか）を与えたりすることができれば，生徒は自ずとより英語に対する興味を深めることができるからです。これは当然生徒の英語学習の動機や意欲の助長につながります。

　教員に必要な英語に関する知識や教養の分野として，以下の四つが考えられます。

(1) 英語の語法，文法や表現，言い回しについての知識

　　例　"may" と "might" が使われているとき，それぞれの文で表現されている行為の可能性については，"might" は "may" の単なる過去形ではなく，"might" の方が "may" よりも行為の可能性が低くなる（Swan 1980）。

(2) 英語が話される社会についての文化的知識やものの考え方

　　例　アメリカにおけるチップ（心づけ）について，なぜ，チップという形を取るのかの理由として，ある厚意を受けた時に，その場でお礼の気持ちを示さないと今後二度とその人に会えるかどうか分からないから（アメリカは広い）。一方，日本は日頃より厚意を受けている人は近隣に住んでいる可能性が高いから，中元，歳暮という形のお礼の仕方になる。

(3) 英語と日本語の間の違いに関する知識

> **例** 日本語は水と湯を表す語彙が区別されているが，英語では湯も水も water で表す（鈴木 1973）。

> **例** 日本語の「する」という意味を表すのに英語ではさまざまな語彙（動詞）を使う。例えば，"play tennis", "<u>do</u> homework", "<u>make</u> a reservation" など。一方，英語の "<u>wear</u> glasses", "wear kimono", "wear beard" の "wear" もそれぞれ「かける」，「着る」，「たくわえる」と日本語になると表す動詞が分かれる。

(4) 英単語の語源に関する知識

> **例** 英単語の "silhouette" は「影絵」とか「輪郭」という意味で，この単語のスペリングが他の英単語の並びと違う感じがするが（例えば，"houette"），これはこの単語がフランス語から来ているためで，フランス語では輪郭の中が塗りつぶされた単色の画像の意味である。

　このように，英語に関する知識や教養といっても範囲が広く膨大なものですが，日頃より情報を蓄えておいて，いざという時に授業で披露し，生徒の英語に対する興味を湧かせる方法として有効に活用してほしいものです。

❺ 授業で求められる資質・能力

　授業で教員に求められる資質・能力ということですが，もっというと，よい授業を計画・実施するために必要な教員の資質・能力と言い換えることができます。では，生徒にとってよい授業とは何か，これは一口では言い表すのが難しいことですが，最低，次のようなことがイメージできると思います。

(1) 生徒が授業の内容を消化，あるいは理解できること。
(2) 教えられた内容によって，知的好奇心や興味を覚えること。
(3) 習った技能を授業内で習得できたという成就感を持つこと。
(4) 習ったことを実際に使ってみようと思うこと。
(5) 授業それ自体を楽しいと思うこと。
(6) 教員の授業の内容や教え方に納得できること。
(7) 英語の能力がついていると実感できること。

これらを踏まえた上で求められる資質・能力とはいったいどのような
もので構成されると思いますか。今日の英語教員には，おおよそ以下の
ような資質や能力が求められると考えられます。

(1) 学習者の現在の英語のレベルを把握でき，弱点を分析できる能力。
(2) 学習者の英語能力の到達点を想定でき，そのための計画をマクロと
　　ミクロの視点から立てることができる能力。
(3) 学習者のレベルと授業での到達点を見ながら，さまざまな教材や指
　　導法の中から特定の方法を選択できる能力。
(4) 授業の内容を時間内に構成できる能力。
(5) 学習者が授業内で興味があると思われる話題や教授内容を取捨選択
　　できる能力。
(6) ある活動が学習者にどのような心理的負担を与えるかを配慮できる
　　能力。
(7) 授業で用いる英語を生徒のレベルに合わせることができる能力。
(8) 実際に授業を展開している最中に，準備した内容が生徒に合ってい
　　ないと判断したら，即座に方針を変更できる能力。
(9) 授業を行ってその授業の反省ができ，次回に向けて改善ができる能
　　力。

この他にもいろいろな資質や能力が必要だと思われますが，要は，授
業を準備する際に，学習者の現状を正確に把握・分析した上で，教材，
指導法に関する多様な選択肢の中から適切なものを選び出すことができ，
また選択についてはその根拠を説明できるという優れた意思決定能力を
持つことが大切であるといえるでしょう。

教員の情報収集の方法

実際に英語の授業を計画したり，教材研究をしたり，さらには授業改
善を行う際にも，英語教育やその特定のテーマについて書かれた書籍を
参考にするということは教員になると日常茶飯事です。重要なのは，必
要な情報がどこにあるかを把握していることです。英語教育は今や「情
報戦」といってもよいかと思います。
ではまず，情報を探す目的の例を列挙してみます。そして，実際の情
報を探す前に，まずその目的をしっかり確認する必要があります。

(1) さしあたり，明日の授業を成立させるため。
(2) 今日の授業を反省し，より良い授業のためのヒントを得るため。
(3) 指導上の困難点をどう解決するかというごく実用的な目的のため。
(4) これからどのような英語力を持った生徒の育成をめざせばよいかについての示唆を得るため。
(5) 各段階で学習者のどのような学力の習熟をめざすべきかの参考として。
(6) 英語使用の際の学習者の心理状態を知るため。
(7) より時代の流行に合った文脈やトピックの中で学習の目標となる英語の形を提示したいため。
(8) 教員としての自己の英語力をブラッシュアップする有効な方法を知るため。

では次に，具体的にどのようなチャンネルから情報を探すのかを以下，表の形で列挙します。

①	書籍，雑誌	授業の指導例，教員の体験談，あるテーマについての特集記事，自己の英語ブラッシュアップの方法などが得られる（『英語教育』大修館書店など）。
②	視聴覚メディア	映画や英語の音声や歌の CD や DVD，授業や異文化紹介ビデオ，各種メディアがある。
③	インターネット・ウェブ上のホームページ	英語教育，英語学習について，各個人（教員や英語教育の研究者）が解説しているもの。最近はホームページ上で，授業の具体的なアイディアを公開したり，英語教育の有益な書籍を紹介しているサイトもある。
④	研究会，学会，各種セミナー	全国英語教育学会，中部地区英語教育学会，語学教育研究所，英語授業研究学会などがある。これらの会には，英語教育について共通の悩みや志を持つ教員たちが参加している可能性が高いので，お互いに情報交換ができたり仲間も増える。最近はビデオによる授業分析やワークショップなどが行われる研修会も多い。
⑤	講演会	英語教育だけではなく，心理学や教育学，あるいは英語学などの他の分野のスペシャリストの講演を聞くのも授業改善に大いに参考になる。

⑥	新聞・TV の海外ニュース	読者の声（広場）や社説などにより，一般の人の英語教育に対する意見を把握できる。また，英語教育関連の記事を通して，英語教育に関する文部科学省の方針を記者の解説付きで情報として得られる。
⑦	他の学問領域からの情報や知見	特に最近の認知心理学などの知見，例えば，学習に対する動機の役割や学習と記憶の関係などの知識は参考になる。

　いずれにしても，絶えずさまざまなメディアにアンテナを張っておき，どのようなところに自分の求める情報があるかをインデックスとしてつくり整理しておくとよいでしょう。それらの情報をすぐに取り出せる状況に置いておくことが授業に役立たせる意味では肝要になります。

　では，最後に，収集したさまざまな情報をどのように実際の授業改善に役立てたらよいのか，そのプロセスの例について述べます。

①改善したいところは授業のどこかを特定する。

②どういう目的で授業を改善するのか，あるいは改善の理由は何かを明確にする。

③どのような情報が改善に寄与するかを予想し考える。

④改善に寄与する情報はどこにあるのか，その当たりをつける（情報ソースの検索）。

⑤情報の収集方法と選択方法を考える。1種類の情報を探せばよいのか，それとも複数の情報を総合すべきなのかを考える。

⑥情報の応用方法を考える。情報の全部を使うのか，一部を使うのか，それともその情報を大幅に改変するのかを決める。

⑦実際に情報を問題解決に応用する。

⑧情報応用の有効性を吟味，検討する。

　応用の後，当然のことながら，利用した情報のソース，授業での情報の応用過程とその成果を記録しておくと，後々参考になります。また，これまで述べたような英語教育に関する情報を絶えず交換できる人的関係を他の英語の先生方との間でネットワークとして築いておくことが望ましいと思います。

ICT やマルチメディアを活用した英語授業

　英語授業を豊かにする要素の中に複数の視聴覚機器が授業で使われる

ということがあり，これは本章の最初に述べられていることです。ことに英語教育では，授業に興味・関心を持ってもらったり，英語の映像や音声に触れてもらったりして，英語ということばの世界を実際に体験してもらうことが学習の進展に大きな役割を果たすでしょう。こうした視聴覚機器の中で近年，注目を集めているのが，マルチメディアを含む，ICT機器の授業内での活用です。ICTは，information and communication(s) technology（情報通信技術）を意味し，各種メディアのことをいいます。これには，CD，DVD，パーソナルコンピュータ，電子黒板を含む電子機器などが含まれます。柳（2009）によれば，メディア（ICT）の利用は効果的な授業を展開するためには欠かせないもので，教員の負担を軽くし，臨場感のある言語使用場面を学習者に与える助けになると述べています。

　最近では，パワーポイントでの教材提示や，教科書や板書した内容を写真に撮りコンピュータやスマートフォンに取り込んで，それを拡大してテレビに映し，学習者の学習内容の理解を促進させる試みなどの実践例もよく目にします。また，小学校英語活動においては，絵本を電子黒板に映し，自動的にページをめくりながら読み聞かせを展開するケースもあります。この場合，絵の場面に児童を集中させながら教員が英語で質問を投げ，英語でのやり取りをすることも可能になります。さらにこうした電子版の絵本では，隠れている動物を探させる物語において，最初に動物を隠れているまま示し，その後，隠れている姿を明示することができ，絵本読みの臨場感を実際に児童に体感させることが可能だと思います。

　また，教員の負担軽減としては，仮想のALTが電子黒板に現れ，実際に語彙や英文のモデル・リーディングや発音をしてくれるというプログラムの教材も存在します。このケースにおいては，発音に自信のない小学校教員にとって支援の一つとなり有効です。最近の電子黒板は，タッチペンなどで場面をワンタッチで変えたり，質問の答えを黒板に書き込むことができたりするものもあり，非常に便利になりました。さらに，モジュールタイムのような短時間に使用できるプログラムを入れている電子教材もあります。例えば，英単語の絵とその音をマッチングさせるソフトです。児童に単語を視覚と聴覚の両方で印象付けることになるので，単語のイメージと音の記憶を促進させる可能性はさらに高くなるでしょう。

　さて，こうした機器を使用していれば教員の負担が減り，同時に英語

の学習効果が自動的に高まると考えてよいでしょうか。答えは否です。あくまで英語教員がこれらの機器を使用する目的や場面を意識し，自らの意志で使いこなす必要があるからです。使用の主体はあくまで教員です。機器使用の目的が，教材理解のためか，英語活動の支援のためか，英語への興味・関心を高めるためか，それらをしっかり見極めて使用してもらいたいと思います。

✓ 理解チェックのための課題
教員の英語の発話を学習者のレベルに合わせるときに，その英語のどのような要素をどう修正しますか。意見を出し合ってみましょう。

✓ 応用発展をめざした課題
英語の授業中によく現れる教員の指示などのセリフをリストアップし，それを英語に直してみましょう。

コラム
理解可能なインプットを与えるために

　本章において，英語の習得につながるための最も重要な条件は，学習者に「理解可能なインプット」を与えることであると述べました。つまり，学習者のレベルに合った英語を授業中に豊かに与えられる能力は英語教員が備えるべき必要条件であると言い換えられるでしょう。私たち日本人英語教員にも生徒のレベルに英語を落とすことは可能です。例えば，"What day of the week is it today?" と先生が生徒に質問をしたとします。でも，生徒は質問の意味が分からず，答えられなかったとしましょう。その場合，"OK. Today is Monday, Tuesday, or Wednesday?" と英語のレベルを下げてあげれば，生徒は今度は答えられると思います。この場合は，WH-questions を選択疑問文に変換する例です。その他にも，"How is your team?" を "Is your team very good?" と WH-questions を Yes-No questions に変換する方法もあります。いずれにしても，生徒のレベルに応じたこのような英語の発話修正ができるかどうかは，教員にとって生徒の英語能力，特にリスニング力を高める意味で非常に大切な能力であることが分かります。

第 15 章

音声と文字の指導

コミュニケーション力の育成を図るには，音声指導の役割は大きく重要な位置を占めます。「リスニング」や「スピーキング」に重点を置く授業では，音声指導はその中心となります。また，特に入門期の音声の指導と文字の指導が適切であることは，学習者の将来の「読む」力にも大きな意味を持ちます。

● 本章で学習してもらいたい事柄 ●
- 音声の指導で留意したい基本的なこと
- 個々の音の指導に当たり，知っておきたいこと
  - 従来の指導
- フォニックスによる指導とはどのようなものか
- 「句・文の読み」の指導で留意することは何か
- 「表現読み」の指導で留意することは何か

1 音声指導での基本的な視点

　現在の国際社会では多様な英語が使われています。ネイティブ・スピーカーそっくりの発音をめざすよりも，即座の意思疎通が最優先される傾向があります。また，発音の指導方法もよく分からないまま発音指導を軽視してしまう教員が少なくないという調査（手島 2011）もある一方で，日本の中学校では音読や発音練習はよく行っているという調査（根岸他 2015）もあります。実際には DVD，CD などの音源や ALT 任せになっているなど指導の現実は多様であるということなのかもしれません。
　以下に述べる 2 点は，英語の指導者として，ぜひ記憶に留めておいてほしい事柄です。

1.1 英語の特徴的な発音を押さえること
　特に小学校では，豊かな実践経験があっても発音指導には自信がないと言う教員が少なくありません（小泉 2019）。英語を指導する教員として，

ネイティブ・スピーカー並の発音ができないことは，実はそれほど致命的な欠点ではありません。しかし，少なくとも英語の音声について一定の知識を持つことは必要です。

　まず，英語として許容される発音のレベルとそうでないレベルの境がどこにあるのかを知る必要があります。例えば，乗り物の bus と魚の bass とお風呂の bath を区別して発音できることは，非母語話者であっても必要なことです。また，例えば twenty は「トゥエニィ」と発音しなくてはならない訳ではなく /twenti/ と発音しても，それはきちんとした英語だと知っていることです。

　児童・生徒には，ネイティブ・スピーカーそっくりの発音ができることをゴールとして求めなくてよいのです（Brown 2007）。ポイントは，生徒が英語として区別するべき音の違いが区別できるようにすることです。非母語話者（non-native speaker）だと分かってしまう発音であっても，英語の発音の特徴を押さえているなら十分だと考えてください。

1.2 まず「意味のある英語」の音に慣れさせること

　かつて，英語との最初の出会いが中学 1 年生の春だった時代には，英語の文字と英語の発音に同時に触れるのが当たり前でした。知らない綴りを見せて，これはこう発音するのだ，意味も覚えなさいというのは，かなり負荷の多い英語の第一歩だったといえるでしょう。

　始めて英語を学ぶ生徒に，「th は舌先を噛む」，a は「ア」ではなく /æ/ だ，などと教えることから始めた時代には，英語の学習とは，まるでレンガを下から丁寧に積み上げて高い塀を築くように，小さい単位の知識・技能から順に学びつつ上へと向かう，いわゆる bottom-up 式の学び方でした。

　小学校に英語が導入されて以降の子供たちが最初に出会うのは，文字で書かれた英語ではなく，音声での英語です。個々の音をどう発音するかよりも，意味のある音のカタマリ（chunk）が持つ響きを聞いて慣れ親しみ，どんなときにその表現を使うのかを学びます。Thank you. をどう綴るのかも知らないうちに，お礼のことばとして使えるようになる，というのが，コミュニケーション力を重視する現代の順序なのです。

　音と綴りについて整理しながら学習をするのは，中学校に入ってからになります。中学校以降では，単語の綴りの正確さと発音の正確さが求められるようになり，文や文章を正しいリズムやイントネーションで読

めるようになるように練習を積むことになります。さらに，対話文や説明文・物語文などの意味理解を行い，読み手の解釈や感情を音声によって表情豊かに伝えることも期待されます。

　この章では，個々の音の指導，語句や文での音声指導，表現読みの指導の三つの項に分けて説明をしていきます。

 ## 個々の音の指導

　個々の音レベルの指導では，日本語音と英語音の違いを認識させると同時に，英語特有の音声的特徴を，練習によって適切な発音が自動化できるように体得させることが大切です。発音は知識ではなく技術です。習得には時間がかかります。しかし，以下の各項目についての知識は，教員が自分自身の技術を伸ばす際に役立ち，児童・生徒を指導する際の支えになるものです。確実に自分のものにしてください。

2.1 日本語音との相違

　小学校で「外国語」が必修になりました。また，音楽や映画やコマーシャルを通して，児童・生徒自身が生きた英語の音声に触れる機会が増えてきています。そのような中，英語の音声は日本語とは本質的に異なるものであるという事実に，小学生のうちから気が付いていると考えてよいでしょう。

　しかし，英語音が調音できるためには，英語を構成している基本的な音声の特徴を理解し，日頃から，発音の訓練を重ねていかなければなりません。その中心となるものが有声音（voiced sound）と無声音（voiceless sound）の区別，それと母音と子音の区別です。

　有声音は「のどぼとけ」の内側の声帯が振動するときに出る言語音ですが，それが振動しないときの音が無声音です。また，母音と子音ですが，肺から出される息が舌・歯・唇などによってせき止められたり狭められたりすることなく口の外に出されるときに発せられる音が母音です。一方，口腔内のどこかで一時的に息が止められたり，摩擦を生じて発音される音が子音です。

　英語と日本語に見られる母音と子音の「音素」（phoneme　意味を区別する最小の音声単位）の数の違いは次のとおりです（Kohmoto 1969）。

言語＼音素数	母音	子音
英　語	20	24
日本語	5	17

　英語の母音は短母音 7，長母音 13（うち二重母音 8）ですが，日本語の母音は「アイウエオ」の五つで構成されています。これらの音素数を比較すれば，英語の母音の数は日本語の 4 倍です。英語の子音も日本語の 1.4 倍の数になっています。これが，日本人が英語の音を複雑だと感じている大きな理由となっています。ここでは個々の発音の仕方については割愛しますが，詳細は英語音声学の関係書を参照することをお勧めします（東後 2009）。

2.2 英語の音声的特徴
（1）音順
　英語の語順が他の言語とは異なるように，英語の音声についても特有の「音順」があります。日本語では母音（vowel）が重要な働きをしていて，子音（consonant）が連続することはまれですが，英語音声では子音が連続して現れるという特徴があります。例えば，英語の street /strí:t/ は子音と母音の構成が CCCVC となり 1 音節として発音されます。しかし，これを日本語で「ストリート」と発音すると [sutoriito]（CVCVCVVCV）のように 5 音節になってしまいます。子音が連続する英語の場合は子音の間に余計な母音を挟まないように注意して発音するように指導しなければなりません（東後 2009）。
（2）音声変化
①音の同化
　英語では隣り合う二つの音の一方が，もう一方の音の影響を受けて，それに似た音に変化したり，または相互に影響し合って各々が別な音に変化することがあります。この現象を同化と呼びます。
- news [nju:z] → newspaper [njú:speipɚ]
- nine [nain] → nine minutes [naim mínits]
- Didn't you know that? [didnt ju:] → [didntʃu:]
- Did you go there? [did ju:] → [didʒu:]

②音の脱落

同じ語の中あるいは二つ以上の語の間で，子音が抜け落ちる場合があります。これを脱落と呼びます。

- good time [gùtáim]　[ù] の後の [d] の脱落
- bookcase [búkeis]　[ú] の後の [k] の脱落
- night shift [nàiʃíft]　[ài] の後の [t] の脱落

③音の強形と弱形

同じ語でも，文中の位置によって弱く発音する場合と強く明瞭に発音する場合とがあります。強く発音する音形を「強形」（strong form），弱く発音する音形を「弱形」（weak form）と呼びます。

- have [(hə)v]（弱形）　I've never been to Canada.（助動詞の have）
  have [hǽv]（強形）　Do you have a DVD player?（動詞の have）
- can [k(ə)n]（弱形）　I can cook spaghetti.
  can [kǽn]（強形）　A: Can you drive?
  　　　　　　　　　　B: Yes, I can. / No, I can't.

（3）強勢

語中や文中で，ある音節が目立って発音されることがありますが，これを「その音節に強勢がある」と言います。強勢は「音の高低」，「音の大きさ」，「音の長さ」，「音色」の 4 要素で構成されます。日本語と比べると，強勢の置かれる箇所は強く力を入れて長めに発音されます。逆に，強勢のない箇所は弱く発音されます。以下の例では，強く力を入れて発音する箇所を太字で示してあります。

1. **Cóme** and **sée** me at **ány** time.
2. **Bríng** me your **bóok** and **wórkbook**.
3. I'd **bétter gó hóme** right **awáy**!

（4）抑揚（音調）

実際に話される会話の意味は，声の上がり下がりの抑揚（音調）によって変化します。場合によっては全く異なる意味を表すこともあります。抑揚は話し手の感情の強弱を表すのにも重要な働きをします。例えば，pardon は，それが発音される抑揚の仕方によって，次の 3 種類の意味が表現されます。

①上昇調（末尾を上がり調子で発音する）

相手の言ったことを聞き漏らして「もう一度おっしゃってください」という意味を表します。

231

A: Would you care for another helping?

B: **Pardon?** (↗)

A: Would you like some more cake?

B: Oh, thank you. Yes, please.

この Pardon? は Sorry, would you mind repeating that? の意味を表します。

②下降調（末尾を下げて発音する）

他人に失礼な行為・行動をしたような場合に，詫びや謝罪の気持ちを伝えるのに使われます。

A: Ouch!

B: Oh, **pardon me** (↘). I didn't mean that. I must get off at the next stop.

A: OK, no sweat! I'm getting off, too.

これは I'm sorry や excuse me と置き換えることが可能です。

③下降上昇調（末尾をわずかに上昇させる感じで発音する）

相手に異議(不服・不賛成の意見)を伝えるときに用いられます。

• **I beg your pardon** (↗), but I think your idea is a little unrealistic.

この抑揚は，見知らぬ人に話しかけて，道や建物の所在を確かめるための質問を切り出す際にも使われます。

④上昇下降調（上昇した音調が，最後に下降調で終わる場合）

'A or B' 型の選択疑問文や，単に念を押すだけの付加疑問，あるいは 'A, B and/or C' 型の文にも用いられます。

• Have you ever been to Australia (↗) or New Zealand (↘)?

• Her room is large (↗), airy (↗), and very comfortable (↘).

(5) リズム

音声の流れの中では,「強勢のある音節」（強音節）と「強勢のない音節」（弱音節）とが交互に繰り返されます。強弱音節が反復して出てくる現象を「リズム」と呼びます。

• **Hów** did you **spénd** your **vacátion**?

• I **fóund** it **hárd** to **réad** this **bóok**.

• **Whát** are you **góing** to **bríng** us from **Síngapore**?

強音節と強音節との間は，時間的にほぼ等間隔で発音される傾向があります。次の 3 文の太字で書いた語に注意して，各々の文を 3 拍子で発音練習をすることにより強音節と強音節の等間隔が実感できます。

- The **bróthers néed móney**.
- The **bróthers** will **néed** some **móney**.
- The **bróthers** will be **néeding** some of our **móney**.

 ## 3　単語レベルの読み方の指導

　英語のアルファベットは，大文字と小文字が各々 26 個存在します。合計 52 文字ですが，英語の一つの特徴は，綴り字とその発音の仕方に不規則な対応が生じる点です。しかし，英語の綴り字と発音の対応にもおおまかなルールがあります。それに注目して開発されたのがフォニックス（phonics）です。もともと英語を母語とする子供に綴り字と発音の関係を教えるためのツールでしたが，現在では英語の入門期や初期の学習者にも活用されるようになってきました。

3.1 従来型の指導
　一般的に中学校で行われている単語の読み方の指導は，「一覧読み」とか「ひと目読み」と呼ばれる方法です。板書して，発音の仕方とともに綴り字と意味に注目させる，あるいは，フラッシュ・カードに単語を書いて瞬間的に提示します。反復練習をするということも行います。その際，生徒はどの綴り字がどのように発音されるかについて指導を受けないまま，授業後に新出単語をいちいち記憶する努力をすることが求められます。この方法を続けていても．新しい単語に遭遇した場合，その単語を学習者が自力で音声化することはほとんど無理です。かつては中学校で発音記号を指導する試みもありましたが，普通の綴りの上に，さらに別文字を交えた表記方法を覚えさせることは負担であるとされて，現在ではあまり重視されていません。
　日本では，大学に入学し，英語を専攻した学生が英語の調音法や音声学を系統的に学習し，音声記号のルールを理解してから，はじめて発音記号が音声化できるというのが通例です。このような発音記号に関連する複雑な約束ごとの学習を経ることなく，綴り字を見ただけでその語の発音ができるようにする試みが「フォニックス」です。

3.2 フォニックスによる指導
　日本語では「ひらがな」表記は 1 字が 1 音を示していますが，英語の文字と音の関係は単純ではありません。例えば，school は，s が /s/，ch

が /k/，oo が /u:/，l が /l/ の音を表しており，school をアルファベット通りに「es, see, eich, ou, ou, el」といくら早口で読んでも，正しい語の発音にはなりません。一見すると英語の綴り字と発音は，このように規則性がないように見えるかもしれませんが，一定のルールがあります。英語の綴り字と発音との間に存在するルールに注目して，両者の関係を実践的に体得させようとするのがフォニックスのねらいです。

　「フォニックス」と呼ばれる指導法には，大きく分けて二つあります。一つは「アナリティカル（分析的）フォニックス」（analytical phonics）と呼ばれ，もう一つは「シンセティック（合成的）フォニックス」(synthetic phonics）と呼ばれます。この項では「分析的フォニックス」を単に「フォニックス」と呼ぶことにします。日本でこれまでそのように呼んできたものです。

　英語のアルファベットは，大文字，小文字の両方とも五つの母音字（a/A, e/E, i/I, o/O, u/U［主として母音を表すための文字］）と 21 の子音字（主として母音以外の子音を表すための文字）で構成されています。フォニックスは，アルファベット以外の記号が多く含まれている発音記号を使用せず，アルファベット 26 文字を使って単語の読み方を教えようとする試みです。

　綴り字の読み方の基本は，「1 文字に相当する音」あるいは「2 文字以上連続する綴り字に相当する音」を相互に組み合わせたものが単語の発音となります。したがって，綴り字のどの文字が単独で読まれるのか，またどの文字が他の文字と合わせて読まれるのか，そのルールを知ることがフォニックス学習の目的と言えます（竹林 1981）。

（1）母音字に関する主なルール

①語尾が「母音字＋子音字＋e」の発音

　母音字の後が「子音字（r を除く）＋ e」で終わるときは，母音字は長音（アルファベットの a, i, u, e, o の名前と同じ発音）になります。

長　音（アルファベットと同じ音）	
a : /ei/	game, tape
e : /i:/	eve, scene
i : /ai/	drive, bike
o : /ou/	joke, hope
u : /ju:/	cute, tube

②語尾が「母音字＋子音字」の母音字の発音

　母音字の後が「子音字（＋子音字)」で終わるときは，母音字は短音になります。

短　音（アルファベットとは異なる音）	
a : /æ/	cap, stamp
e : /e/	bed, neck
i : /i/	milk, kick
o : /ɔ/ または /ɑ/	box, golf
u : /ʌ/	sun, nut

（2）子音字に関する主なルール

①規則的に発音される子音字

　次の 18 文字はいつも決まった発音を表します。ただし，x は語の終わりにあるとき，また h, j, r, s, w, y は語のはじめ，および中間（語中）にあるときに限られます。

　例　**b:** boy, job，**d:** day, sad，**f:** five, golf，**h:** hall（語頭，語中），**j:** jam, jet（語頭，語中），**k:** kiss, book，**l:** large, feel，**m:** make, room，**n:** night, coin，**p:** park, ship，**r:** rice（語頭，語中），**s:** six（語頭，語中），**t:** time, hat，**v:** very，**w:** way（語頭, 語中），**x:** box（語末），**y:** yes, young（語頭，語中），**z:** zoo, quiz

　これらの子音字の発音を覚えてしまえば，いつでも発音できることになります。これらの子音字は，そのまま発音記号として使われています。ただし，jam や jet の j や，yes や young の y の文字はそのまま発音記号として使われてはいません。j の代わりに /dʒ/，y の代わりに /j/ が使われています。

②子音字が二つ以上重なって 1 つの音となる場合

　次の子音字の連続は 1 音で発音されます。

ch : /tʃ/	chalk, speech
sh : /ʃ/	shop, fish
ph : /f/	phone, elephant
th : /θ/ または /ð/	thank, south/ this, that

ts : /ts/	rats, bats
ds : /dz/	cards, records
tch : /tʃ/	catch, match
ck : /k/	back, truck
dg : /dʒ/	edge, bridge
tes : /ts/	gates, tastes

③子音字の中で例外的な c と g

1. c は e, i, y の前では /s/, それ以外では /k/ となります。

c : /s/（e, i, y の前）	city, cent, century, cycle
c : /k/（上記以外）	cut, coat, cry, music

2. g は e, i, y の前では /dʒ/, それ以外では /g/ となります。

g : /dʒ/（e, i, y の前）	cage, giant, gentle, gym
g : /g/（上記以外）	glass, goal, ground, flag

（3）のばして発音される「母音字＋r」

-er : /əːr/	her, serve, term
-ir : /əːr/	bird, first, shirt
-ur : /əːr/	turn, curve, burn
-ar : /ɑːr/	art, march, carp
-or : /ɔːr/	sport, fork, cord
-war : /wɔːr/	war, warm
-wor : /wəːr/	work, word

（4）規則的に発音される「母音字＋r」

-are : /ɛər/	care, rare
-ire : /aiər/	fire, tired
-ore : /ɔər/	store, shore
-ure : /juər/	sure, pure

これ以外にも多くのルールがありますが，細かいルールを提示することはかえって生徒の学習負担を増大するので注意しなければなりません。

3.3 フォニックス指導の留意点

フォニックスを覚えれば，未知の語も音声化することができる訳ですから，英語を自律的に学習できるようになるという主張もあります（松香 2000）。中には，フォニックスの指導をする小学校もあります。しかし，特に小学生にフォニックスを指導するに当たっては十分な配慮が必要だと考えます。

フォニックスは，もともとネイティブ・スピーカーの識字率（literacy）を高めるために考案された方法です。例えば，絵本のページに砂浜でサッカーをしている少年たちが描かれ，The boys are playing soccer on the beach. と書かれているとします。ネイティブの子供たちなら，絵があれば beach が読めなくても「shore かな？ beach かな？」と類推できるのです。

外国語として英語を学ぶ日本の児童・生徒は，日常的に英語の音声に囲まれている訳でもなく，生活に関する語彙も十分ではありません。

EFL の環境ではフォニックスのルールで類推をさせることは，初級学習者向きとは言えないでしょう。他者とのコミュニケーションを取りながら必要な語彙を増やし，ゆっくりフォニックスの規則を身に付けていけばよいのです。新学習指導要領では，小学校段階では，始めて目にする語句や文を読むことは求めていません。「文字と綴りの関係」の指導は，中学校の項目になっています。従来の「一覧読み」や「ひと目読み」の単語の読み方の指導法に不足している点を補完するものとして利用するには相応しいものです。

3.4 「音素認識」の重要性

近年，「音素認識」という概念に注目が集まっています。フォニックスはアルファベットの綴りのパターンと発音の関係を教えるための指導法ですが，「音素認識」という概念においては，まず，個々の音素を認識し操作できるようになる活動が大切だとされます。特に児童へのフォニックス指導の前段階には必要とされています。

よく小学校では，語彙の練習は，絵カードを用いて行います。絵カードにはよくその絵が表す語の綴りか頭文字が添えられています。例えば，ゾウの絵に elephant と書かれており，A のカードにはリンゴの絵が添え

られたりしています。

　そのアルファベット・カードを用いて ALT がよく行うのが，

　　　　"M says /m/, /m/, monkey! N says /n/, /n/, notebook!"

というパターンでの口慣らしです。これらは，児童に，語の最初の音素（オ
ンセット onset）に注目させるために行います。つまり，monkey は「モ」
ではなく"m"で始まることを印象づけることになります。

　小学校 3 年でローマ字を学習する際には，日本語の 50 音表にローマ
字を当てはめて指導しますが，英語はローマ字とは異なり，音素が集ま
ってできている，つまり「テスト」は「te ＋ su ＋ to」ではなく"t ＋ e
＋ s ＋ t"であることを，さまざまな方法で認識させることが不可欠です。
音素認識に関わる指導が充実してこそ，フォニックスの指導へ進むこと
ができる（アレン玉井 2010）と言われます。

3.5 もう一つのフォニックス

　従来の「アナリティカル（分析的）フォニックス」は，英単語の綴り（複
数の文字の連なり）を分析し，規則性を見いだし，そのルールを教えて
読みを類推させる指導法です。それに対し，❸の最初で触れた「シンセ
ティックフォニックス」は，音素認識に関わる要素を十分に考慮したフ
ォニックスです。児童へのリテラシー（識字）教育の方法として，急速
に注目を浴び，今や英語圏では主流であるとされています。

　シンセティックフォニックスの指導法では，子供たちに身体を動かし
ながら音素と文字を一体化させて指導します。幼児や低学年向きといえ
るでしょう。例えば，ある教材では，手の平を下に向け縦に S の文字を
描くようにくねらせると同時に /s/ の音を発するようにさせます。手の動
きとジェスチャーと /s/ の音が snake を連想させるのです。同様に，全
ての英語の音素にジェスチャーや歌を組み合わせたカリキュラムを用意
し，個々の音素に対する子供達の認識を高めるものです。日本でも，英
語の時間を多く取っている私学の小学校で導入しているところが増えつ
つあります。

 句や文の読みの指導

　中学生が普段の授業で積極的に声を出すような読みの指導法として
すぐに思い浮かぶのはコーラス・リーディング（chorus reading）です
が，他にはどのような形態があるのでしょうか。対話文や物語文など

の音読を行う際の指導法としては，フレーズ・リーディング（phrase reading），バズ・リーディング（buzz reading），ペア／グループ・リーディング "pair / group reading"，バックアップ・リーディング（back-up reading），リード・アンド・ルック・アップ（read-and-look-up），シャドーイング（shadowing），オーバーラッピング（overlapping）などが代表的なものです。

4.1 フレーズ・リーディング（Phrase reading）

　私たちは日本語を意味のまとまりごとに解釈していくのが普通ですが，それと同じように英語でも「意味のまとまり」（sense group または meaningful chunk）ごとに解釈していくことが可能です。この方法は，英語の語順のまま，理解していくやり方です。この方法で読み進めるためには，文の組み立ての知識（文法）や熟語や語句・表現に関する知識，さらには単語の種類によって異なる文法的な役割などについての知識を総動員して，予測力を働かせながら読み進める必要があります。この読みの練習を行って意味解釈が終了した時点でする音読を「フレーズ・リーディング」と呼びます。英文の意味だけでなく，構成や単語の結びつきが，音声と共に確認できるという利点があります。教室内では，教員のモデル・リーディングやCDなどの後に続いて行われるのが普通ですが，可能な限り，教員が肉声でモデル・リーディングをしましょう。特に生徒が後について読む際，個々の音やリズムやイントネーションをしっかり練習させたいときがあります。生徒に音読のポイントに気付かせるために，該当の箇所を誇張して読んだり，繰り替えしたり，ゆっくり読んだり速く読んだりして対応することができるのは，生身の教員だけです。

　CD を用いるのは，リスニングをさせるときだけにしたいものです。もちろん，CD そのものを与えれば，生徒が各自のペースに合った形で練習することもできます。その際，どの程度の回数を行ったのか，またどの程度の流暢さが増したかをチェックする「リーディング・カード」を併用することも可能です。

4.2 バズ・リーディング（Buzz reading）

　個々の生徒が小声で音読するものです。小声でクラス全体が読むのが，蜂の羽音（buzzing）に似ていることから，こう呼ばれます。モデルになる音声はありません。コーラス・リーディングの後に行わせることで，生徒自身うまく読めない箇所を発見することができます。

4.3 ペア・リーディング（Pair reading）

　2人1組になって，読み合う活動です。バズ・リーディングの後に行います。音読をクラスメートに聞いてもらうことで，教員に指名されて皆の前で1人で読むときのようなプレッシャーを感じずに済む利点があります。教員から音読する上で注意する箇所を具体的に示しておけば，生徒同士で相互評価も可能になります。

4.4 バックアップ・リーディング（Back-up reading）

　意味のまとまりごとに，文の最後のフレーズから音読し，順次その音読したフレーズを，すでに音読したフレーズの前に付け加えて行き，最後に文全体の音読をさせる方法です。例えば，We went shopping at a department store last Saturday. を音読する際に，まず last Saturday，次に at a department store last Saturday，最後に文を最初から復唱します。この音読法では，一斉音読において陥りがちな，文末でのリズムや音調の崩れ，言いよどみが避けられるという利点があります。

4.5 リード・アンド・ルック・アップ（Read-and-look-up）

　音読する際に，直前までテキストを黙読させ，声を出すときにはテキストから目を離して音読させる方法です。教員の "Read." の掛け声で目をテキストに落とし，"Look up." の掛け声で目を上げて言うようにします。一文ずつ行います。音読する直前は文字情報に集中しなければならないので緊張感が高まります。この方法では，単に機械的な反復練習にならないように，意味内容を頭に思い浮かべながら，感情を込めて話しかけるように反復できるかがポイントです。

4.6 シャドーイング（Shadowing）

　学習者が音声を聞きながらテキストを見ずに，聞こえてきた音のすぐ後に影のように続いて音読する活動です。聞き取ったモデルとなる音声にわずかに遅れて，影のようにそのまま繰り返すことから，このように名付けられました。同時通訳の訓練から取り入れられた方法で，聞き取りながら同時に発音するという集中力のいる練習です。次のオーバーラッピングと混同されることが多いのですが，初めて聞く内容で行うのが本来の方法です。この練習をするときの注意点は次の5点です（小林2006 を参考）。

(1) 学習者の英語レベルに合った教材を選定する。

　中学 3 年生であれば，中学 1 年生のレベルの題材で十分です。ただ
し，語彙は既習のものだけを含むのがよいでしょう。

(2) シャドーイングを始める前に，どのような場面なのか，話題は何か
などをヒントとして与える。

(3) 教材の音声は途中で止めずに，6 〜 7 割程度できればよいと考えて
繰り返して聞く機会を与える。

(4) 慣れないうちは，強く聞こえる箇所だけに的を絞ってシャドーイン
グしてよい。

　また，シャドーイングはもともと，初めて聞く音声を即座に再現する
かたちでの練習ですが，既習の内容についてモデルと同時に声を出す活
動もシャドーイングと呼ぶことがあります。学習が済んでいる題材を用
いるので，負荷は少なくなります。これに類似した練習法としては，聞
こえて来るモデルの音声にかぶせるようにして，同時に音読する練習も
あります。これを「オーバーラッピング」と呼んでいます。モデルと同
時に読み始め読み終わるようにするので，イントネーションやリズムの
訓練に適しています。

⑤ 表現読みの指導

　対話や物語文の内容が理解できた段階で，その対話者や登場人物にな
ったつもりで，作者の意図が聞き手に伝わるように，音声に表情をつけ
ながら感情を込めて「表現読み」をする練習があります。この指導法は「オ
ーラル・インタープリテーション」（oral interpretation）と呼ばれてい
ます。扱う素材は，対話・劇・物語・詩・手紙などです。

　内容をよく理解して，書き手の伝えたい内容のみならず，それを読ん
だ者の解釈が，音声を媒体として聞き手に伝わるように音声化できるこ
とがねらいです。この読みは，スクリプトに対する読み手個人の解釈を，
音声を通じていかに聞き手に効果的に伝えられるかに力点を置きます。
個々の音だけでなく，隣接する語句や文のリズム，イントネーション，
強勢，音色，テンポなどを考慮し，話し手の熱意や心的情況が伝達でき
ているかを意識しながら行います。基本的な意味が伝わればよいという
基礎的な音読練習とは異なり，話し手の意味解釈を伝えるための好まし
い発音，適切な音量，豊かな抑揚，ひびきのよい音色などと併せて，発

表者の立ち位置や身振り・手振りや顔の表情までも吟味の対象となります。「表現読み」をスピーチや朗読のようなモノローグとして1人で行うこともあれば，対話や劇のように複数の相手との掛け合いで行う場合もあります。後者の場合は，相手とことばのやりとりの「間合い」にも注意を払うことが必要になります。この「表現読み」は，単に文字を音声化するのと異なり，聴衆となる人々の反応も視野に入れながら，読み方に表情の変化をつけることで多面的な活動に発展させることができます（近江 1984）。

✓ 理解チェックのための課題

フォニックスはどの段階の学習者を対象として用いるのがふさわしいでしょうか。また，その理由をグループで話し合ってみましょう。

✓ 応用発展をめざした課題

英語の発音を指導する際に，カタカナ表記を使用する場合がありますが，カタカナを用いる長所と限界をまとめてみましょう。

第 16 章

文法指導

コミュニケーションを行うには，音声や文字で表された単語の意味を理解する必要があります。それと同時に単語を結びつける「文を作る仕組み」を知らなければなりません。この「仕組み」を「文法」と呼びます。人々が理解し合うためには，共通に持つ「文法」は欠かせないものです。言語を実際に使う活動を通して文法事項の定着を図りましょう。

● **本章で学習してもらいたい事柄** ●

- 文法指導の基本的な視点とはどのようなものか
  - 表現のための文法 vs. 理解のための文法
  - 帰納的文法指導 vs. 演繹的文法指導
- 「タスク中心の活動」から「言語規則の気付き」まで
  - 既習事項を踏まえた提示
  - 「気付き」を促す工夫
  - タスクによる言語活動
- 日本語と英語の違いを意識させる練習も取り入れること
- 文法を指導する際に留意すべきことは何か

1 文法指導の基本的な視点

1.1 表現のための文法 vs. 理解のための文法

　言語を用いて意思を伝え合う「約束ごと」の総体が文法ですが，詳細に分類すれば文法と称する項目の総数は膨大に及びます。それら全てを中等教育段階の生徒に学ばせることは不可能です。

　そこで「文の仕組み」を教える側が心得ておくべきことは，まず何のために文法の指導が必要なのかを明確にしておくことです。文法項目の機能や働きを把握し，生徒に身に付けさせたい表現や言語活動の目的に応じて，習熟すべき文法項目に優先順位をつけておく配慮が求められます。

日常的な場面では,「話しことば」「書きことば」のいずれにしろ, 表
現するために必要とされる文法は, 凝った言い回しをしない限り, それ
ほど複雑になることはありません。しかし, コミュニケーションは一方
的に情報を発信するだけでなく, 受信することで成立します。受信する
情報については, 受け手側がその情報の内容や質をコントロールしにく
い側面があり, 講義や新聞, 雑誌などの受信情報を理解するためには,
情報を発信する場合と比べると, 複雑な「ことばの約束ごと」の学習が
必要になると思われます。
　一般的には,「表現のための文法」(grammar for production) は,「理
解のための文法」(grammar for recognition) に比べると, それほど細
分化したものは必要とされません。つまり, 表現する場合は, 自分で話
す内容や表現が決められるので, 自分の必要に応じた方法で文を組み立
てる自由度があります。ところが, 他人からの情報を理解する場合は,
その情報の表現や内容に注文をつけたり, 変更を求められる可能性が極
端に低くなります。それだけに「理解のための文法」は, ことばに関す
る細かな規則が受信者に要求されることになります。このように発信情
報から受信情報に連動する「表現」と「理解」間に生じる文法の違いは,
face-to-face のコミュニケーション能力の指導において教員が意識してお
きたい重要なポイントです。

1.2 帰納的文法指導 vs. 演繹的文法指導

　文法事項を指導する指導法の一つに, ターゲットとなる文法事項を含
む複数の例を挙げ, その項目を取り込んだ活動を通して, 当該の言語規
則に気付かせたり, 説明したりする方法があります。このように具体的
な例文による言語活動を行った後に, 文法規則の理解へ誘導するやり方
は, 帰納的文法指導 (inductive grammar instruction) と呼ばれてい
ます (小池 2003)。一方, 文法規則に関する解説や説明を最初から明示
的に与えてから, その規則を具体例に当てはめて, 規則の応用性を指導
する方法を, 演繹的文法指導 (deductive grammar instruction) と呼
んでいます (Larsen-Freeman 1991)。
　実際の言語使用は非常に複雑なプロセスを経ていることから, どちら
か一方の指導法だけで言語学習を完結させるのは不可能だと考えられて
います。どの指導法をとったらよいのかは, 生徒に定着させたい文法事
項の性質によりますし, また学習者の理解度や言語活動の種類にもより
ます。タスクの種類によっては, 前者の指導をとる方が生徒の注意を引

きつけながら授業展開できることがあります。一方，表現形式の仕組み
を明示して，それを意識させたい場合は，後者の方法をとることも考え
られます。いずれにしても，文の組み立て方に関する意識を高め，語句
を適切に組み合わせる規則の理解を促し，実際に英語を使う活動につな
げることがねらいとなります。

 タスク中心の活動から言語規則の「気付き」へ

　ここでは多数に及ぶ文法事項の中から，日本人にとっては習得に時間
のかかる「現在完了」を取り上げます。特に，「現在完了」の用法のうち
「動作・出来事の完了・結果」について，既習事項を踏まえて理解しやす
い例文を使い，その形に「気付き」（awareness）を与え，実際の言語活
動に至るまでのプロセスを考えてみましょう。

2.1 既習事項を踏まえた提示

　新語導入の場合と同様，新しい文法事項は，いきなりそれを提示して
も学習者にとっては負担が大きく，なかなか理解しにくいものです。と
りわけ，日本語と構造が異なる英語特有な「時制」の仕組みを扱う場合は，
すでに学習した事柄との関連を図る必要があります。英語の「現在完了」
は，それと等価の形が日本語には存在しないので，「～した」とか「～し
ている」という語で表現しているのが通例です。現在完了の三つの用法
を①「過去に始まった動作・出来事の現在とのつながり」，②「現在まで
の経験」，③「現在まで継続された状態」に分けて，例文を示しながら各
用法について仔細な説明を加えたとしても，生徒に理解させるのは難し
いものです。

　ここでは①の「過去に始まった動作・出来事の現在とのつながり」を
表す用法に限定して，その指導の手順を考えてみましょう。現行の多く
の教科書では，現在完了の時制を学ぶ以前に既習事項として現在形と現
在進行形と過去形が学ばれているので，それらの時制を含む文をイラス
トと共に導入する展開例は次のようになります。

　「時制」という概念を扱う際には，「時間」というものについての理解
が不可欠です。そのため，いきなり現在完了時制の例文を出して説明を
するというよりも，既習の時制とどのように異なっているかを具体的な
例文と共に示すことによって生徒の気付きを導き出しましょう。

• Ken starts his homework at eight.

• Ken is doing his homework now.

　教員：「ケンは何をやっている最中かな？」
　生徒：「宿題の真っ最中！」
　教員：「Ken is doing his homework now. そうだよね，now と一緒
　　　　に is doing が使われているよね。」

• Ken finished his homework at nine and went to bed at ten.

　教員：「ケンが宿題を終わらせた時間は何時かな？」
　生徒：「9 時です。」
　教員：「そう！ 9 時に終わったから，10 時に寝たんだよね。Ken
　　　　finished his homework at nine. この文では，9 時に宿題が
　　　　終わったということで，過去形が使われています。」

　これらの既習事項の確認後に，現在完了時制が初出の文として提示さ
れます。この文の特徴を解説から始めるよりも，まずは教員の働きかけ

によって，新しい文が既習事項のいくつかの時制と異なっている点に，
まず生徒の注目を向けさせたいところです。

2.2「気付き」を促す工夫

　初出となる現在完了時制の形に注目を向けさせる教員の働きかけの発
問や文の提示方法は次のようになります。

- Ken is enjoying listening to his favorite rock music now.

　　教員：「こんな場面で，ケンが『宿題は終わったの？』（Did you
　　　　　finish your homework? または Have you finished your
　　　　　homework?）とたずねる母親に答える言い方として，次の①
　　　　　と②のうちで，どちらがふさわしいと思いますか。」
　　　　　① I finished my homework.
　　　　　② I have finished my homework.
　　　　　どちらも正解です。それぞれ表したい事柄が異なっています。
　　　　　その説明例は，次のようになります。

　生徒から出されるさまざまな反応に対する教員の応答を考えてみます。

　　教員：「宿題が終わってほっとした気分が続いている今の感じ」を表
　　　　　すには，No.1 の文より No.2 の方がよさそうですよね？」
　　生徒：「やり終えたという感じが No.2 の方がよく表されているって
　　　　　ことですね。」

　このようにして何らかの反応を引き出したいものです。万一反応がな
い場合には，この後に続いて次のような例文を提示します。

　　教員：「So he is enjoying listening to his favorite rock music
　　　　　now.」
　　生徒：「そうなのか！　だから音楽を聞いているんだ。」
　　教員：「そう，何かが終わって，ほっとしたような気分がまだ続いて

いるときは，have finished ~ の形を使って表現します！」
　　教員：Listen to this sentence. Ken has finished his homework,
　　　　　so he is enjoying listening to his favorite rock music now.

　このように「has finished」か「is enjoying」かどちらに重点をおく
かなどを比べつつ，新しい表現の形式に対する「気付き」を促したいと
ころです。

2.3 タスクによる言語活動（1）〈自己表現のための文法事項〉
●基本的な活動例（現在完了）
　気付きの後にくる「意味のやりとり」（negotiation of meaning）の基
本的な活動は，次のような場面を想定して教員が働きかけます。
　　教員：「教室内でグループワークをやり終えた時に，友だちから『グ
　　　　　ループワークの進み具合はどう？』（How is your group
　　　　　work going?）と尋ねられたと考えて，『終わったところなの
　　　　　で，今~しているんだよ！』と答えてみましょう。」
　ワークシートを配布し次の板書例にならいペアワークを行わせます。

板書例

　　A: How is your group work going?
　　B: I have finished it, so I am happy [relieved].
　　教員：「Aになった人は，友だち2人に尋ねてその氏名を確認して，
　　　　　下線の部分についてメモ書きしてみましょう。」

友だちの 名前（2名）	質問文	友だちの答え
1.（　　　）	A: How is your group work going?	B: I have finished it up, so I ＿＿＿＿＿＿＿＿＿＿＿＿＿.
2.（　　　）	A: How is your group work going?	B: I have finished it up, so I ＿＿＿＿＿＿＿＿＿＿＿＿＿.

　Aになった生徒に，自分で書き込んだ情報に基づきプレゼンテーショ
ンをしてもらい，その内容についてクラス全員でQ&Aを行えば，異な
る技能を用いた活動に発展します。

●発展的な活動例
　発展的な活動に進む例としては，以下の板書の対話例にならって表中

のＡとＢの下線部を，「クラブ活動が終わって下校する場面など」を設定して，質問させたり表現させることができます。

【板書例】

A: How is your <u>oil painting</u> going?

B: I haven't finished it yet because <u>I want to make it brighter</u>. /
　 I have finished it, so <u>I'm going home now.</u>

友だちの 名前（2名）	質問文	友だちの答え
1.（　　）	A: How is ＿＿＿ going?	B: I haven't finished it yet because ＿＿＿. / I have finished it, so ＿＿＿.
2.（　　）	A: How is ＿＿＿ going?	B: I haven't finished it yet because ＿＿＿. / I have finished it, so ＿＿＿.

　質問に使われる候補としては，club training, reading marathon, speech practice, student council, classroom cleaning, welcome party, English contest, graduation preparation などがあります。
　上記の質問に対する答えは自由度が増すので，生徒が日本語で答えられても英語で表現できない場合は，生徒が必要とする語句やヒントを教員側から与える臨機応変の対応が求められます。

2.4 タスクによる言語活動（2）〈内容理解のための文法事項〉
●基本的な活動例（関係代名詞）

　英語の関係代名詞を例に挙げてみましょう。2文で言い表せることを1文でまとめて表現する関係代名詞の用法は，中学校では「先行する名詞を説明するという機能をもった文法事項」として扱うことが基本となります。一方，高校では，主格と目的格の用法については，生徒の理解度を考慮しながら「自己表現」と「内容理解」の両面から，定着を図ることが期待されています。
　まず，先行詞が人の場合に使う who（主格）と事柄の場合に使う which（主格）の区別を次のような対話で示すことが考えられます。

【対話例 1】

A: Do you know <u>the Japanese pseson who</u> climbed the 14
　 highest mountain peaks?

B: Yes. He is Hirotake Takahashi. I read an article about him in the newspaper.

A: He's really cool.

B: Yes, indeed!

対話例2

A: Do you know <u>the tallest tower</u> in the world <u>which</u> was built in 2010?

B: You mean the Tokyo Skytree?

A: No. It's in Dubai. We learned about it in social studies class last week.

B: Now I remember! ブルジュ・ハリファ。

A: That's right! It's Burj Khalifa in the United Arab Emirates.

　この活動のポイントは，関係代名詞以下で補足されている主要な内容が把握できるかどうかになります。つまり，対話例1では人を説明し，対話例2では建物を説明していることに気付く必要があるということです。その内容の確認の言語形式は，英問英答（教員が英語で質問して生徒が英語で答える）から英問日答（教員が英語で質問して生徒が日本語で答える），日問英答，日問日答まで幅があり，生徒の理解力に応じて使い分けることとなります。

●発展的な活動例

　上記の対話例1を用いて，有名人（celebrity）を推測させる活動です。次のようなワークシートを配布して，クラスメートから情報を収集させる発展的な活動となります。

対話例3

A: I'm very interested in celebrities.

B: Me, too. OK, then, let's share our information. <u>Do you know the Japanese athlete who participated in the Olympics four times</u>?

A: Yes, Koji Murofushi. He is a hammer thrower!

B: Exactly! I respect him very much.

教員：「この対話例を利用して，『有名人カード』のイラスト中から取り上げたい有名人を選んで左上のコーナーに✓を入れて，クラスメート3人に質問をして情報を集めてみましょう。」

有名人カード				
有名人 / 友だちの名前	□	□	□	□
友だち1 ( )				
友だち2 ( )				
友だち3 ( )				

質問文は次のようになるでしょう。

- Do you happen to know the Japanese tennis player who often attends international tournaments overseas?
- Can you recognize this world famous musician who sang the best-selling song "I Will Always Love You" and passed away in 2012 suddenly?
- Are you interested in learning about a Burmese woman who was awarded the Nobel Peace Prize in 1991?
- Do you know much about the Japanese group which consists of five members: Jun Matsumoto, Sho Sakurai, Kazunari Ninomiya, Masaki Aiba, and Satoshi Ohno?

関係代名詞を使うこのような長めの文で質問をするには，文構造を着実に把握しておかなければなりませんが，それと同時に関係代名詞の前後に置かれる語句に盛られる内容について記憶を持続する力が必要となるので，やや難易度が高くなります。

ただし，関係代名詞が自己表現に十分に使いこなせない段階にある生徒に対しては，代用表現として2文に分けて言い換えることなどの工夫が必要となります。

- This Japanese tennis player often attends international tournaments overseas. Are you interested in learning about him?

- This world famous musician sang the best-selling song "I Will Always Love You" and passed away in 2012 suddenly. Can you recognize her?
- A Burmese woman was awarded the Nobel Peace Prize in 1991. Do you know her?
- This Japanese group consists of five members: Jun Matsumoto, Sho Sakurai, Kazunari Ninomiya, Masaki Aiba, and Satoshi Ohno. Do you know much about them?

　日本語にない関係代名詞の文が理解できるためには，そのような文を聞いたり読んだりする機会を多くして，その形に慣れることが不可欠です。また，このような文で話したり書いたりできる運用力を高めるには，関係代名詞節の構造を意識しながら「まとまった内容」を1文で述べるという発展的な学習も必要となります。

 ## 3 日本語と英語の構造の違いを意識させる練習

　日本語と英語の文の仕組みや組み立てについては，大きな違いがありますが，あまり両言語の比較文法の理論面には深入りしないで，それぞれの特徴を説明することがよいでしょう。

3.1 文構造の違いの理解と練習

|文の例| 日本語：（主語）＋目的語＋動詞
　　　　英語：主語＋動詞＋目的語

　教員：日本語では，私はチョコレートが好きです，と言うとき，言い方は一つでしょうか。
　生徒A：「私」を省いて，「チョコレートが好きです」と言います。
　生徒B：「チョコレートが，私は好きです」とも言います。
　教員：言い方が違っていますが，どちらでも言えますね。でも英語の言い方は一つです。I like chocolate. と言います。I chocolate like. とか Chocolate I like. とは普通，言いません。どうしてでしょうか。

　このように日英の違いが分かるように比較しやすい例を挙げ，同様の例をたくさん示して生徒の気付きを促します。文構造の違いがあること

が理解できた後には，生徒の理解に応じて助詞の有無，語順を重視する言語か屈折を重視する言語かの違い，文型といった文構造の特徴の説明を徐々に加えていくことが無理のない学習となるでしょう。

その後，簡単なS+V+C，S+V+Oのかたちの例文をたくさん用いて，文構造の違いに慣れるような練習が必要でしょう。

また，英語では日本語と異なり，副詞的な要素がS+V+CやS+V+Oの後に付加されることも，文構造の違いとして指導しておきたいことですが，まず，上記の主語と動詞の語順についての理解が先で，副詞句などを後置することについては，時間をかけて多くの例に触れさせ，口頭ドリルや言語活動を通して用いることができるようにしながら，機会を捉えて気付きを確認してやることがよいでしょう。

英語：主語＋動詞＋その他
日本語：（主語）＋その他＋動詞

説明が理解できたからといって，その知識がすぐ使える技能になる訳ではありません。十分なドリルや言語活動を通じて英語の語順に慣れ親しんだ後，簡単な説明で文法知識の定着を促すのです。

3.2 後置修飾に関する変換練習〈修飾語＋名詞→名詞＋修飾語〉

生徒の「つまずき」の一つは，英語の修飾語が名詞の後に置かれる「後置修飾構造」です。この違いを自動化して言えるようになるには意識的な練習が必要ですが，その練習の前後に，次のような構造の違いを理解する視覚的ヒントを与えて，生徒に「日本語と英語にはこんな違いがある」という事実を実感させたいものです。

僕が本屋で出会った　理科の先生

↓

the science teacher　I met at a book store

このような練習は語句のレベルで練習させるだけで，「気付き」の効果が期待できます。提示する表現例は「母がつくったフライドポテト」（the French fries my mother made）や「私たちが踊ったヒップホップ」（the hip-hop we danced）や「トムが書いた漢字」（the Chinese character Tom wrote）などのなじみやすい内容がよいでしょう。ただし，後置修

飾を扱う場合は，前置修飾の指導を含めて修飾と被修飾の関係性を十分に理解させることが大切です。そのため節の構造をもった例文の提示はあまり早い段階で用いるべきではありません。

3.3 言い換えが求められる変換練習〈僕はウナギだ！〉

　場面に依存した日本語の日常表現には，言い換えを必要とするものがありますが，それらの中には生徒が興味を示してくれるものも少なくありません。レストランという場面では注文の際に I am an eel. と言っても注文が店員に伝わる可能性があるでしょうが，その場面とは無関係にこの発話をすれば，What do you mean by that?（何を言いたいの？）などと，言い返されてしまいます。このような場面依存型の表現は日本語にも存在することに気付かせることが，ことばの実際の使用について興味を持たせるきっかけとなります。例えば，「今日はすき焼きがいいな！」の日本語では，「今日は」の部分は話題を導入する「切り出し」に当たり，「今日は，（私は）すき焼きが食べたいな」と英語に変換しやすい日本語に直してから I want to eat *sukiyaki* today. と英語で表現すれば，「通じる度合い」（comprehensibility）が損なわれないという事実に気付かせることも文法指導の重要な役割の一つです。

 ## 文法指導の留意点

　ことばの仕組みや規則を提示する場合の留意点は，大きく次の 4 点に集約されます。

4.1 生徒の認知レベルには個人差がある

　クラス内には言語に関する規則を理解するのに興味を示す生徒とそうでない生徒が存在します。英語学習の好き嫌いと同様，その差は学年が上がるにつれて広がる傾向が見られます。生徒間の学力差などの個人差に配慮しながら文法指導の展開を決めなければなりません。抽象度の高い文法事項でも，できるだけ生徒が親しみやすい例文を用いながら，それが実際に使えて視覚的にも理解を促進する場面を設定して提示したいものです。

4.2 複雑な説明を要する規則には深入りしない

　内容を正確に理解するために必須な文法事項であっても，込み入った

解説や長時間に及ぶ説明になる項目は，一度で理解させることを手控える配慮が必要です。教員が与える説明について，生徒が分からない箇所が質問として出されると，それに誘発されて類似の質問・疑問が続発することがあります。授業展開のリズムやテンポを乱さないように，文法事項の扱いは必要以上に深入りしないことを念頭に入れておきましょう。

4.3 単純に見える表現でも明快に説明できるとは限らない

日常会話の「決まり文句」（routine expression）は，使用場面に特有な表現であり，その構造については明快な説明が行えないことがあります。例えば，For here or to go?（ここで召し上がりますか，それともお持ち帰りにしますか？），Long time, no see.（お久しぶり。），Couldn't be better!（絶好調！）などは，その構造を説明しようとすると難解にならざるを得ません。こうした表現をコミュニケーションの場で使えるようにするために，こうした表現が用いられる場面をたくさん用意して「慣れ親しませる」ことが大切です。

4.4 例外がない文法規則はない

教員の多くは，教えている言語に関する自分の「知識不足」や「落ち」があることを気にしがちなものです。しかし，エスペラントに見られる人工言語とは異なり，英語のような「自然言語」では，全ての事象が規則として矛盾なく説明できるものではありません。このような視点で英語を捉えておけば，教室内で説明を過剰に行うという無用な拘束感に陥らなくても済みます。特に「ひとかたまり」（whole chunk）として，生徒に丸ごと理解させて使わせたい表現もコミュニケーション活動では少なくないことも承知しておきましょう。

⊘ **理解チェックのための課題**

今までに中学校・高校で受けた文法指導の特徴について振り返り，その長所及び改善点をまとめてみましょう。

⊘ **応用発展をめざした課題**

本章で扱っている現在完了時制と関係代名詞を除く文法事項を一つ取り上げて，それに関するタスク活動を具体的に考えてみましょう。

コミュニケーションツールとして
新しく考案された 'Globish'

　フランス人の Jean-Paul Nerrière によって 1989 年に英語圏でない地域の共通言語として考案された英語の一種です。世界中でビジネスや旅行の 90％に対応できると言われています。1,500 語を基本単語として，六つの基本的な時制を使い，文は分かりやすく 15 単語以内で，長くても 26 語以内が望ましく，熟語（idioms）や比喩やユーモアは使わず，話すときには，ボディーランゲージ（身振りや表情）などを活用し，できるだけ単文を使い受動態より能動態を使ってコミュニケーションを行います。時制は，現在形，過去形，未来形，進行形（現在，過去，未来）を使い，過去完了進行形，未来完了進行形，倒置法，二重否定などの使用は避けるべきという理念に基づいています。（McCrum 2010；Nerrière and Hon 2011；近藤 2012）。

第17章

語彙の指導，辞書の指導

> 　語彙の知識は英語のあらゆる面に関わってきます。その割には，その習得について個人の努力に任されていることが多く，語彙の体系的指導ということが英語教育で取り上げられることはあまりありません。語彙習得のメカニズムや記憶に有効な語彙の学習法，辞書の指導など，語彙について多様な観点から論じたいと思います。
>
> ● **本章で学習してもらいたい事柄** ●
> - これまでの語彙学習の問題点とは何であったのか
> - 私たちは語彙をどのようなプロセスで習得していくのか
> - 語彙記憶のメカニズムとはどのようになっているのか
> - 語彙の学習法，記憶法にはどのような方法があるのか
> - 未知語推測を効果的にするための条件はあるのか
> - 電子辞書は英語学習のどのような面で有効なのか。また，欠点はあるのか

1　語彙学習の意義・ねらい

　英語学習において語彙の重要性を否定する人はいないでしょう。英語を聞く，話す，読む，書く，その全ての技能において語彙や表現を知っているかどうかが，理解や発信の成否の分かれ目になるといえるからです。しかしながら，これまで英語教育においては授業の中で語彙を系統的・組織的に教えられたという印象は少ないのではないでしょうか。

　語彙，あるいは単語を「知る」，「知らない」の違いというのは，英語学習においてどのような意味を持つのでしょうか。例えていうと，文章を理解する際においては，ジグソーパズルをするときに絵のピースは揃っているか，それとも足りないかの違いに相当すると考えられます。語彙の数が少ない，つまりピースが少ないということになれば，ジグソーパズルの絵は完成しないばかりか，所々穴あきで，絵全体が認識できない，つまり文章なら内容理解に障害が出るということになります。

またその一方で，語彙をたくさん知っていれば文章がよく理解できるかというと，それも単純なことではありません。ある語彙，特に多義語についての理解を例に取りましょう。"held" という語がある文章内で繰り返し使用されています。語彙がある文章の近い個所に出てきます。それは以下のような文章です（寺内他 1997）。

> The mayor of the town invited people from all over the country to take part in a "love letter" contest he ①held last year as part of efforts to promote his town. ... You ②held me in your strong arms for only a fleeting moment.

"held" は "hold" の過去形で，"hold" の辞書における初出の意味は「つかむ」とか「握る」です。したがって "held" の意味は「握った」，「つかんだ」という意味だと解釈し，この文章の中の "held" の意味を解釈しようとするでしょう。また，さらに厄介なことには，ここでの二つの例文の "held" の意味はそれぞれ異なっています。下線①の "held" は「開催した」で，下線②の "held" は「抱きしめた」です。つまり "held" あるいはその原形の "hold" は，複数の意味を持つ多義語だということの認識が各文の正確な意味理解の前提になります。

　話を元に戻すと，語彙の学習には二つのことが重要になるということです。一つは，英文という絵が分かるべく，なるべく語彙（単語）の数を増やすことです。そしてもう一つは，語彙（単語）の文脈の中での意味を決定できること，言い換えれば，語彙（単語）の意味範囲の認識を増やしたり，ニュアンスを理解するようになることです。この章では，英語教育における語彙指導の問題点から入り，語彙学習の原理を学習し，実際の語彙指導に対する方法やヒントを中心に論じていきますが，最終的には語彙の自律学習に欠くことができない辞書の指導についても述べていきます。

② 英語教育における語彙指導の問題点

　ここでは，語彙指導における教員の悩み，あるいは生徒の語彙力がなかなか定着しにくいことへの教員のジレンマのいくつかを挙げてみたいと思います。

（1）語彙の知識がなかなか身に付かない。新出語句・語彙をなかなか覚えてもらえない。

(2) 知識としての語彙の量は増えても，それを発話の場面で使用できない。使える語彙が簡単には増えない。

(3) 英語学習の中で語彙の占める位置は大きいとは思うが，授業でとりたてて指導できる時間が少ない。

(4) 語彙についてのさまざまな側面を指導できない。発音，スペリング，意味の指導で精一杯である。

(5) 日常レベルの簡単なことを表現する語彙を教える機会が少ない。

次に，英語教育における語彙指導についての問題点をいくつか挙げてみましょう。

(1) 語彙指導は，文法指導に比べて軽視されてきた。

(2) 語彙を増やすことについてはほとんど学習者の個人学習に任されてきた。

(3) 指導方法のバリエーションが決して多くはなかった（暗記，英語と日本語の併記リストの記憶など）。

(4) 限られた授業時数の中で，語彙指導に割く時間をあまり取れない。

(5) 語彙のさまざまな側面を深く教えきれない。

(6) コミュニケーションを英語で行うために使用する語彙の絶対量が足りない。

(7) 授業で教えられる範囲を指定して，そこで実施される語彙テストの成果，定着の効果がほとんど検証されていない。

(8) 理解のための語彙と発表のための語彙とを互いに区別して教えられていない。

これから，語彙学習や習得についていくつかの知識を得ながら，以上の問題に対処する方法を考えていきましょう。

③ 新学習指導要領で求められる語彙の力

さて，語彙指導における問題点を踏まえながら，新学習指導要領で求められる語彙の能力や重要視される語彙の側面について考えていきましょう。

3.1 新学習指導要領と語彙の数
まず，教育現場で扱われる各学校段階の語彙の数がとても増えたということがいえます。これは扱われる英語の技能が五つの領域となり，そ

れらの目標を達成するためにより豊かな語彙が必要となるということなのでしょう。具体的には，次の表のように整理できます。

	旧（語数・程度）	新（語数・程度）
小学校		600~700
中学校	1200	1600~1800
高等学校	コミュニケーション英語Ⅰ 1600	英語コミュニケーションⅠ 2000~2200
	コミュニケーション英語Ⅱ 2300	英語コミュニケーションⅡ 2700~2900
	コミュニケーション英語Ⅲ 3400	英語コミュニケーションⅢ 3400~3600

　このように，高等学校では，以前の1800語程度から，新学習指導要領では，1800 ～ 2500語の学習が想定されていることになります。そうすると，小学校，中学校，高等学校で最大5000語の語彙学習が求められるということになります。

　もちろん，5000語を上限とすることではないでしょうし，また，個人の英語の内容に関する興味・関心によってその数は異なってくるでしょう。さらに，この5000語というのはあくまで，この後述べる受容語彙が想定されたものといって良いと思います。

3.2 語彙の特徴・受容語彙と発信語彙

　さて，次に重視される事柄としては，語彙指導において，語彙を受容語彙（passive vocabulary）と発信語彙（active vocabulary）に分けて指導するべきだということです。受容語彙とはNation（1990）によれば，出会ったときに単語を認識し，意味を思い出せる語彙のことで，語彙の意味は知っていても使うレベルにはいっていない語彙のことを指します。一方，発信語彙とは，適切なときに必要な単語を言うこと，書くことができる語彙のことで，語彙を理解し，さらに使えたり表現できたりすることができる語彙のことを指します。

　Melka（1997）は，この受容語彙から発信語彙への段階を4つにまとめています。それは，①模倣と理解を伴わない再生の段階，②理解だけの段階，③理解を伴った再生の段階，④表出の段階です。

つまり，語彙というものは，まず，意味も分からずたくさんの文脈に触れながらその存在を意識し，文脈を伴った相手とのやり取りの中でその意味を理解し，その後，色々なやり取りや文脈を通じて表現している内に，やがて語彙を意図的に使えるようになる段階に至り，次第に習得していくものであるということになります。また，学習する語彙については，学習者の負担などを考えると全て表出できる必要はなく，一方で動詞を中心に発話の機会を増やすべき語彙があり，また他方で，指導の中で語彙の学習をその意味理解のみに限定する場合もあるということです。

3.3 語彙指導の注意点

さて，最後に語彙指導における教員の注意点を述べます。一つには，ただ，やみくもに学習者の語彙数を増やすことに力点を置かないことです。小学校から高校に至る段階的な語彙習得をめざすべきで，ふんだんな文脈提示，その繰り返しの中から数多く語彙に触れさせ，その意味やニュアンスを理解させ，活用や使用の文脈を増やしながら徐々に語彙の多くの側面を理解させ次第に定着させるよう心掛けるべきです二つ目には，語彙を単独に覚える方法と 4 技能などの文脈を伴った方法で覚える方法のバランスを取るよう学習者を指導して欲しいことです。また語彙の習得には量と質の両方にも配慮しましょう。三つ目に，語彙習得に関して，先にも述べましたが，個人の英語や英語の内容に関する興味や関心を重視するということです。つまり，個人が持つトピックへの興味や関心によって，学習する語彙の種類や中身は自ずと異なる可能性があるということです。逆にいえば，語彙の種類や分野を限定せず，学習者の意欲によって語彙を増やしてあげるのが好ましいでしょう。四つ目に，語彙学習に関する方法や経験を学習者自身に記録させることを奨励することです。語彙の学習方法にはやはり，個人差があります。自分に得意な方法やうまくいった経験を記録させ，その後の学習計画をさせると彼らのメタ認知能力も開発することができます。

語彙学習はこれからの英語教育における鍵になりそうです。個々の学習者の語彙の学習の様子に着目し，その方法開発に努力しましょう。

 ## 4 語彙学習の原理

第二言語において私たちはどのように語彙を覚えていくのでしょうか。

4.1 語彙学習の五段階
それは次の五段階だと言われています（Hatch and Brown 1995）。

(1)新しい語彙に遭遇する。
(2)語形を理解する。
(3)語彙の意味を理解する。
(4)記憶に残っている語形と意味を統合する。
(5)語彙を実際に使ってみる。

語形と意味をどのように頭の中でネットワーク化して連携させるかが語彙の記憶に重要な役割を果たすことが分かります。

4.2 語彙の広さと深さ
次に語彙の学習や習得といっても，語彙には，広さ（breadth）と深さ（depth）という二つの次元があります。前者は，2,000 語知っている，あるいは 3,000 語知っているなど，視覚語彙（sight vocabulary）のような量の大小を意味します。一方，後者は，一つの語彙の多様な側面をどれだけ多く知っているか，その浅さ，深さに関係することです。語彙の広さについては，テキストの約 90％をカバーする基本の 2,000 語までは授業で明示的に丁寧に教えて，残りのいわゆる低頻度の語彙（100 回に一度出現）については，未知語推測で処理させるべきだという研究者もいます（Nation 2001）。一方，語彙の深さについては，当該語彙について覚えるべき諸相が多様にあるという考えで，具体的には，発音やスペリング，形，他語との意味関係，使用域，頻度，統語的特性や連語的特性などが挙げられます（Qian 2002）。例えば，語の統語的特性とは，"always" という語を文章中に挿入する時の位置についての知識などがこれに相当します。

4.3 語彙とその記憶の関係
まず，語彙の登場頻度と記憶の関係についてです。一体どれくらいの頻度で当該語彙に触れれば，あるいはその語彙が登場すれば，語彙は定着するのでしょうか。語彙の特徴によって違いはあるでしょうが，一般的には 5 ～ 7 回の間であるといくつかの実証研究ではいわれています。
それから語彙の記憶や定着に関係する考え方としてリハーサル（rehearsal）というものがあります。これは，語彙を学習した後にある一定のインターバルで再度その語に遭遇することによって，記憶がより

強化されるということです。この場合，そのインターバルは，語彙学習の直後，3 日後，1 週間後，1 カ月後と，一定の間隔を保持していくことが大事になります。そうなりますと，単語テストなどがよく学校で行われますが，ある語を一度テストに出したら，その語彙を少し時間的な間隔を置いて次の定期テストで再度提示するという工夫が語彙の記憶強化の点で重要だということになります。

ところで，これまでの自身の語彙学習の経験において，記憶するのが容易でなかった英単語にはどのようなものがあるでしょうか。その苦手とする特徴を列挙してみてください。もしかするとそれが，語彙の記憶を難しくしている要因の一つかもしれません。"difficult" と "different" とか，"except" と "expect" などを挙げる人がいるかもしれませんが，このようなスペリングが似た語彙というのも語彙記憶の困難な要因の一つとなります。

語彙を記憶しやすくするのにはどの方法が最もよいのか，効果的なのかということについてこれまで明確な研究結果はでていません。ただ一つはっきりしていることは，一つの語彙を記憶するのに，複数の方法を使うと有効であるということです。例えば，ある語について，反対語や同意語を調べたり，語源を調べたり，語形の分析をしたりといった具合です。あるいは，学習したい語彙との係わりの程度が記憶に重要な要因だともいわれています。

4.4 語彙の記憶と係わり度

語彙の記憶に貢献する三つの係わり度（involvement）の要素を挙げてみましょう（Laufer and Hulstijn 2001）。

（1）語彙の必要度（need）

文字通り，学習する必要性が強いかどうかということ。例えば，野球では監督のことを "manager" と呼ぶ。では，部活動で洗濯やお金の管理を任されるマネジャーというのは英語では何というのだろう。この疑問によって辞書を調べてみると "club secretary" というらしい。この作業によってこの単語は比較的容易に頭に入ってしまう。

（2）語彙の検索度（search）

未知語を辞書で引いたり，その意味を教員に尋ねたりする行為。

（3）評価（evaluation）

ある特定の文脈に合致するかどうかを調べるために，当該語彙を他の

語と比較したり，特定の意味を他の意味と比較したり，他の語と結びつけたりすること。具体的には，例えばリーディングにおいて，テキスト内での多義語の意味を推測・決定し，それを辞書で確認した後，自己の推測の有効性を確認すること。あるいは，ライティングにおいては，ある意味表現における語彙選択の適切さを確かめること。

　一つの語彙を記憶することにおいて，以上の三つの係わりが起こると語彙の記憶は飛躍的に増大するといわれています。語彙の習得は，最初に発音やスペリングや意味といった部分的な知識を身に付け，その後，さまざまな文脈の中でそれらの語彙に触れることによって，知識や運用力がつき，語彙のより深い側面が内在化されるようになります。

⑤ 語彙の学習方法

　ここでは個人レベルで行われる語彙の学習方法，つまり語彙の覚え方のいくつか代表的なものを挙げてみましょう。

(1) 付随的（間接的）学習法（Incidental vocabulary learning）
　英語を読み，書き，聞き，話すといった行為の中で自然と語彙の量を増やしていく方法。

(2) 意図的（直接的）学習法（Intentional vocabulary learning）
　直接，語彙自身に焦点を当てながら，あるいは語彙自身を分析しながら語彙の量を増やしていく方法。例えば，語の反対語，同意語，同族語（friend, friendly）の提示や単語構造の分析による学習方法。

　以上の (1) と (2) の方法については，両方を組み合わせて実行することが望まれます。(1) は語彙のニュアンスなどの習得には有益ですが，覚えるのに時間がかかり，語彙を数多く覚えるのに不利です。逆に (2) の方は，短期間に語彙の数を増やすのには有益ですが，文脈の中で語彙を覚えるわけではないので，語彙のニュアンスはあまり身に付きません。つまり，(1) と (2) は相補的な方法であるといえます。ただ，現実的には，これら付随的，意図的語彙学習法の順序については，まず，意図的学習法によって個々の語彙や単語の意味を着実に増やし，ある程度語彙の知識が溜まった段階で，次に，4 技能の活動を通して，文脈の中で語彙の意味範囲を次第に認識，理解していくというのが自然な方法でしょう。ただし，中学校段階のように語彙の意味が比較的簡単な場合には最初から文脈内での提示も十分可能です。

また，他にも，次のような有効な語彙学習方法もあります。

（3）キーワード・メソッド（Keyword method）や洒落で覚える

これは，学習している外国語の覚えたい単語を学習者の母語に該当する単語の意味と音とに関係づけて覚える方法で，欧米では非常に有効な方法だと考えられています。この方法は，別のことばでいえば洒落で覚える方法です。例えば，**デモ暮らしの民主主義**→ democracy などがあります（武藤 1974）。ただし，有効な方法だとは思いますが，関係付ける日本語の音（ここでは下線のデモ暮らし）が英語の実際の democracy の音とは若干異なるので，実際の指導では注意が必要です。

（4）概念で覚える方法

語彙にはそれぞれ基本的意味概念が存在します。その概念が語彙の表す意味範囲を決定しているといってよいでしょう。特に動詞については意味概念を知ることによって，それに伴う連語などの意味把握も可能になります。例えば，"come" と "go" の概念の違いについて考えてみましょう。まず，"come" には，「中心点に向かって次第に近づく」という概念的な意味があるといわれています。一方，"go" は，逆に，「中心点から次第に離れていく」という概念的な意味を伴うといわれています。この二つの意味概念を頭に置いた上で，次の場面を考えてみましょう。例えば，家で母親が2階の部屋にいる子供に向かって「夕ご飯ができたよ」と呼びかけたとします。すると子供が「今，行くよ」と答えたとしましょう。この場合の英語は "I'm going now." になるか，それとも "I'm coming now." になるかのいずれかでしょう。答えは後者です。なぜなら，この場合，人物が母親のいる食堂に向かって近づいていくからです。つまり，「食堂という中心点に向かって人物が近づいていく」という概念を持つ "come" を使うことになるわけです。

（5）グループ化して覚える／語彙ネットワークで覚える（Vocabulary mapping）

つまり，ある語彙を取り上げると，記憶の中から芋づる式に関連語彙が頭に浮かぶようになり，それだけ語彙の量も増えることになります。

例えば，家の中にあるものを英語語彙でネットワーク化して覚える方法があります（Harmer 1991）。

House ⇒ lounge: video – coffee table – sofa
　　　⇒ kitchen: saucepan – sink – kettle
　　　⇒ bedroom: chest of drawers – alarm clock – sheets
　　　⇒ bathroom: towel – washbasin – shower

(6) 絵や写真と結びつけて覚える

今では，Picture dictionaryと称する多様な辞書が市販されていますが，日常生活の中で頻度が高く現れる語彙などはこうした辞書で視覚的に実物を見ながら覚えるのが効果的です。

(7) 語彙の暗記をする（Rote learning, repetition）

語彙をリストで覚えたり，日英語併記（フリップの表に英語，その裏に日本語の意味を書いて覚える）のやり方です。オーソドックスな方法ですが，この方法が意外に語彙の直接の記憶に有効であるとの研究結果があります。

(8) 4技能を使って覚える

見たり，聞いたり，読んだり，書いたり4技能を駆使して語彙を覚える方法です。特に書きながら覚える方法は，より効果があるようです。

これまでいろいろな語彙学習方法を述べてきましたが，教員はこれらの方法を学習者に適宜紹介して，どの学習法を選択するかは学習者に委ねるべきでしょう。なぜなら，学習方法の好みというのは学習者の認知スタイルの問題もあって，個人差があるからです。

⑥ 語彙の指導方法

語彙を実際にどのように指導すべきか，いろいろと方法はありますが，先にも述べた通り，特に中学生段階では，新出語句の最初の指導において，英語を示してすぐに日本語の意味を提示する方法は避けて，なるべく文脈の中や生徒の身近な話題との関係で提示した方がよいと思われます。

| 例 | new

Look! This sweater of mine is new. This is a birthday present from my wife. I like it very much because it's a nice color and has a nice pattern. My car is also very new. So I polish it with water every week. "Polish" is *migaku* in Japanese. So what does "new" mean?

また，授業中の語彙の提示方法として，①実物で示す方法，②絵や写真で示す方法，③模倣やジェスチャーで示す方法，④その組み合わせ，などがあります。

次に未知語推測の指導について述べたいと思います。未知語推測は語彙の習得に有効な方法であり，生徒は教員から「推測しなさい」としば

しば言われます。しかし，未知語推測の成功率はあまり高いものではないとの研究報告もあります。未知語推測の成功が，未知語を取り囲む周辺の語を多く知っているかどうかに依存するからであろうと思われます。ある研究者は未知語の率が5%とか3%でようやく成功すると述べています。そうなると，未知語推測を成功させるためには，生徒の語彙力を上げるか，テキストのレベルを生徒が理解できるレベルに合わせて選択する以外にないことになります。実際には未知語推測は語彙力をつけるために有効だといわれていますが，やらせてみると意外に難しいもののようです。

 ## 7 辞書指導

　英語の学習は教員から知識を提示されたり，訓練を受けたりという側面ももちろんありますが，その向上のほとんどは個人の学習に依存しているといっても過言ではありません。語彙の学習はその定着のためには個人的訓練が不可欠で，その場合，辞書を使いこなす能力というのは特に重要になってきます。

　辞書指導として必要なことは，主に次のような点です。

(1)辞書における語彙の配列の原則
(2)辞書に含まれる情報の種類
(3)情報の種類を表す文字記号の種類と意味
(4)発音記号と実際の音との対応
(5)多義語の場合の意味決定の方法と例文の活用法
(6)4技能の活動における辞書の活用方法

　これ以外にも，例えばリーディングの場面で未知語が現れた場合，辞書を引くことはテキストの内容を理解するためには必要ですが，分からない語彙が現れる度に辞書を引いていたのでは，文章のこれまで読んだ内容も不明確になってしまいます。ですから，指導として，辞書を引く場合は，不明な語の品詞や意味をまず予測してから引く，あるいは文章の大枠に関係した未知語だけを引くなどの制限をさせた方が語彙の習得にはより有効でしょう。辞書使用には，語の分からない用法を知るために読み込む（dictionary reading）ということと，語の意味がたまたま分からないので参照する（dictionary reference）という2種類の機能が

あると思います。

　最後に，最近流行の電子辞書の使用について述べます。現在はコンピュータの普及もあって，内蔵のコンピュータを使った多量な情報貯蔵と高速検索を特徴とした携帯電子辞書が普及し，学校現場でも，使用する学生が大多数を占めるようになりました。このような状況にあって，今や電子と紙の辞書の機能の比較をしても決定的な意味を持たないことかも知れません。しかしながら，電子辞書の特徴を挙げるとすれば，①持ち運びに便利という携帯性，②検索の迅速さ，③それに伴い自然に辞書を引く数が増える，さらに，その結果として④多様な検索ができる，⑤連語やイディオムが多量に関連語として示されるため，嫌でも多面的な表現に触れることになる，⑥また近頃では語を検索するとその音声情報も得られる，という利点が考えられます。逆に欠点としては，情報の表示画面（スペース）が狭く，一度に多くの情報を見ることができない，あるいは，多面な情報が内蔵されているにも関わらず基本的な情報しか大抵は活用しない，という見過ごせない弱点があります。ちなみに，朝日新聞の記事（2006 年 2 月 25 日, *be on Saturday*, 6 ページ）は，電子辞書を選ぶ三つのポイントとして，①収録辞書とサイズ，画面の見やすさで選ぶ，②語学学習には音声再生機能のある機種を選ぶ，③後から辞書を追加できるかも確認する，の三点を挙げています。

　いずれにしても，電子辞書の登場で生徒が辞書を気軽に持ち歩き，手軽に語彙を検索する場面が増えました。それはよいことですが，深く辞書の情報を読み込む機会はかえって激減したのではないでしょうか。紙の辞書は一覧性，つまり，色々な情報を紙面で得ることができ，マーカーするなどして，自分独自に必要な情報にチェックを付けることができます。一つの語彙についてどのような種類の情報が記載されているのかを学べば，その利便性はさらに一挙に増すことでしょう。その意味では，現場で一度は，特に入門の段階で紙ベースの辞書指導の必要性は大きいと思います。

　とにかく，自律的学習者を育てる観点から，時間的に制約はありますが，是非とも何らかの方法で辞書の指導あるいは手ほどきを授業中に行ってもらいたいものです。

理解チェックのための課題

自分がこれまで好んで行ってきた語彙の記憶方法について考えてみてください。また，自分にとって特に覚えにくかった語彙を挙げ，それを各自他の者の前で発表し，クラス全体で覚えにくい特徴の主なものは何か議論してみましょう。できればその後で，克服例があれば紹介しましょう。

応用発展をめざした課題

watch, cow, smile, laugh, glasses, walk, building などの語彙は本章の「❻語彙の指導方法」で示したどの方法で提示すると有効でしょうか（例：ジェスチャーを使う，など）。考えてみましょう。

コラム

プラス・イメージの語と マイナス・イメージの語

　日本の英語学習者は，どちらかというと，beautiful, nice, happy, good, smart などのプラス・イメージ，つまり肯定的なイメージや意味の語彙はたくさん知っているかもしれません。その一方で，マイナス・イメージ，つまり，否定的なイメージの語彙はあまり持っていないかもしれません。例えば，ugly, dirty, messy, dislike, hate, unkind, disagree のような語彙です。そもそも，日本の教科書に出てくる人物設定というのが，ほとんど品行方正な教員や生徒たちで構成されています。生徒の場合，部活にも熱心に打ち込み，環境問題にも関心を持っているといったようなステレオタイプ的な設定です。でも果たして，これで他者の意見に反論したり，不快な気持ちを表現したり，ということができるでしょうか。

　教育的に良くない語彙を敢えて覚えさせる必要はありませんが，多少はマイナス・イメージの語彙の学習も必要だと思います。表現力の向上のためにです。たとえ，実際そのような語彙は頻繁には使わないとしても，理解できる語彙としては増やしておきたいものです。

第18章

授業改善の工夫

実際に教壇に立って授業を行ってみると，準備したとおりに授業が展開するとは限らないことに気が付きます。また，取り組みやすいと思われる練習を用意しても，生徒は期待したとおりに反応してくれない現実にも直面します。だからこそ，教員は絶えず授業の工夫・改善をすることが求められます。ここでは授業改善の工夫を，授業診断の視点も含めて検討していきましょう。

● 本章で学習してもらいたい事柄 ●
- 授業診断の項目はどのようなものがあるか
- 授業診断の方法はどのようにしたらよいか
- 授業改善の実際の方法を知ること
- 授業後の振り返り（リフレクション）の意義を理解すること

1 授業診断の項目

授業を診断する主なねらいは，当該授業の評価に限らず，次回の授業に向かって，さらに良い授業を行うために，どのような改善をしたらよいかを具体的に考えることです。その診断の項目は，大きく2種類に分類されます。

1.1 授業に直接的に関わる診断項目
実際に行われた授業を分析して，その授業の改善点の有無や適正度などを判断するための項目です。授業に直接的に関わる診断の項目は，次のような内容で構成されます。

（1）授業目標の具体性，（2）授業展開の計画性，（3）授業の目標と活動の妥当性，（4）各活動の時間配分，（5）指示・説明の的確さ，（6）練習や展開（各活動）の妥当性（種類，難易度，取り組みやすさ），（7）視聴覚機器の利用度，（8）その他：指名の配慮・工夫，誤りへの対処，雰囲気づくり，活動への参加の支援，動機付け，板書計画など

1.2 授業に間接的に関わる診断項目

　授業の出来・不出来に間接的に影響を及ぼす要因があります。その多くは，教員には選択や制御の自由が与えられていないのが通例です。しかし，これらの要因は，教員の個人の努力や裁量を超えたものとして，授業の成否を大きく左右する可能性があることにも留意しておかなければなりません。その主な診断項目は，次のような内容で構成されます。

　（1）地域社会の特性，（2）学校種別，（3）学校の規模（各学年のクラス数），（4）カリキュラム編成，（5）クラスサイズ，（6）専科教員・非常勤の教員数，（7）保護者の協力・サポートなど

② 授業診断の方法

　授業診断の方法は大きく次の二つに分かれます。教員自身が行う「自己診断法」と，教員以外の者による「第3者診断法」です。
　診断の具体的なやり方としては，主に次のようなものがあります。

　（1）「授業毎の振り返り（リフレクション：reflection）を通して行うもの」
　（2）「IC レコーダーなどに授業を録音して行うもの」
　（3）「DVD などに授業を録画して行うもの」

　（1）は主に自己診断用ですが，第3者診断法には（1）〜（3）を併用することもあります。

2.1 自己診断法

　この診断法の特徴は，教員自身が単独で行えるという点です。しかし，授業を他者に見てもらわないため，独善・独断的な診断に陥りやすい欠点があります。この点に注意すれば，恒常的に行える方法なので，授業改善をしたいと願う教員には利用価値は高くなります。

（1）振り返り（Reflection）によるもの

　授業を行った後に気が付いた点をメモしておく「授業日誌」や，記載する内容について項目を立てて記録する「授業記録」があります（Burns 1999）。前者は思いついたことや直感的に印象に残ったことなどを書き留めることになり，時間や手間がかからないものの，系統的な授業分析には適さないという欠点があります。後者の「授業記録」は，学習指導案に照らしたりして記録のための項目を事前に作成することが必要です。

その記録項目表ができれば，あとはそれにしたがって必要事項を記載していくことになります。記載する分量は授業によって差が出てきますし，また，「授業日誌」も「授業記録」も記述式なので，授業を終了した当日中に記録しておかないと，時間が経つにつれて記憶が薄れてしまい正確さに欠けることになったり，記載することが負担になったりするというマイナス面があります。これを避けるためには，2.2 に示したような，時間をかけずに簡便に処理できる「授業診断チェックリスト」を活用する方法があります。この方法は，リストの該当する箇所にチェックを入れたり，数字を書き込むだけで済みます。したがって，諸事に追われて多忙な教員でも活用できる可能性が大きくなります。ただし，このチェックリストには1週間・1ヶ月・1学期単位ごとにデータを集約・まとめる作業が伴います。

(2) IC レコーダーなどによるもの

　授業を，IC レコーダーなどを使って録音する方法があります。教員の用いる英語の適切性や説明が明確であるか，声量が十分であるかという基本事項をチェックするだけでなく，教員が話している時間と生徒が話している時間の割合を把握するのに有効です。この目的以外にも，教員が話す際の間（ま）の取り方やタスクを行わせる際の指示の仕方が的確であるかどうかが分かります。ただし，IC レコーダーは必要な音や発話以外にも周辺の雑音などを拾ってしまう弱点があります。しかし，必要箇所を選択的に聞くことができるので，手間を惜しまず，時間があったら自分の授業を録音して，自分の授業の癖を知っておきたいものです。

(3) DVD などの録画によるもの

　自分の声を音声で初めて聞いた時の驚きと同様，自分の授業を録画して教壇に立つ自分の姿を目にすることは相当の勇気を要します。しかし，映像で授業の進行を確かめると，音声だけの場合と異なり多様な情報が入手できます。①教員の「立ち位置」が適切であるか，②適切で無駄のない発言をしているか，③黒板に書く箇所や文字の大きさや板書の速度が適切であるか，④フラッシュ・カードの提示に問題がないか，⑤各生徒へ均等に視線を向けているかなどの多種の情報が得られます。ただし，自分の授業を自分で撮影する場合，普通はカメラを1台セットするのみであり，一つのカメラから覗いた授業の範囲は極めて限られてしまいます。録音・録画であっても，実際の授業が醸し出す臨場感の一部しか反映されません。教室に身を置いて五感を総動員して得た情報に勝るものはないのも確かです。

2.2 第 3 者診断法

　この診断法は自分の授業を他人に見てもらい，その後に講評・批評してもらうものです。この第 3 者診断を，2.1 自己診断法（1）の授業担当者自身による毎授業の振り返りを通して得た自己診断の記録やデータを勘案しながら行うことができます。また，下記の「授業診断チェックリスト」は，「第 3 者診断」のチェックリストとしても利用できます。さらに，(2)「IC レコーダーなどに録音して行うもの」や（3）「DVD などに録画して行うもの」を第 3 者診断法として用いることで，授業展開の細部が確認できます。

授業診断チェックリストの例

> **5 段階評価**
> 5 ＝秀（outstanding）　4 ＝優（very good）　3 ＝良（good）
> 2 ＝可（mediocre, but passable）　1 ＝不可（unsatisfactory）

a) 授業設計に関するチェックリスト

	5	4	3	2	1	コメント
授業の目標は明示されているか						
時間配分は妥当か						
授業の流れは明確か						
目標と活動のねらいは一致しているか						
指導の内容・手順は段階を追っているか						
教員の活動・働きかけは明示されているか						
生徒の活動・動きが明示されているか						
評価の方法・機会は妥当か						

b) 授業展開に関するチェックリスト

	5	4	3	2	1	コメント
授業の開始の導入は行ったか						
復習は行ったか						
本時の導入や説明は円滑に行われたか						

基本練習は十分になされたか					
発展練習は十分になされたか					
本時の発展活動はあったか					
本時のまとめは行ったか					
計画的な宿題の提示は行ったか					

c) 学習者への働きかけ・反応に関するチェックリスト

	5	4	3	2	1	コメント
指示・説明は明瞭だったか						
指導手順は明確であったか						
英語の使用度が適切であったか						
日本語の使用度は適切であったか						
生徒の活動を促すものとなっていたか						
生徒の発話量/音読量は十分であったか						
生徒の興味・関心を喚起していたか						
個々の生徒へ配慮をしていたか						

③ 授業改善のプロセス

　授業改善をする際に避けるべきことは，単なる思いつきや断片的な情報によって授業を判断することです。授業改善は，ある一定の目的達成のために行われるものであり，またその達成の障害となっている問題を解決するために行うものです。その目的が達成できているかについて，授業終了後の自己診断や第3者診断によって反省・評価を行い，次回の授業準備の材料とし，授業を改善するための以下のような循環システムを実践することが大切です。

授業改善の循環システム

3.1 計画・準備

　授業の計画・準備の段階で整えておくべき必要最低限の項目は次のとおりです。これらは，授業を行おうとする者が授業計画や準備の事前チェックをするのに役立ちます。また，すでに授業を実施した者に対して，これらの事項について質問することによって，その授業の計画性や準備の状況などを事後に再確認することができます。

(1) 前回の授業の反省点を踏まえて，本時の組み立てをしているか。→ **具体的準備** 前回の授業で記入した「授業診断チェックリスト」を参照すること。

(2) 指導案は作成されているか（手順などの細部を記述した指導細案（detailed plan）ができているのか，それとも指導の概略を示した指導略案（sketchy/skeleton plan）なのか）→ **具体的準備** 授業の流れを明示するフローチャートが作られていること。

(3) 本時で導入される教材の吟味は済んでいるか：前時に扱った教材と次回に扱う教材との関係性を把握できているか → **具体的準備** 本時で教える言語材料が，各課（または unit），学期あるいは 1 学年で学習する内容の中で，どのような位置を占めているかを年間の指導計画などに基づいて確認していること。

(4) 授業中に配布するワークシートや宿題シートなどが必要に応じて揃っているか → **具体的準備** ハンドアウトを配布する順序や方法（貼る位置と順序）を把握し，すぐに行動に移せること。

(5) 本時の導入に使う視聴覚教材（CD などの音声教材，DVD，実物 / ピクチャーカードなどの視覚教材，フラッシュ・カード）が準備されているか → **具体的準備** 文字教材との関連性を把握し，機器の操作方法に習熟していること。

(6) 本時に使用する教材内容を理解しているか → **具体的準備** 対話については，表情豊かに声色を変えるなどして提示できるか。また，記述文については，その内容に応じたふさわしい音読（オーラル・インタープリテーション）ができること。

(7) 板書する内容はメモなどを見ないで書けるか，また板書のタイミングは十分把握できているか → **具体的準備** 授業時間内に消さないで常時提示しておくべき内容と適宜消しながら板書する内容とを区別していること。また，両者を書き分けるための黒板箇所を示す図を作成しているなど計画性があること。

3.2 授業実践

　教員は授業の計画・準備を立ててから授業に臨みますが，この段階では多くのことが求められてきます。まず，次の，授業の基本的な流れに沿って行われているかどうかをチェックします。

3.2.1　授業の基本的な流れ

　教育段階の違い，学年別，高校の科目別の差はありますが，授業の流れは次の5段階に分かれるのが基本です。

（1）復習（Review）
（2）本時の導入（Introduction of the new materials）
（3）理解に関するの活動（Receptive activities）
（4）表現に関する活動（Productive activities）
（5）整理・まとめ（Consolidation）

　当該の授業がこの5段階を踏んで円滑に行われているかが，授業を判断する際の目安となります。

3.2.2　復習

　各授業が内容的に連続していることから，前時で学習したことの「復習」が授業の冒頭で行われます。そのねらいは，次の二つです。

（1）前時の授業内容の理解度を確認
（2）前時の言語項目（語彙・表現・構文など）の理解度を確認

　復習の原則は，これまでに学習していない内容や活動を盛り込まないことです。生徒の理解度に応じては，ただ記憶を呼び起こすような機械的な練習から一歩踏み込んで，応用発展的なコミュニカティブな練習をする場合もあります。いずれにしろ，前時に学んだ内容を踏まえつつ，本時のねらいに合った活動が復習に盛り込まれているかどうかを確認することになります。同時に，本章の2.2 c) に挙げた「学習者への働きかけ・反応に関するチェックリスト」に基づいて診断し，不十分な点は改善していく必要があります。

3.2.3　本時の導入

　新教材の導入の仕方は，次のような手順で行われるのが通例です。扱う教材によって導入の仕方が異なってくることもありますが，以下の活

動が授業の中で行われているかどうかをチェックします。

(1) オーラル・イントロダクション（Oral introduction）

　提示すべき教材を主に既習の英語を用いて口頭で導入することです。新しい語彙を導入する場合には，絵・イラストや写真や実物を適宜取り入れます。あるいは，平易な語彙を用いて「言い換え」（paraphrase）などを行います。生徒の理解度によっては文字を提示しながら展開することもあります。前時の内容との関連性を持たせながら，話の流れや大まかな内容を理解させます。題材が物語文（narrative）の場合，生徒と英語でやり取りをしながら内容を確認していくのが望ましいのですが，この方法をオーラル・インタラクション（oral interaction）と呼びます。

(2) 提示（Presentation）・練習（Practice）

　聞き取り練習（aural practice），事前読みの質問（pre-reading questions）などを含みます。導入時に提示された内容が理解できたかどうかを確認する「練習」が必要です。例えば，個々の音，音の連続，強勢やイントネーションの聞き取りや，新しい語句やキーセンテンスの理解を確かめる必要があります。

3.2.4　理解に関する活動

　導入が終了した後に行われる本文の「読みの活動」の中心は，「読解」（reading for comprehension）と「音読」（reading aloud with comprehension）に分けられます。読解は「テキストの内容を把握する活動」であり，音読は「テキストの文字を音声化する活動」です。読みの活動では，上記の二つの活動が区別されて行われているかをチェックしたいところです。内容把握のための「読みの活動」には5種類があり，次の順序で展開するのが一般的です（p. 59 第3章❸3.6 参照）。

(1)黙読（Silent reading）
(2)範読（CD など）のリスニング（Listening to the model reading/ the CD）
(3)重要語句・構文の説明（Explanation of important words, phrases, and structures）
(4)内容理解の方法・手順の説明（Comprehension of the text）
(5)音読（Reading aloud with comprehension）

ここでは，内容を理解するための方法や手順について学び，読むこと

の技術（Skill）を扱うことになります。その際は，パワーポイントによる解説や DVD を用いた動画など，視聴覚機器などを用いて理解しやすくすることが求められます。

　また，音読（reading aloud with comprehension）は本文の内容を確認した後に行います。理解を定着させるために大事な活動です。音読の形態は，クラス全体での一斉読み（chorus reading），バズ・リーディング（buzz reading），ペア・リーディング（pair reading），グループ読み（group reading），個人読み（individual reading）などがあります。各々目的が異なりますが，さまざまな読み方をさせ，十分な練習を保証することがポイントです。

3.2.5　表現に関する活動

「理解に関する活動」の後で行う活動では，言語材料の中で応用性の高い文や表現などについて定着させる必要があります。授業を診断・改善する際の重要項目です。この活動は二つの活動で構成されます。

　(1)文型練習から表現活動へ
　(2)コミュニケーション活動

「文型練習」（pattern practice）は基礎・基本の定着を図るのに必要ですが，それに留まらず，文型や表現を用いて発信する活動も必要となります。「コミュニケーション活動」（communication activities）は実際に言語を使うための活動ですから，言語を使うための場面やタスクの設定が具体的であり，生徒が積極的に取り組む活動であるかを見定めなければなりません。

3.2.6　整理・まとめ

授業の最後の「整理・まとめ」では，本時で何を学ぶことができたかを確認します。主なチェックポイントは 3 項目です。

　(1)本文の聞き取りによる内容理解の確認（Listening either to the model reading or to the CD）
　(2)重要事項のまとめ（Summary of important items）
　(3)必要に応じ宿題の提示（Assignment of homework）

ここまでの各活動や時間配分をいかに周到に行ってきたかは，この「整理・まとめ」に凝縮されます。

3.3 反省・評価

　授業を行った後で，反省と評価を行います。上記で述べた授業を構成している要素・項目ごとに評点をつける方法があります。これを他者が行えば「他者評価」，つまり「第 3 者評価」となります。

---

5 段階評価
5 ＝秀（outstanding）　4 ＝優（very good）　3 ＝良（good）
2 ＝可（mediocre, but passable）　1 ＝不可（unsatisfactory）

授業展開に沿った評価チェックリストの例

		5	4	3	2	1	コメント
復習	対話やストーリーのあらすじの確認						
	語句・連語・表現・構文などの確認						
本時の導入	オーラル・イントロダクション						
	提示・練習						
理解に関する活動	黙読						
	本文のリスニング						
	重要語句・構文の説明・練習						
	内容理解・読み方（Skill）の獲得						
表現に関する活動	音読（内容理解後の表現読み）						
	文型や構文などを用いた活動						
	コミュニケーション活動						
整理・まとめ	本文のリスニング						
	重要事項のまとめ						
	宿題の提示						

　授業を DVD などに録画し，特定の場面や活動・練習に焦点を当てて分析・検討を加えれば，改善すべき点がより明確になります。また，複

数の評価者によって評価した結果を記入してもらうことで，改善点や評価の客観性が高まります。このチェックリストに教員側からだけでなく，生徒からの評価を加えることで，新たな改善点が浮かび上がってくる可能性があるので是非活用したいものです（Altrichter et al. 2000）。

3.4 再計画・準備

　改善すべき点が明確になったら，次の授業に向けて準備をします。授業は1回ごとに「完結する内容」と各授業が互いに「連続する内容」によって構成されています。連続している内容の場合は，それを踏まえて，具体的に改善すべき点を授業案に反映させなければなりません。前回の授業の反省に立って，再度，新たに授業を組み立てる際の再計画・準備の視点は，次のようにまとめられます。

　　(1) 授業の流れに飛躍はないか
　　(2) 生徒の理解度を考慮した展開となっているか
　　(3) 生徒が英語を使って活動する場面を設定しているか
　　(4) 各活動が目標に沿っているか
　　(5) 各活動が一貫したものとなっているか
　　(6) 授業にリズムやテンポが出る活動をとり入れているか
　　(7) やりがいのある学習内容を盛り込んでいるか
　　(8) 達成感が感じられる学習活動を用意しているか

　生徒にとって「楽しく」，「面白く」，「役に立つ」ように教えるために求められる「英語の授業力」は，①生徒に英語力を身に付けさせたいと思う情熱や使命感，②英語教授法に関する知識と運用，③教える者の英語運用能力，④英語圏の文化や英語学・英米文学に関する知識，⑤日頃から工夫を加え錬磨している指導技術などで構成されます。

 ## 4 授業前の確認と授業後のリフレクション

4.1 授業前の最終チェック

　授業を生き生きと展開するには，多くのものを用意しなければなりません。授業直前でも慌てることなく，授業で使用する教材・資料が手元に揃っているかについて，最終点検をしたいものです。

□教科書　□指導案　□ワークブック　□フラッシュ・カード
□ワークシート　□宿題シート　□視聴覚教材（CD/DVD）
□パワーポイント提示資料　□機器（CD/DVD レコーダーなど）
□写真やイラスト　□(黒板に貼り付ける）マグネット・テープ
□カラー・チョーク　□実物　□板書メモ　□その他（　　　　）

　万一，授業直前に不足しているものに気が付いた場合であっても，手元にあるもので間に合わせる気転も必要となります。

4.2 授業後に行う診断チェックリストの活用法

　授業が終了したら，記憶が薄れないうちに「授業展開に関するチェックリスト」（本章 2.2 b) 参照）の 8 項目を記入しておきましょう。これを授業直後にマークするだけでも，授業のやりっ放し状態から脱却するきっかけになります。時間的に余裕がある場合には，当該の授業を行った日のうちに「授業展開に沿った評価チェックリスト」（本章 3.3 参照）を記入しておきたいものです。これを記入することで，授業を見直すリフレクション（振り返り）が行えます。診断評価の客観性をもたせるために，教科を問わず学校内の同僚教員や先輩に授業を見てもらい，授業診断チェックリスト（本章 2.2 a) b) c) 参照）の記入を依頼するとよいでしょう。自分の行った自己診断と他人から受けた診断結果では，当然差が出てきますが，その差異が生じている理由・原因はどこにあるかについて意見を交換し合うことにより，自己診断では見えてこない改善点が明らかになります。

理解チェックのための課題
授業中の教員と生徒のことばの「やり取り」をチェックするにはどのような項目が必要となるでしょうか。話し合ってまとめてみましょう。

応用発展をめざした課題
ALT（または JTE）とのティーム・ティーチングのための診断チェックリストをつくってみましょう。

教員の授業改善から
生徒の「自律学習力」育成へ

　ともすれば非効率的だと非難されがちな日本の公立中学・高等学校6年間の英語の総授業時数は，通例900時間を超えることはありません。一方，英語母語話者が，統語規則の基盤を形成する5〜6歳頃までに言語刺激にさらされる総時間は約20,000時間に達すると試算されています（Clark 2003）。外国語を学校で学ぶ場合とは濃密度や時間的にも圧倒的な差があります。この両者の差異を縮めるには，教室外において「自律的に学習」する習慣を生徒に身に付けさせることが不可欠です。日々の授業でも，教員は生徒に「自律性」を促すことを意識して，絶えず授業展開の組み立てや改善を図らなければなりません。自律学習促進のためのキーワードは，①自分が分からないことを教員や友だちに質問させる，②家庭学習に積極的に取り組ませる，③ラジオ・テレビの語学番組を活用させる，④辞書・参考書を利用させる，⑤図書室・インターネットなどの情報源に積極的にアクセスできるように指導することなどが挙げられます。

第 19 章

英語科教育実習生の心得

　公教育の教壇に立つには，教員免許の取得が義務づけられており，教職課程の必須科目として，教育実習を行わなければなりません。教育実習では，学校現場の体験を通して必要な知識・指導技術の手ほどきを受け，自分の教員としての適正を最終的に確認することになります。3 週間程度の限られた教育実習ですが，学校教育の一部を担うことになります。心得ておかなければならないことを具体的に見ていくことにしましょう。

● **本章で学習してもらいたい事柄** ●
- 実習の概要
- 実習期間で学ぶこと
- 事前に心得ておくべきこと
- 実習に臨む態度はどうあるべきか
- 教壇実習以外の実習について
- 教壇実習の内容と準備すべきこと
- 研究授業を行う際に留意すべきこと
- 実習終了後にしなければならないこと
- 教育実習関連の文書作成や提出物

1 実習の概要

　教育実習を受けるには，原則として教育実習を実施する前年度に，希望する学校に直接願い出て，内諾を得ておく必要があります。自治体によっては実習希望者を一括してとりまとめて実習校を指定することがあります。（ただし，教員養成系大学の実習生は，通例，大学の附属学校などで実習を行いますので，その附属校も大学から指定されます。）

（1）実習対象：
原則として「英語科教育法」履修後の 4 年次生。
（※実習依頼手続きは 3 年次に行う。大学によっては 3 年次に実習を行

うが，その場合は2年次に依頼手続きを行う）

（2）実習期間：

　①中学校免許を取得する場合は3週間以上。

　②高校免許のみを取得する場合は2週間。

　　（※中・高両方の免許状を取得する場合は，①または②いずれかの校
　　種で3週間以上の実習を受ける）

（3）実習時期：

　実習校が指定する日程に従う。例年，5～6月頃に実施する学校が
多い。

（4）実習校：

　委嘱する学校は，国内にある国公立私立の中学校または高校。ただし，
各自で出身校や縁故校，居住地から通える範囲の公立校などに依頼す
る場合もある。

　なお，複数の教科を併行して履修している場合は，規定上はいずれか
一つの教科で実習を行えばよい。

② 実習で学ぶこと

　教育実習の期間中は，実習校の校長および指導教諭の指導を受けて，
下記のほぼ全てを学ぶことになります。

　（1）英語科を中心とする教育課程の各科目や領域（道徳，総合的な学習
　　　の時間などを含む）

　（2）教科外活動全般（①特別活動：学級／ホームルーム活動・生徒会活動・
　　　学校行事，②課外活動や部活動などを含みます）

　（3）学校と地域社会との交流

　（4）生徒・生活の指導

　（5）その他の校務全般

　特に，上記（1）は実習生にとって多くの時間を費やします。その内容
は授業参観，教材研究，教壇実習，研究授業，合評などです。

③ 事前の心得

　実習開始前から事前に準備しておくべきことがあります。

(1)**実習校の事前訪問**：事前に実習校を訪問し，校長，教頭（副校長），教務主任，あるいは実習指導教諭から説明や指導を受けておく。訪問をする時には，事前に連絡し面会の予約をする。

(2)**実習校に関する情報収集**：校風や地区の特色を知るために，実習が始まる前に，学校が作成しているホームページを検索して学校の歴史や校風，特色などの情報を入手する。

(3)**教職課程における学習内容の確認**：実習に先立って，教職課程諸科目の概要を復習しておく。特に「教育実習」に関する科目と「英語科教育法」などで学んだ内容の再確認をしておく。

(4)**使用教科書の入手**：実習中に使用する教科書を入手し，教壇実習の教材となる部分の研究だけでなく，教科書全体の構成や内容を把握しておく。特に，教壇実習を行う予定箇所が，教科書全体の中で，どのように位置づけられているかを理解しておく。中学校であれば，3年間の教科書全てを読んでおき，生徒がすでに学んでいること，まだ学んでいないことを把握しておくこと。なお，検定教科書は，各県に教科書取扱い書店が必ず1箇所はあるので，そこで予め入手しておく。

(5)**教科に関する学力の点検**：英語に関する自己の学力や知識などを点検し，不足しているものは補うことに努める。少なくとも，LとRの区別など発音はもちろんのこと，アルファベット（大文字・小文字）の書き方の癖，誤字，表記などの誤りがないように心がけたい。

④ 実習に臨む態度

　第1週目は，実習校の実情や生徒の実態を把握する「観察期間」（observation period）となります。この期間は授業観察以外にも部活動，清掃の時間，学級活動など生徒と接する機会は多くあります。生徒との距離を縮めましょう。

　毎朝校門に立ち，生徒に朝の挨拶の声がけをする習慣のある学校であれば，「校門立ち」には積極的に参加しましょう。教室では見られない生徒の一面が見られます。

　実習に臨んで，教育実習生が心がけるべき要点は次のとおりです。

(1)**実習校内での行動**：実習校の教育方針を理解し尊重すること。校内では，その学校の校務分掌組織，勤務規定，および生徒規則に従う。

また，生徒の指導など判断に迷った場合には，必ず担当教員の指導を仰ぐ。報告・連絡・相談を密にすること。

(2) **謙虚・感謝の気持ち**：指導担当教員だけでなく，全ての教職員に対して，学生として謙虚な態度で接し，感謝の心を忘れず，余分な負担や迷惑をかけないように配慮する。

(3) **生徒への接し方**：生徒に対しては，教員としての良識と親愛の気持ちをもって，全ての生徒に公平に接する。プライバシー侵害になる言動は慎む。特に生徒の個人情報については，実習終了後も漏洩することがないように留意する。また，自分の個人情報（メールアドレスなど）を生徒に教えない。郊外で生徒と交友することなどもしてはならない。

(4) **身だしなみ**：質素・清潔で行動しやすく，明るい印象を与える服装を保つ。

(5) **登校方法**：不慮の事態を予測して，少なくとも2種類の登校方法を調べておく。また，通勤手段（車やバイクなど）の利用については実習校の指示を仰ぐこと。

(6) **厳禁事項**：欠席・遅刻・早退は厳に慎む。急病・事故などによりやむを得ない場合は，できるだけ早く指導教諭に連絡をとり，後日校長宛てに文書を提出する。

なお，実習期間中は，就職活動などで休むなど，実習の専念義務を怠ることは許されません。

⑤ 教壇実習以外の学習内容

英語教員免許状の取得希望者は，英語科の教壇実習が中心となると考えがちですが，それ以外に実習期間中は次のような内容を学びます。

(1) **英語科授業参観**：授業参観は，指導担当教員の授業が中心となるが，自分もその授業を行うつもりで指導内容について十分準備をして参観する。授業の展開の方法，板書の仕方，発問の種類および生徒の反応に注意を向ける。一斉指導，ペアワーク，グループワーク，プレゼンテーションの仕方，4技能の指導，音声指導，練習展開，内容確認，学習内容の定着の工夫や，指名の方法などに着目する。特に，40人近い生徒とのコミュニケーションの取り方を観察する。

(2) **他教科の授業参観**：予め了解を得て，なるべく多くの教員の授業を

参観させてもらう。他教科の授業からも多くのヒントや示唆が得られる。

(3) **教科教育以外の学び**：指導教諭の指示に従い，校務・学級事務を分担し，学級・ホームルームの指導，生徒活動，学校行事，クラブ活動などにも積極的に参加する。これにより，校風を知るだけでなく，教室内とは異なる生徒の様子や友人関係を知る手がかりが得られる。

⑥ 教壇実習

教員免許状を持たない立場でありながら，実習生が教壇に立って，実際に生徒を相手に授業を行うことを「教壇実習」と呼びます。実習現場の特段の計らいによるもので，限られた時期だけ与えられる特別措置です。その重要性を認識し，この貴重な体験を最大限に生かしたいものです。

(1) 教壇実習前の準備
教壇に立つに当たっては，次の点について周到な準備を行わなければなりません。

① **教材研究**：該当箇所だけでなく，すでに生徒が学習してきた内容を調べ，少なくとも 4 月からの学習内容を確認しておく。さらに，その課の内容全体から，当該の授業内容の特徴を詳細に調べておくこと。話題のみならず，既習の語彙，文法事項，表現，タスクの種類を把握し，後続する課の内容との関連性も検討しておく。教材が，対話なのか記述文なのかの種別を理解し，事前に本文の音読を十分にしておく。適切なリズム・イントネーション・強勢で範読ができるように練習する。本文以外でも，授業で扱う英文は暗唱することが望ましい。言うまでもなく，教材として扱われる話題・トピックに関する「背景知識」は事前に調べ上げておくことは必須である。

② **指導案作成**：指導案は略案と細案の 2 種類がある。いずれの形をとるにしても，Warm-up，本時の導入，展開（練習，内容の確認，発展練習），整理・まとめが基本となる（第 7 章参照）。

　指導案は，授業展開のシナリオなので，各箇所の時間配分を決め，指導（学習）内容，教員の働きかけ（発問），生徒の活動，指導の留意点を明確にしておく。教員の働きかけ（発問）では，生徒に向ける質問を書いておき，それに対する想定される生徒の反応も複数挙

げておきたい。授業は，周到に準備しても，予期したようには生徒が反応しない可能性があることも十分に考慮しておかなければならない。

　授業展開は生徒の反応次第で決まる。ⓐ予想より速い場合，ⓑ予想どおりの場合，ⓒ予想より遅い場合の3パターンを具体的に考えておけば，調整しやすくなる。音声練習と言語活動の量と質は，英語の授業の生命線であり，これらを円滑に行うには周到な準備が必要となる。もちろん生徒の学力，反応の仕方，学習に取り組む姿勢などは，授業進度を左右する要因になるので，実習開始の第1週目の観察時期に着実に見て，確認しておく。

③**指導教諭による指導**：指導案の作成に当たっては，指導教諭の指導を受けながら進めるが，実際には生徒の実態を意識しながら細部を詰めることがポイントとなる。実習生の中には自分の思い込みで指導案を作成する者も見受けられるが，必ず指導教諭の指導に添って作成しなければならない。教えを請う立場であることをわきまえ，指導・助言などを謙虚に受けとめて指導案を仕上げたい。自分で工夫した指導方法を試したいと思うこともあるだろうが，指導教員と十分に打ち合わせを行ってから試すようにする。

(2) 教壇実習に臨んでの留意点

　実際に教壇に立ってみると，指導案どおりには授業が展開しないことに気が付きます。多くの活動の機会を生徒に与えたいと思い，生徒の能力に応じた工夫をしたつもりであっても，クラスによっては反応が全く異なることがあります。指導案に固執することなく，その場の生徒の反応を見極めつつ対応するように心がけたいものです。教壇実習で留意すべき点は以下のとおりです。

①**全般**
- 明るく，きびきびとした態度を保つ。
- 生徒全員に伝わる声量で語りかける。
- アイコンタクト（eye contact）を心がける。
  指名した生徒とだけ対話するのではなく，常にクラス全員に聞かせることを意識する。
- 指示や説明は簡潔・明瞭に行う。
- 本時のねらいを逸脱しない授業展開にする。

②板書など
- 板書は計画的に行う。教員がその授業の最重要ポイントを示す箇所は授業の終わりまで消さず，いつでも生徒がノートをとれるようにする。（この消さない箇所は，授業展開に応じて消したり書き加えたりする箇所と区別する。）
- 板書に時間がかかる句や文は，バナー（帯状の掲示）またはディスプレイ上で掲示するように用意しておく。
- ディスプレイを用いる際は，文字のサイズに配慮する。
- 手書き文字の大きさとバランスに留意し，手早く書けるように練習しておく。
- 板書内容が教員の立ち位置によって隠れないように配慮する。

③教具など
- フラッシュカードの扱いに慣れておく。
- ピクチャーカードを提示する場面を見定める。
- 各種機器の扱い（リモコンを含む）に慣れておく。
- タスクや活動や練習時間を設定するタイマーを用意する。
- プリント物の配布時期，順序，列ごとの配布数を決めておく。

④その他
- 予期しない質問が出ても冷静に対応する。
- クラスの座席表をつくり，生徒の顔と名前を覚えておく。
- 授業開始及び終了時間を厳守する。

　授業では生徒の反応次第で，指導案の予定どおりに進行しないこともありえます。最善策を追求するだけでなく，次善策によって臨機応変に乗り切る体験をすることも，実習の大きなねらいの一つです。

(3) 教壇実習後の振り返りと合評

　教壇実習の終了後は，その日のうちに授業の振り返りと合評を行います。教壇に立つ回数が限られている実習生は，まず自ら授業を振り返ってリフレクション（振り返り）を行い，予定どおりに授業が展開できたかどうかを整理・分析しますが，この振り返りには，授業診断チェックリスト（第 18 章 2.2 参照）を利用することが推奨されます。展開の段階別に，学習活動，教員の働きかけ・支援，生徒の反応，指導上の留意点の長所・改善点などをまとめておきましょう。

　教壇実習の後は，指導教諭や他の実習生を交えて合評が行われます。

許されれば，教壇実習当事者としての自己反省から始めます。実習生としては，思いどおりに授業が展開しなかったことで自己否定的になりやすいものですが，感情を押さえて不十分な点や至らなかったことを冷静に申告するとよいでしょう。申告による「振り返り」に対して，教壇実習に立ち会った方々から意見やコメントを述べてもらうことになりますが，中には厳しい辛口の批評が出されることもあります。合評に当たって，実習生が心がけるべき点は，次のようになります。

(1) 実習生には気付かない点が，必ずいくつか存在する。
(2) 授業参観者は，教員の視点と生徒の視点から観察している。
(3) 自己評価と参観者の評価は一致しないことが少なくない。
(4) 指導教諭は実習生のためを思い，建設的にコメントをする。
(5) 実習生は，決して感情的にならず，自己弁護の姿勢を避ける。
(6) 授業改善につなげるにはどのように工夫すべきかを考える。
(7) 初心者であることを忘れず感謝の気持ちで批評に耳を傾ける。

7 研究授業

　教育実習における教科教育の仕上げとして，最終週に研究授業を行う機会が与えられます。学校によっては，訓練して鍛え上げ結果を示すという意味から「精錬授業」と呼ぶこともあります。教育実習の総括として行われるので，指導教諭だけでなく，校長，教頭，副校長，教科主任，学年主任，クラス担当教諭の先生方，場合にはよっては大学での指導教員が，他の実習生たちと共に参観することがあります。研究授業の準備やその後に行われる合評は，基本的には教壇実習の場合と同じです。ただし，この研究授業は教育実習の総仕上げであるという点で極めて重要な位置を占めます。そのつもりで入念な準備を行い，研究授業に臨む必要があります。

8 実習終了後にすべきこと

　実習時間中にいろいろ指導を受けた関係者（指導教諭はもちろんのこと，校長をはじめ諸先生）に対しては，実習後速やかにお会いし，感謝の気持ちを表すことは最低限の礼儀です。会えない場合は，礼状（電子メールは不可）を書き送ることもあり得ます。また，大学の巡回指導教

員にも会って実習終了の報告を行いましょう。原則として，実習終了後
は『教育実習ノート』や『教育実習録』の「指導教諭の総合所見」を実
習校の担当者から得た段階で，2 週間以内に以下の関係文書を大学の所定
の教員および大学担当部署に提出して，教育実習が終了することになり
ます。

(1)『教育実習ノート』
(2)『教育実習録』
(3)『教育実習自己評価票』（実習開始時に実習生に配布される）

⑨ 関係文書の記載・提出など

実習時に大学から与えられる『教育実習ノート』は，通例，次のよう
な構成になっています。
①「教育実習生に関する記録」
②「実習をするに当たっての諸注意」
③「実習日誌」
④「教育実習を終えての感想」
⑤「指導教諭の総合所見」
⑥「教育実習報告票」
⑦「教育実習生出勤簿」
⑧「個人情報の守秘義務」
これらは，次の留意事項にしたがって遺漏がないように注意して，記
入します。全て黒のボールペンで記入します。（ただし，⑤は実習直後に
指導教諭に記入を依頼。）

(1)『教育実習ノート』は，必ず毎日記入し，翌朝登校の際に指導教諭
に提出。
(2)①「教育実習生に関する記録」，⑥「教育実習報告票」，⑦「教育実
習生出勤簿」は，実習校担当教諭に提出。
(3)②「実習をするに当たっての諸注意」には，実習に当たっての実習
校から受けた連絡・注意事項を記入。
(4)③「実習日誌」には，毎日の記録を書く。この中に設定されている「実
習時間表」欄には，参観・参加・教壇実習・その他の実習経験の要
点を記入。それ以外に，実習経験に対する反省，指導教諭からの助
言・説明，自由に気付いたことを記入する欄なども設けられている

場合がある。また，教壇実習の記録を書く場合は，単元名・指導目標・学習活動の展開，それに対する反省などを記入。指導案を作成した場合は，そのコピーを貼付し，見直せるようにしておく。さらに，参観記録を書く場合は，着眼点（生徒の学習態度や教員の指導技術など）を定めて観察記録を簡潔に記入。

(5)④「教育実習を終えての感想」には，自己分析として実習態度・研究の取り組み・実習内容・指導方法の工夫などの複数の観点から具体的に省察・反省し，実習生活全体を振り返って総合的所感を記入。

(6)⑧「個人情報の守秘義務」については，教育実習ノートに記載された生徒の氏などの個人情報の取扱いは，教育実習後も注意すべき最重要事項となっている。

以上のとおり，教育実習では短期間に多種多様な学びが行えると同時に，多くの義務が生じ，決して気を緩めることはできません。学び直しが許されない「人生の貴重な期間」と心得て，実りの多い実地体験をしたいものです。

理解チェックのための課題
教育実習期間中に学ぶべき内容をまとめてみましょう。

応用発展をめざした課題
研究（精錬）授業後に行われる振り返りと合評に際して，実習生として心がけなければならないことを列挙してみましょう。

コラム　諸外国より短い日本の教育実習期間

　韓国は 4 〜 6 週間（ただし，8 週間に延長予定），マレーシアは学校オリエンテーション 1 週間＋学校体験 2 週間＋教育実習 10 週間，シンガポールは学校体験 2 週間＋現場での実務経験 5 週間＋教壇実習 10 週間などとなっています。一方，欧米はこれよりも更に長い実習期間が設定されています。たとえば，スコットランドでは学部 30 週間＋学部卒業後 18 週間，イングランドでは学部 32 週間＋学部卒業後 18 週間（小学校）/ 24 週間（中学校），カナダ・オンタリオ州では最低 40 日，カナダ・ケベック州では 700 時間（1 年次：授業観察 100 時間＋ 2 年次：教職補助 150 時間＋ 3 年次：共同授業 300 時間＋ 4 年次：単独授業 150 時間）などです。日本の教育実習期間とは大きく異なっています。（石田他 2011）

【終章】

成長し続ける英語教員をめざして

　教員は，英語という教科を教えるばかりでなく，成長過程にある児童・生徒の人格的成長にも大きな影響を与え得る立場にいます。教員として児童・生徒に向き合う以上，常にプロとして向上することをめざさなければなりません。児童・生徒に学び続けることを期待するのと同様に，自らも学び続けるのです。教科内容の理解を深め指導技術を高めることはもちろんのこと，児童・生徒への理解，学校組織の運営，同僚との協調，地域コミュニティーとの交流，保護者との関係構築などにおいて，教職人生を通して自己の資質能力を高めていく責務を負っているのです。この章では，教員が成長し続けるために絶えず取り組むべき課題について考えていきましょう。

● 本章で学習してもらいたい事柄 ●
- 専門職業人の「専門性」を高める研修とはどのようなものなのか
- これからの教員に求められる「資質能力」とは何か
- 英語教員の研修にはどのようなものがあるのか
- 英語教員が備えるべき「英語力」と「英語教授力」の内容とは
- 教員の成長はどのような段階を追って進展するのか

職務遂行のために必要な研修

　教員に対する，高度専門職業人としての期待が高まる時代にあって，教員はあらゆる機会を捉えて研修を積み，絶えず自己啓発を図っていかなければなりません。研修は，教職生活の全体を通じて自らの資質能力を高めるために不可欠のものです。

　研修は「研究」と「修養」を意味し，「教育公務員特例法」（以下，教特法）の改正によりその重要性が強調されることになりました（文部科学省 1988）。研修は，教員が自主的に行うことのできる権利でもあり，

294

その職責遂行のための「義務」であるとされました。

　これにより，教員は勤務時間中に学校を離れて研修会に参加することができ，さらに，現職教員の地位を保ったまま，大学などの研究教育機関で内地留学や長期派遣研修をしたり，さらに，大学院修学休業制度を活用して国内外の大学院で研修が可能です。

　しかし，これらの自主的な研修環境の整備と同時に，新採用教員を対象とした初任者研修や10年次研修が体系化されるなど，自治体が実施する悉皆研修の制度も確立されてきました（文部科学省1992）。また，2009年からは教員免許更新制度が「教員として必要な資質能力が保持されるよう，定期的に最新の知識技能を身に付けること（文部科学省2012b)」を目的として導入されました。大学などが開設する30時間以上の免許状更新講習を受講・修了し，都道府県の教育委員会に申請して教員免許状を更新するというものです。

　また，自治体の中には，短期間の海外研修など，英語教員向けの研修を企画するところもあります。国が主催する研修もあります。例えば，小学校「外国語」の導入に伴って導入された「リーダー教員研修」は，各自治体から推薦された教員が参加し集中研修を受講するものです。その教員たちは各自治体に戻り，今度は，各地の，個々の小学校の英語指導の中心となる「中核教員」と呼ばれる人たち向けの研修の指導者になるのです。

　このように，研修の機会は充実しているように思えますが，実際には，日常の授業準備や部活動の指導に加え，義務研修や講習を受講することは，多くの教員が負担に感じることでもあるように見受けられます。また，長期の研修休業などは思い立っても簡単には申請できない場合もあるようです。しかし教員は自己の資質能力を高めるため，可能な限り研修の機会を積極的に生かし専門職業人としての基盤を固め，専門性を高める努力を忘れないで欲しいと思います。部活動や生徒指導にどれほど熱心でも，教員としては，授業で児童・生徒を惹きつけることで児童・生徒に信頼されることが基本なのです。義務だから研修を受けるという姿勢ではなく，自分はどのような教員でありたいかという視点，言い換えれば自己啓発の視点から研修を考えたいものです。

② これからの教員に求められる資質能力

　教育の目的の一つは，教員によることばの影響によって生徒の人格を向上させることにあります（横須賀 2010）。教職を一生の仕事とするからには，生徒はもとより保護者や同僚や地域社会の人々から大きな期待が寄せられる立場になることを自覚して，自己研鑽の大切さを理解し，努力を継続することが望まれます。

　教員にとって欠かせないものは，①教育愛と教職に専念する使命感を一定に保つこと，②自ら学び続ける者だけが人を指導する資格を有すること，この２点に尽きます。絶えず自己研鑽に励み，自らが成長し続ける教員の存在が教育現場では求められています。

　これからの新しい時代に教員が職責を全うするために求められる資質能力は，次の三つに集約されます（金谷 1995; 文部科学省 2012b）。

(1)教職に対して備えるべき力（使命感・責任感・教育愛）
　　　生徒を育成する使命感や教育的探求心を持続し，教職生活全体を通じて自主的・主体的に学び続ける力。
(2)人間として備えるべき力（総合的な人間力）
　　　豊かな人間性や社会性，対人関係を構築するコミュニケーション力，同僚と協働して課題に対応する力，地域や社会の多様な組織などと連携・協働する力。
(3)専門職業人として備えるべき力（高度専門職としての知識・技能）
　　・教科や教職に関する高度な専門的知識（グローバル化，情報化，特別支援教育，その他の新たな課題に対応できる知識・技能など）。
　　・新たな学びを展開できる実践的指導力（基礎・基本の知識・技能の習得に加えて，思考力・判断力・表現力等を育成するために既習の知識・技能を活用する活動や課題探求型学習や協同的学びなどをデザインできる力）。
　　・教科指導，生徒指導，学級経営などを状況や場面に応じて的確に実践できる力。

③ 英語教員の研修

　学校教育が多様な課題に対応することを求められるようになってから久しく，学校現場では限られた数の教員により各種の業務が運営される

ために，教科指導にとどまらず学校・学年・学級運営，保護者対応，生活指導，部活指導，地域コミュニティーとの連携などの仕事をこなさなければなりません。

多忙感を募らせている現場の教員は，日々抱える問題解決の手がかりを得たいと希求しているものの，2001 年の全国的な調査では，教員の 58.7 パーセントが「授業準備以外の研修は行っていない」という実態が明らかになりました（英語教員研修研究会 2001）。当時でも「校務や生徒指導で忙し過ぎて研修する暇などない」という声が多く，自己研修をしていない教員が全体の 5 割を上回っていたのです。また，教員の 6 ～ 7 割の勤務状況が過労死の労災認定基準レベルである（文部科学省 2017d）という，超多忙な現状においては，なおさら，校外で行われる研修にまで出ることは容易でないことがうかがえます。

しかし，大多数の教員が研修の必要性は認めており，かつ英語力のみならず英語教授力を伸ばすための継続的な研修を望んでいることも明らかとなっています（英語教員研修研究会 2001; 2002a; 2002b）。根岸（2015）の全国規模の調査でも，教員が受けたい研修として，中高教員とも，①話す力の指導法，②書く力の指導法，③技能統合型の指導法，④言語活動の進め方をベスト 4 に挙げており，5 位には中学校教員は教科書の活用方法を，高校教員は聞く力の指導方法を挙げています。また，英語教員が日常的に取り組んでいる自己研鑽としては，中学校教員は，①外国の人とのコミュニケーションを積極的にとる，②英語の映画を見る，英語教材を使って学習する，④英語番組を視聴する，を挙げ，高校教員は，①②は中学校教員と同じで，③英字新聞や雑誌・本を読む，④英語番組を視聴する，を挙げています。

英語力と英語教授力は，充実した英語の授業を行うためには切り離せない車の両輪の関係にあります。現職の英語教員が自身の能力向上のために日頃から取り組んでいるのは，主に英語力に関わるものですが，英語教授力などの向上については個人の研鑽でできることには限界があります。こういった実態を踏まえ，各自治体は，教員が研修に参加できるだけの時間的ゆとりを保証し，地域教員の英語科教育研究会や大学や学術団体との協力関係を構築しながら，理論と実践を融合するプログラム内容を提供することが重要と考えられます。これからの現職教員研修がめざすべき方向としては，上記のベスト 4 のような発表技能や言語活動に関する内容はもちろんですが，今後注目されるものとして，アクティブ・ラーニングの指導方法や Can-do リストなどの段階的到達目標に対応し

た評価方法についての研修も意識する必要があるでしょう。学習指導要領が改訂になれば，新しい指導観や教材観も必要になります。教員は絶えずアップデートを要求されます。

　しかし気を付けたいことがあります。「明日の授業にすぐ役立つ！」のようなキャッチフレーズの付いた研修は魅力的ですし，有益なヒントを豊富に提供してくれますが，大切なのは，研修を通じて自分の芯となる健全な外国語教育観を育むことです。教員自身の教育観を確立しないままに目新しい「技」を取り入れても長続きはしません。自身の授業と学習者の反応や変化を客観的に観察する，すなわちリフレクション（reflection）を行いながら，少しずつ改善と振り返りを繰り返すのが，アクション・リサーチの手法です。その姿勢を持つことが望ましいのです。

 英語教員特有の資質能力

　日々教壇に立ち生徒と向き合う教員として機能するためには，最低限でも学級運営力，英語力，英語教授力の三つの力量が必要になってきています。これらの力量のいずれかが不十分であれば，他の力が発揮できないという関係にあります。

　学級運営力は，教室内外で普段から生徒と意思疎通を図り，個々の生徒との関係性を安定的に保ち，クラス全体を掌握する力であり，場面に応じて臨機応変な対応を求められる力です。問題や事件へのケースバイケースの対応が求められてくる側面が強く，実際に担当している生徒の存在がなければ具体的な事例の問題が可視化されません。その点からも，学級運営力の向上に関しては，現場対応型の研修や訓練（OJT：On-the-job training）によって解決を図ることが急務となっています。

4.1 英語力

　英語教員が備えるべき英語力としては，2003年度に文部科学省が発表した数値目標値（英検準1級，TOEFL（PBT）550点，TOEIC 730点）があります。教員が一定の英語力を保つ努力をすることは，極めて重要な職業上の義務であることは言うまでもありませんが，留意すべき点としては，英語力の具体的な構成要素を以下のように理解しておく必要があります。

　(1)標準化した能力試験で測れる英語力
　(2)授業における英語運用力

　前者については，第3者機関の外部試験により，文部科学省からの提示があった英語力の目標値を達成した場合でも，英語力の有効期限があるので，その獲得した英語力を保持するためには絶えず英語力維持のための努力が欠かせません。

　後者の「授業における英語運用力」は，次のように細分化されます。

①教室内の授業の状況に応じて使い分ける力
②ALT と打ち合わせる力
③Role Model として生徒に演示できる力
④各種の試験（入試，能力試験など）問題の解答能力

　これらの英語運用力は一定の力量を獲得した後も，日々の授業を英語で行う割合を多くすることにより，その力が後退することを食い止め，維持していくことは不可能ではありません。ただし，自らの英語運用力を絶えず向上させていくことは，強い意志力を保ち，永続的な努力を継続していかない限り至難の技と言えます。注意すべきは，英語の教員を長く続けていれば英語力が身に付けられると言えるほど，英語運用力の養成は単純なものではないことです。つまり，「熟練・ベテランの教員」と言われる教員であっても，授業で求められる英語運用力を身に付けているとは限りません。校内研修の一環である公開授業や授業参観研究でも，この英語力に踏み込んで議論することは，教員同士の自尊心や立場に関わることから，教育現場では回避する傾向が少なくありません。いつの時代でも，このような英語運用力の指導を，先輩や同僚教員から得ることは決して容易なことではありません。また，授業に必要な英語力の強化を校内研修の一部として位置づけるには，関係教員の担当時間数の軽減や教員加配措置が前提となることも明らかです。さらに授業に必要な英語力の強化は，教員が学校外でも単独で取り組める e-learning の充実などによる英語力強化プログラムの開発と環境整備を進めなければならない点が課題と言えるでしょう。

4.2 英語教授力

　教員の資質能力の中でも，教室内で大きく問われるのが英語教授力ですが，これは次の三つの要素で構成されています。

（1）授業で求められる力（英語授業力）

　分かりやすい授業，コミュニケーション活動や表現活動の指導技術，効果的な音読指導，生徒の興味・関心を引く話題を有していることな

ど
(2) 英語教授に関する知識・運用

　英語の語学的知識，教授法［指導法］・教授理論の知識，学習指導要領の知識，テスト・評価の知識，日英語の相異に関する知識など

(3) 多文化共生教育に関する知識

　異文化コミュニケーションの知識，英語圏文化の背景知識，国際語としての英語の役割に関する知識，国境を越えた労働力の移動を含む国際関係・情勢に関する知識など

　これらの構成要素に基づいて英語教員のための研修のプログラムを組み立てることにより，各要素が有機的に関連性を保つことが可能となってきます。従来各自治体教育委員会などが行ってきた公的研修の多くが，当該年度に固有の研修テーマを単発に行ってきた感じがすることは否めません。今後はICT関連の技術を活用することにより，その場限りの一過性の研修から脱却することが求められます。つまり，英語力や英語教授力の研修プログラムや研修内容が電子データとして蓄積されるe-learningシステムなどの開発や活用によって教員が，必要に応じて，自由な時に，必要な研修項目を選択して学びが行われれば，教職生活全体を通して継続的に研修を続ける可能性は高くなると思われます。

⑤ 教職ライフステージの成長

　生徒集団や個々の生徒の特徴を知り，毎回の授業を実践していく力量は，1年や2年では決して身に付けられるものではありません。教材の特性を知り，生徒の興味を喚起しながら行う英語の授業力は，「専門教科の深い知識」，「実践的な経験知」，「自分と生徒に対する絶えざる反省（リフレクション）」によって培われます（八田 2000）。また，その熟成を促すには個人的な学習だけでは必ずしも十分ではなく，同僚や熟練であるTeacher Trainerや専門家の援助や助けを受けて「良い授業」を作る実践研究を重ねることが教職全体のライフステージには欠かせません。

　各教員が，研修を受けてベテラン教員として自立するまでの道のりは決して平坦ではなく，絶えざる授業研究や指導技術の研鑽を積み重ねていく過程で形成されて行くものです。着実な「授業実践」と「リフレクション」の積み上げなくしては達成されません。教員の発達段階の目安は，養成の開始期を含めておおよそ次のように考えられます（Kagan 1992;

英語教員研修研究会 2001; 春原他 2006; 浅田他 2012)。

(1)［第一期］教職課程の学修を始める「準備期」

　この時期に，将来教壇に立つことを意識して英語教員としての基本的な力を身に付け始めます。自分が受けてきた英語教育を思い起こして，その意味を問い直しながらも，教職につくかどうか決めかねている時期でもあります。また，この期間に出会う「英語科教育法」担当者の存在は大きく，教員の備えるべき「専門性」だけでなく，英語を教えることのやりがいや奥の深さを推し量り，教員となった場合の「自分の姿勢」についてさまざまに思いを巡らす段階です。教員免許制度が「開放制」である現在の日本では，学生の教職課程履修動機が多様であることから，学生が教職に就く決意を固めるための準備期となっています。

(2)［第二期］教育実習生として指導を受ける「実習期」

　教壇に立ち，初めて「先生」と呼ばれる体験を重ねる「見習期間」です。短大・大学で受けた授業内容に対する理解と実習体験がいかに食い違っているか，あるいは整合性がとれているかを吟味することになります。同時に自分の指導技術の不十分さを初めて実感する時期でもあります。教室内活動を自己の観察に基づいて「確認」，「実行」，「評価」，「省察」を重ねて次の段階へ向上するための努力が求められます。実習校における指導教諭の果たす役割が大きくなるのと併行して，実習生同士で行う教壇実習の合評や分析を通して，授業改善のプロセスを知る貴重なデータが得られます。これは教員として成長し続けるための基礎資料となるので，大切に保管しておきたいものです。

　なお，以下に挙げる各期には，教職歴に応じたおおよその年数を記しましたが，全ての教員がこれらの段階を逐次踏むとは限らず，ある段階を飛び越えて成長を遂げたり，それとは逆に足踏みを続ける場合も当然あります。

(3)［第三期］初年度から数年間の「模索期」（教職歴 1 ～ 4 年程度）

　赴任校が決まり勤務が始まる数年間は，その後の教員としてのあり方を決定づける重要な期間を占めます。「初任者研修」を受けて，教員としての覚悟が固まってきますし，実践を重ねながら教員としての自律性を意識すると同時に，教科を同じくする教員同士の「連帯感（solidarity）」や，また教科を超えての「同僚性（collegiality）」の重要性にも気付き始める時期です。さらに，授業改善のための実践を行えるかを自らに問い始め，英語教員としての専門性を意識する足がかりを見つける時期となります。

教員同士が授業を気兼ねなく公開し合う勤務校であれば，校内研修から多くのことが学べます。各々の授業において「問題の発見」，「改善の計画と立案」，「計画の実行（実地授業）」，「観察と評価」，「リフレクション」（第18章❷参照）が繰り返されますが，まずは授業に対する問題を発見するヒントを得るために，自分の授業を他の教員に見てもらい批評を仰ぐ時期です。また，教員同士で相互の授業を参観しにくい学校においては，各教員が何を実践し，いかに授業改善につなげたらよいかという基本的な問題に遭遇します。

　いずれにしても，指導技術に関しては，他人の授業を多く観察することと，自らの授業を多数の先輩同僚の教員に参観してもらい，問題の指摘・助言をしてもらうことです。「教科」や「校内」といった枠を超えて授業研究をすることが可能であり，志を同じくする教員の協力を得て，録画した授業を基に授業改善のヒントを得る時期でもあります。

(4)［第四期］理論と実践の融合を果たす「確立期」（教職歴5〜15年程度）

　公立学校の教員にとっては複数の学校を赴任し，多様な学習者に教える経験を重ねて，授業改善や指導技術のノウハウが蓄積される時期です。有効と思われる指導技術を身に付けて，問題の類似性からより普遍的な処方箋が出せないかという意識に目覚め，方法論を確立したいと希求する時期となります。当然，問題の確認や計画立案の手順，それらを授業に結びつける実践，授業観察・評価の方法などについて，他の教員からの協力を得ながら自分のリフレクションと重ね合わせて問題意識を深化することになります。上記（3）の「模索期」と異なる点は，その場限りの対処法に満足せず，類似した局面に対しても一定した効果をもたらすプロセスを見つけるべく理論的な裏づけを試みようとするところです。いわば，実践指導の方法・手順に関して客観性を求める時期とも言えます。

(5)［第五期］ベテラン教員として授業公開できる「熟練期」
　　（教職歴16〜25年程度）

　「確立期」の後には，日常的に実践している授業を，要請があればいつでも公開できる「熟練期」が続きます。熟達した「指導の技量」を学校や生徒の特殊性に応じて使い分けることのできる円熟期でもあります。もちろん，変数が多い「ナマもの」である個々の授業では，ベテランの教員が担当しても円滑に進まない局面が現出することがありますが，この時期では，そのマイナス面を即興的に最小限にとどめ，切り抜ける方法を体得します。また，授業後に問題の分析を行い，速やかに代替案を

考案し，問題処理が行える技量を高めるというレベルに達します。この時期の教員は，参観される授業の種類や時期を，自分から指定することはなく，いつでも公開できる力を備えていることが求められてきます。

　ただし，全ての教員がこの段階に到達できるとは限りません。

(6)［第六期］Teacher Trainer としての「還元期」（教職歴 26 〜 35 年程度）

　必要なリフレクションを行い，自分の行動や心理状態を明確に言語化でき，適切な指導が行え，より良質な実践ができる熟練期を経た教員は，職制上の名称はどうあれ，実質的には Teacher Trainer の立場に立ち，後進を指導・助言することが求められます。多くの経験を積んでいない同僚に対して，問題解決のための処方を助言したり，協働による授業研究を実践したり，英語力の向上・強化を含めた研修の企画を行う力量が求められてきます。この段階では，個々の教員を，いかなる方法を用いてどのような手順を踏んで伸長させられるのか，また相互啓発や経験・情報の交流が図れるのか，さらに協働態勢が組まれるのかなどに関して，計画性・持続性のあるリフレクションを続けることになります。現在の日本ではこの任務に当たる専門職が，職制上では認められていないのが大きな問題となっています。

　現場に立つ英語教員の仕事には，これで完成したと断定できる時期は存在しません。教壇に立つ者は，初心者の時期を経て，完成度の高い時期に至るまでの連続体のどこかに位置しており，より優れた実践指導のあり方を探り，授業改善の試行錯誤を重ねながら，専門性の向上をめざして高度な資質能力を追求することになります。

⑥　学び続ける教員であるために

　研修の最終目標の一つは，自らの判断により「研修・研鑽」を継続できる「自律的な教員」を生み出すことにあります。個人レベルで行われる研鑽は教員一人一人の資質能力を高める上で大事なものですが，難点はその熟達の目標を設定しにくいところにあります。したがって，具体的な達成目標や手順が示されれば，それに至る方策も立てやすくなります。この目標を立てる材料や指針となるものは，教育現場である学校内に存在すると考えられます。周囲に指導技術や英語運用力や生徒把握力や機器活用力に優れた同僚を一人や二人は見出せるはずです。自律的な研修を支え合う仲間は勤務校内に必ず存在するという確信を持ち，校内

研修の充実を図ることに力を注ぎたいところです。校内研修は，諸会議や校務分掌などによって思うように実施できないという現実も存在するので，校長などを始めとする教員相互の協力により，学校運営の単純化を図り，校内研修の時間を確保することが必要となります。

　教員が専門性を向上させる具体的な方法としては，教員個人で行うものと複数の教員が協働して行うものがあります。また，授業観察を中心とするものと，授業実践の行動を伴うものとが存在します。専門性向上のための活動として，個人単位で行える①ジャーナル[1]などを用いた授業に関する意識化・自己観察を図るもの，②ポートフォリオやアクション・リサーチを用いて内省的に授業実践を行っていくものがあります。これと併行して，教員仲間と協働するものとしては，③映像などを用いて相互の授業観察を行うもの，④ベテラン教員からのメンタリングやコーチングによる事例研究を通して行うものなどがあります。これらを相互に融合させながら専門性向上をめざす活動が，近年活発に行われてきているのは注目に値します（Bailey et al. 2001; 金田 2006）。

　教員は，その専門性の成熟度によって必要な研修の質や内容が異なります。その点から，各教員の成熟度や必要度に応じて，短期・中期・長期別の公費研修に出席できるような態勢づくりが求められます。そのためには選択できる研修内容の多様化を図り，実践的指導力の養成を重点に据えて，理論と実践を結びつける努力が望まれます。

　将来的には，現場の教員が自分たちの必要とする研修内容を企画立案する側に提示し，研修プログラムを組むシステムを整えるのが理想です。そのためには，現場のニーズを調査し，それを踏まえた研修プログラムを企画・立案・実行・評価が行える自治体レベルの研修開発機構の創設を早急に実現する必要があります。

✅ 理解チェックのための課題

これからの新しい時代に，教員が職責を全うするために求められる資質能力について討論し，その意見をまとめてみましょう。

✅ 応用発展をめざした課題

普段の授業実践を踏まえながら英語教員が専門性を向上させるためには，どのような具体的な方法があるか考えてみましょう。

注

1) 実践などの記録

英語教育用語解説

□ICT［➡ 14 章］

  Information and communication technology（情報通信技術）を意味し，各種メディアのことをいう。例えば，CD，DVD，パーソナルコンピュータ，電子黒板を含む電子機器等が含まれる。ICT の利用によって，視覚や聴覚等の学習者の五感にうったえ，効果的な授業が展開できるツールとなる。また，教員の負担を軽くし，臨場感のある言語使用場面を学習者に与える助けにもなる。

□アクション・リサーチ（Action Research）［➡終章］

  教員が自己成長のために自ら行動（action）を計画して実行し，その行動の結果を観察して，その結果に基づいて省察（reflection）する研究（research）。自己の成長を望む教員であれば誰でも行っているのが通例であるが，アクション・リサーチはそれに枠組みを与えて，より組織的に変化を生み出すことを重視している。このリサーチのメリットは，①教員が自分自身の成長を自覚できる，②個々の教員が教え方に関する発信源になれる，③教員の任務や仕事に対する理解が深まる，④教員と学習者間の信頼性・親密性が増すための手がかりを得られるなどが挙げられる。

□アクティブ・ラーニング［➡5 章］

  学習者が，主体的に関わる学習ことを言う。活動に積極的に参加をするということだけではなく，深い思考を促す能動的な活動や学習を意味する。その方法として，演習や協同学習等がある。教員が一方的に知識を説明する学習者にとっての受け身的な授業とは対極をなす学習である。英語の場合には，知識を使いながら英語を活用することを促す授業を指す。

□意味の交渉（Negotiation of Meaning）［➡ 12 章］

  コミュニケーションの場面で，相互理解に支障をきたさないよう正しく意思や意味を伝え合うためのやりとりを「意味の交渉」と呼ぶ。①相手の言うことが理解できない場合に「繰り返してもらう」，②こちらが言ったことが正しく伝わったどうか知りたい場合に「相手に確認する」，③こちらが言ったことが相手に理解されない場合に「自分の発言を修正したり，言い換える」などの方法がある。

□インタラクション（Interaction）［➡ 2, 3, 4, 9 章］

  2 人の話し手や書き手による言語の双方向のやり取りのこと。簡単にパラフレーズした情報をただ与えるよりも，意味交渉といって 2 人がことばの意味のやり取りを行なう方が言語の習得は進むといわれている。また，双方向のことばのやり取りによって発話数そのものも促進されるといわれている。生徒同士のやり取りであれば心理的バリアも低くなる。

□ **オーラル・イントロダクション（Oral Introduction）**［➡ 3, 7, 18 章］

　　提示すべき教材を主に既習の英語を用いて口頭で導入すること。新しい語彙を導入する場合には，絵・イラストや写真や実物を適宜取り入れ，あるいは，平易な語彙を用いて「言い換え」（paraphrase）などを行う。生徒の理解度によっては文字を提示しながら展開することもある。前時の内容と関連を持たせながら，話の流れや大まかな内容を理解させる。題材が物語文（narrative）の場合，生徒と英語でやり取りをしながら内容を確認していくのが望ましいが，特に，この方法をオーラル・インタラクション（oral interaction）と呼ぶ。

□ **教室英語（Classroom English）**［➡ 1, 14 章］

　　授業内で用いられる英語のうち，教員と学習者が授業運営のために用いる英語。挨拶や Who's absent? Open your textbook. Good job! といった定型表現が多く用いられるが，small talk などもこれに含まれる。さらには，oral interaction などの機会が増え学習者の自発的な発話が活性化されることで，授業中の言語活動との境が解消していくのが望ましい。

□ **共通基底言語能力（Common Underlying Proficiency）**［➡ 1 章］

　　カミンズ（Cummins 1984）が提唱した仮説で，第一言語と第二言語の深い部分で共通している言語能力。実際のコミュニケーションの際には，前後関係を推測する力，判断力，発表力といった，どの言語においても共通する能力が必要とされる。カミンズによれば，複数言語を同時に学ぶことでこの共通する能力が育まれ，結果的に個別の言語能力も高まるという。

□ **クリル（Content and Language Integrated Learning：CLIL ／内容とことばを統合した学習）**［➡序章］

　　授業内で，学習者が備えるべき「内容」とそれを送受信するのに必要な「言語形式」の学習を一つの授業内で統合する試みの総称である。第二言語学習において，目標言語の母語話者を対象とした authentic な教材を用い，学習者の知的段階に見合った言語能力を獲得することが可能であるという理念に依る。認知のプロセス，コミュニケーション，協働を重視した学習形態である。

□ **言語活動（Language Activity）**［➡ 2, 9 章］, **学習活動（Learning Activity）**［➡ 6 章］

　　学習指導要領の用語。生徒が言語を用いて行う活動で，4 技能のいずれか，または複数を動員する。学習指導要領では，全ての教科において言語活動を通して思考力，判断力，表現力を育成するとしている。外国語科では，文法項目や語彙などの言語材料について理解したり練習したりすることを学習活動と呼んでいるが，効果的な学習が行われるように，言語活動をさまざまな学習活動に位置付け指導するよう求めている。

□ **国際学力到達度調査**（Programme for International Student Assessment：PISA）［➡序章，6章］

　経済協力開発機構（Organization for Economic Cooperation and Development: OECD）の参加国が共同開発で進める15歳児対象の国際的な学力調査。日本も参加しており，これまで3年ごとに学力調査を行っている。第1サイクルの調査は2000年，最近では2015年に読解力，数学的リテラシー，科学的リテラシーの3分野で実施された。2018年には日本は参加していない。

□ **コミュニケーション能力**（Communicative Competence）［➡1, 2章］

　伝達能力ともいい，音声的なコミュニケーションを行う際のベースとなる能力。この能力には，文法能力，場面や社会的文脈に合ったことばを使う社会言語的能力，複数の文の意味や意図を把握する談話的能力，分からない表現があってもコミュニケーションのゴールを達成する方略的能力が含まれるといわれる。学習指導要領では4技能の全てについてこの能力の育成を図ることを求めている。

□ **シャドーイング**（Shadowing）［➡3, 15章］

　耳から入る文や文章を単に復唱するのではなく，聞こえた瞬間に追いかけるように言う練習。スクリプトは見ずに行うことが条件である。未習の文章を用いた活動であれば総合的な英語力の訓練になる。聞いて即座に内容を理解しないとうまく言えないので，学習者のレベルに応じた文章を用いることが大切。スクリプトを見ながら同時に読むのはオーバーラッピング（overlapping）と呼ぶ。

□ **受容語彙**（passive vocabulary）・**発信語彙**（active vocabulary）［➡17章］

　受容語彙とは，出会ったときに単語を認識し，意味を思い出せる語彙のことで，語彙の意味は知っていても使うレベルにはいっていない語彙のことを指す。一方，発信語彙とは，適切なときに必要な単語を言えたりや書くことができる語彙のことで，語彙を理解し，さらに使えたり表現できる語彙を指す。一般的には，学習者の中では受容語彙の数の方が発信語彙よりも多い。

□ **情意フィルター**（Affective Filter）［➡12章］

　インプットが有効に処理され，習得として学習者の内に内在化されることを妨げる心理的障壁（バリア）のことである。教員が嫌いだとか，教科への苦手意識などがこれに当たり，このフィルターの壁が学習者の中で高くなると，たとえどんなに良いアプローチで指導を行っても言語習得は起こらない。この心理バリアを低くすることが教員の重要な役目となる。

□ スモールトーク（Small Talk）[➡ 4 章]

　授業の冒頭などに行われる，日常的な話題などを題材にした英語による語りかけのこと。これから始まる英語授業への雰囲気をつくることが主な目的で，英語を聞く楽しさを体験させる。生徒に問いかけ，対話を促すことも含む。全ての生徒が理解できるように既習の言語材料で構成するが，前後関係から意味を推測しやすい語などを用いてもよい。即興ではなく準備を整えて臨むことが大切である。

□ 正確さと流暢さ（Accuracy and Fluency）[➡ 11 章]

　実際のコミュニケーションの場面では発話の正確さ（accuracy）と流暢さ（fluency）が必要となる。一般的には，正確さは目標言語の規則を基準として判断されるが，それだけではコミュニケーションが円滑に行われるとは限らず，流暢さも求められ，主に目標言語を話したり書いたりする際の流暢さ，機能的な適切さなどが問われる。さらに，語彙や慣用表現が自然に使用されていることや，文構造がよどみなく使用されているかなども判断の対象となる。

□ 代入練習（Substitution Drill）[➡ 16 章]

　文型練習（pattern practice）の指導技術として変換（variation）と選択（selection）がある。代入練習としては，基本文の構成要素を語・句・節などに置き換える。また，文法的な変換によって時制（tense）や態（voice）を換えたり，平叙文から疑問文，否定文や命令文に換える転換練習（conversion drill），基本文に語句や節を加えて長い文を作る拡張練習（expansion drill）などもある。特に場面や状況を設定しない言語規則の操作を行う練習であるので，口慣らしとして有効ではあるが，運用力をつけるための言語活動を合わせてしっかり行う必要がある。

□ チャンツ（Chants）[➡ 1 章]

　声をそろえ，リズミカルに英語を言うこと。英語らしいリズムや音の連続に慣れ親しむことを目的とする。韻を踏んだり，同じフレーズを繰り返したりする点は歌と共通するが，曲は付かない。チャンツは文部科学省の *Let's Try!* や検定教科書にも多く用いられている。言語材料の導入を目的として作られたチャンツの中には英語としての自然さに欠けるものもあるので要注意。

□ TPR（Total Physical Response）[➡ 1 章]

　教員の指示に従い，体の部分を動かしたり，動作をしたりすることによって目標言語を獲得させる活動。耳から入る英語の意味を理解する場面として，単なる知識としての確認に止めず，全身的な身体反応を促すきっかけとして捉えるようにする活動である。具体的な動作を求める命令文などの練習として用いられることが一般的である。

□ティーチャー・トーク（発話の調整）（Teacher Talk, Modification）
［➡12章］
　教員が生徒のために彼らの言語レベルに合わせた発話を行うこと。それによってインプットが生徒にとって習得しやすいものになる。発話の速度や語彙の難易度を落とすことなどもこれに当たり，こうした発話の学習者のレベルに合わせた調整をモディフィケーション（modification）という。教員が教室内で英語を使うことの効果は大きいが，学習者の言語能力に合わせることが重要となる。

□導入（Introduction of New Materials）［➡1, 2, 3章］
　新しい言語材料や題材を初めて授業に持ち込むこと。教授法により手順が工夫されている。例えば，直接教授法で新しい文法項目を導入する場合は，既習事項で構成された内容に新出の文法項目を一つだけ付け加え，違いに注目させるようにする。新しいトピックの導入では，学習者が持つ背景知識（スキーマ）や意識，態度を確認し，必要な語彙の指導などを行うことが一般的である。

□フィードバック，ピア・フィードバック（Feedback and Peer Feedback）
［➡1, 3, 6章］
　言語活動，特にスピーキングやライティングなどのような発信活動において，発話や書かれた文章に対し，他者が修正や誉めことばを与えるなどの反応や意見をし，それによって学習者の言語能力を高める行為や情報のこと。コミュニケーションへの対話者の反応自体もこれに入る。ピア・フィードバックは，仲間同士（peer）がライティングなどで修正や批判を行い合うことである。

□フォニックス（Phonics）［➡1, 15章］
　一件不規則に見える英語の綴りの規則性を発見させ，それにしたがって学習者が自主的に英語を読めるようにする体系化された指導方法。元来は，母語話者の識字率向上のために開発された方法であるので，外国語としての英語学習者にとっては，場面や文脈なしの語彙の指導を伴う場合がある。音と綴りの規則を覚えることが先行して学習者の負担にならないよう十分な配慮が求められる。

□プレ・リーディング活動（Pre-reading Activity）［➡18章］
　読む前の活動。テキストを読む際にトピックやテーマについてのスキーマ（背景知識）を活性化し，正しい推測や深い理解を促進させるために行う。具体的には，読む前にトピックについての情報を視覚的に与えたり，読みのゴールを示したり，内容に関する前提の質問やキーワードを与える活動を指す。

□ プロセス・ライティング（Process Writing）[➡ 5, 6章]

　　文章を書く過程を重視した指導法である。外国語で文章を書くことは単なる他の言語への置き換えではなく，テーマについて，まずブレーン・ストーミングを行い，書く内容構成を計画し，実際に書き，その後他者から意見をもらって推敲を繰り返し，正確で内容的に充実した文章につくり上げていく行為であるとする。英文和訳とは対極にあるライティングの指導法といえる。

□ ポートフォリオ（Portfolio）[➡ 2章]

　　原義は，書類入れやファイルのこと。教育の分野では，児童・生徒が学習活動において作成した作文，レポート，作品，テスト結果，活動の取り組みの様子が分かる写真や VTR などをファイルに入れて保存する方法と定義されてきた。近年では，教員教育においても授業改善のために導入されている。つまり，教員が成長していく過程において創出した成果物や進歩の状況を示す関係書類などを保存し，自らの成長の道筋を可視化するツールとなる。記録として残す意味があるものを教員が自ら選定してファイルすることにより，①達成したことが何であるかを自分で確認し，②達成感や自尊心，自己効力感を高め，③次の課題が何であるかを認識することなどを通して，自分の変容過程を自覚し，改善点や学びの速度などを管理する能力の育成に有効であるとされている。

□ ヨーロッパ言語共通参照枠（The Common European Framework of Reference for Languages: Learning, teaching, assessment)[➡ 1, 13章]

　　2001 年に欧州評議会（Council of Europe）が発表した，外国語教育，学習，評価のための枠組みである。加盟国全てにおける外国語教育に適用できる段階的な規準を定めたもので，A，B，C の 3 レベルのそれぞれをさらに 2 段階に分け 6 段階の尺度を設定している。このシステムは現在，多くの国の外国語教育に取り入れられ，日本でも文部科学省の主導で日本版（CEFR-J）が開発された。

□ リード・アンド・ルック・アップ（Read-and-look-up）[➡ 15章]

　　音読から口頭発表へと移行させるための指導技術の一つ。学習者は，テキストの 1 文 1 文を教員の "Read." という合図で黙読し，"Look up." の合図で顔を上げ声に出して言う。留意点は，声を出すときにはテキストから目を離させること。テキストはすでに内容を理解し音読練習も済んでいること。buzz reading と組み合わせたり，ペアによるテキストの対話練習にも用いる。

□ 理解可能なインプット（Comprehensible Input）[➡ 7, 9, 14章]

　　学習者の言語レベルに合ったインプットのこと。こうしたインプットによってのみ学習者の言語習得は促進されると Krashen はいう。彼がいうには，これがふんだんに与えられる学習環境としてイマージョン・プログラムがあるという。発話修正やティーチャー・トークなども実質的に理解可能なインプットになり，教員は授業中にこれをふんだんに学習者に提供する必要がある。

□ リンガ・フランカ（Lingua Franca ／国際共通語）［➡序章］
　　異なる言語を持つ人々が，コミュニケーションの手段として用いる共通語。
この語の起源はイタリア語で「フランクル人のことば」を意味し，14 〜 15 世
紀ごろから地中海沿岸諸国で通商のために用いられた混成国際語を指した。人々
の交流が地球規模になった現在では，母語を異にする人々が母語以外の言語を
使用して意思を通じ合うための「共通言語」という意味で用いることが多い。

□ ローカル・エラー，グローバル・エラー（Local Error, Global Error）
　［➡ 3, 6 章］
　　学習者が言語活動の際に示す誤りのうち，意味の解釈にほとんど影響を与え
ないレベルのものをローカル・エラーと呼ぶ。言語活動を止めて訂正させる必
要はない。一方，意味の解釈を妨げる大きな誤りはグローバル・エラー（global
error）と呼ぶ。かつては，誤りを起こさせない指導手順を重視したが，現在で
は，間違いは学習者の中間言語の形成過程として肯定的に捉える。

引用・参考文献

Altrichter, H., Posch, P., and Somekh, B. (2000) *Teacher Investigate Their Work: An Introduction to the Methods of Action Research*. New York: Routledge. 115-116.

安藤賢一（1984）『演習英語音声学』70-72. 成美堂。

Anthony, E. M. (1972) *Approach, Method, and Technique*. 4-19. *English Language Teaching*, 17, 63-67.

Allan, H. B. & Campbell, R. N. (eds.), (1972) *Teaching English as a Second Language* (2nd ed.). New York: McGraw-Hill.

アレン玉井光江（2010）『小学校英語の教育法—理論と実践』大修館書店。

浅田匡・生田孝至・藤岡完治（編著）（2012）『成長する教師：教師学への誘い』166-173. 金子書房。

浅見道明他（2019）『Power On English Communication I』東京書籍。

馬場哲生（2012）「英語教育における文法指導：何をどう教えるべきか」日英言語文化学会第 35 回例会講演 (4 月 14 日)　於明治大学駿河台校舎。

Bailey, K. M. et al. (2001) *Pursuing Professional Development: The Self as Source*. 99 & 241. Boston, Massachusetts: Heinle and Heinle.

ブリティッシュ・カウンシル（2019）「CEFR（ヨーロッパ言語共通参照枠）」https://www.britishcouncil.jp/programmes/english-education/updates/4skills/about/cefr（2019 年 9 月 30 日引用）

Brown, H. D. (2007) *Principles of Language Learning and Teaching* (2nd ed.). New York: Pearson Longman.

ブランビー, S.・和田稔著 塩澤俊雄監訳（1996）『ティーム・ティーチングの進め方』桐原書店。

Burns, A. (1999) *Collaborative Action Research for English Language Teachers*. Cambridge: Cambridge University Press. 89-90.

ベネッセ教育総合研究所（2016）「中高の英語指導に関する実態調査 2015」http://berd.benesse.jp/global/research/detail1.php?id=4776（2016 年 8 月）

CLAIR（財団法人自治体国際化協会：クレア）（2012）「JET プログラム」http://www.clair.or.jp/j/jetprogram/index.html（2012 年 9 月 30 日引用）

Clark, E. V. (2003) *The First Language Acquisition*. Cambridge: Cambridge University Press. 408-421.

Cummins, J. (1984) *Bilingualism and Special Education: Issues in Assessment and Pedagogy*. Clevedon: Multilingual Matters.

Doughty, C., and Pica, T. (1986) Information gap! Tasks: Do they facilitate second language acquisition? *TESOL Quarterly*, 20(2), 305-325.

Doughty, C. & Williams, J. (1998) *Focus on Form in Classroom Second Language Acquisition*. Cambridge: Cambridge University Press.

英語教員研修研究会（2001）『現職英語教員の教育研修の実態と将来像に関する

総合的研究』（平成 12 年度科学研究費補助金研究成果報告書）。

英語教員研修研究会（2002a）『現職英語教員の教育研修の実態と将来像に関する総合的研究』（平成 13 年度科学研究費補助金研究成果報告書）。

英語教員研修研究会（2002b）『全国現職英語教員アンケート調査』（平成 14 年度科学研究費補助金研究成果報告書）。

英語教員研修研究会（2004）『現職英語教員の教育研修の実態と将来像に関する総合的研究』（平成 15 年度科学研究費補助金研究成果報告書）。

European Communities (2008). Speaking for Europe: Languages in the European Union. http://ec.europa.eu/education/ languages/pdf/doc3275_en.pdf（accessed 15 May 2012）

European Commission (2012) Special Eurobarometer 386: Europeans and their Languages – Report

Ellis, R. (1990) *Instructed Second Language Acquisition: Learning in the classroom*. Oxford: Blackwell.

Ellis, R. (1994) *The Study of Second Language Acquisition*. Oxford University Press.

Ellis, R, (2003) *Task-based Language Learning and Teaching*. Oxford University Press.

江利川春雄（2012）『協同学習を取り入れた英語授業のすすめ』大修館書店。

Fotos, S and Ellis, R. (1991) Communicating about grammar: A task-based approach. *TESOL Quarterly*, 25(4), 605-628.

Fries, C. C. (1945) *Teaching and Learning English as a Foreign Language*. Ann Arbor: University of Michigan Press.

布村幸彦(2001)「中学校・高等学校における評価の在り方」『中等教育資料』772, 20-27。

Gibbons, P. (2002) *Scafffolding Language, Scaffolding Learning: Teaching Second Language Learners in the Mainstream Classroom*. Portsmouth: Heinemann.

語学教育研究所（編）(1988)『英語指導技術再検討』大修館書店。

Graham, R. (2019) "Doctor, Doctor!" Lesson. https://www.genkienglish.net/doctorsong.htm（2019 年 9 月 30 日引用）

Graddol, D. (2006) *English Next*. British Council.

Harmer, J. (1991) *The Practice of English Language Teaching*. Longman.

Hatch, E and Brown, C. (1995) *Vocabulary, Semantics and Language Education*. Cambridge University Press.

石田雅近・神保尚武・久村研・酒井志延（編著）(2011)『英語教師の成長―求められる専門性―』大修館書店。

石田恒好（2012）『教育評価の原理－評定に基づく真の評価を目指して』東京：図書文化社。

春原憲一郎・横溝紳一郎 (編著)（2006）『日本語教師の成長と自己研修：新たな

教師研修ストラテジーの可能性をめざして』392. 凡人社。

八田玄二（2000）『リフレクティブ・アプローチによる英語教師の養成』53-95.
金星堂。

広島県教育委員会（編）（2010）『平成 22 年度広島県教育資料 第 3 章授業力の向
上 3』「個に応じた指導の充実」。http://www.pref.hiroshima.lg.jp/uploaded/
attachment/29296.pdf（2012 年 5 月 14 日引用）

Hornby, A. S. (1980). *A Guide to Patterns and Usage in English* (2nd ed).
Oxford: Oxford University Press.

細川英雄・西山教行（編）（2010）『複言語・複文化主義とは何か―ヨーロッパの理念・
状況から日本における受容・文脈化へ』2-6. くろしお出版。

伊村元道（1997）『パーマーと日本の英語教育』大修館書店。

今井邦彦（1989）『新しい発想による英語発音指導』大修館書店。

伊藤嘉一（1984）『英語指導法のすべて』大修館書店。

Jarman, C. (1979) *The Development of Handwriting Skills: A Book of
Resources for Teachers*. Simons & Schuster.

Kachru, B. (1992) World Englishes: approaches, issues and resources.
Language Teaching, 25, 1-14. Cambridge University Press.

門田修平（2007）『シャドーイングと音読の科学』コスモピア。

門田修平（2010）『ＳＬＡ研究入門 - 第二言語の処理・習得研究のすすめ方』く
ろしお出版。

Kagan, D.M. (1992) Professional growth among preservice and beginning
teachers. *Review of Educational Research*, 62(2), 129-169.

金谷憲（編著）（1995）『英語教師論 – 英語教師の能力・役割を科学する』17-18.
河源社。

金谷憲（編著）（2009）『英語授業ハンドブック』pp. 329-332.　大修館。

金田智子 (2006)「教師の成長過程」春原憲一郎・横溝紳一郎 (編著)『日本語教
師の成長と自己研修』26-43.　凡人社。

笠島準一・関典明他（2019）『NEW HORIZON English Course 2』東京書籍。

笠島準一・関典明他（2019）『NEW HORIZON English Course 3』東京書籍。

北尾倫彦 (監修)・松浦伸和他 (編)(2011)『観点別学習状況の評価規準と判定基準』
図書文化。

小林昭文（2016）『図解　アクティブラーニングがよくわかる本』講談社。

小林美代子 (2006)『英語力 3 ヶ月トレーニング』51-61，研究社出版。

Kohmoto, S. (1969) *New English Phonology*, 15-50. Tokyo: NAN'UN-DO.

小池生夫（編）（2003）『応用言語学事典』38. 研究社出版。

小泉仁（2001）「学習指導要領における英語教育観の変遷」英語教員研修研究会
（2001）『現職英語教員の教育研修の実態と将来像に関する総合的研究』（平成
12 年度科学研究費補助金研究成果報告書）への特別寄稿。

小泉仁（2007）「国際共通語としての英語と日本の英語教育」『英語英文学研究
vol. 13』東京家政大学文学部英語英文学会。

小泉仁（2019）「小学校英語指導担当教員の経験知」（2015-2018 科学研究費研究）
　　http://jinn-sensei.in.coocan.jp/starthp/keikenchi/2019_keikenchi01.html
小泉仁他（2020）『Here We Go!』光村図書。
国立教育政策研究所（2016）『生きるための知識と技能 6 － OECD 生徒の学習
　　到達度調査（PISA）2015 年調査国際結果報告書—』明石書店。
国立教育政策研究所（2019）「教育課程研究センター」https://www.nier.go.jp/
　　kaihatsu/shidousiryou.html（2019 年 9 月 30 日引用）
近藤由紀子訳（2012）『世界のグロービッシュ』東洋経済新報社。
近藤由紀子（2012）「『グロービッシュ』とは？　What is GLOBISH?」JACET
　　月例研究会口頭発表（5 月 12 日）於早稲田大学。
小菅敦子・小菅和也（1995）『スピーキングの指導』研究社出版。
Krashen, S. (1982) *Principles and Practice in Second Language Acquisition*.
　　Oxford: Pergamon.
Krashen, S. (1985) *The Input Hypothesis: Issues and Implications*. Addison-
　　Wesley Longman Ltd.
Krashen, S and Terrell,T. (1983) *The natural approach: Language
　　acquisition in the classroom*. Pergamon Press.
熊井信弘(1988)「Grid を使った初級コミュニケーション活動—Information
　　Gap Activities for Pair Work—」『関東甲信越英語教育学会研究紀要』第 35 号,
　　59-68。
Kumaravadivelu, B. (2001) Toward a postmethod pedagogy. *TESOL
　　Quarterly* 35(4), 537-560.
Larsen-Freeman, D. (1991) Teaching grammar. In M. Celce-Murcia, M
　　(ed.), *Teaching English as a Second or Foreign Language* (2nd ed.). Boston:
　　Heinle & Heinle, 292.
Larsen-Freeman, D. (2000) *Techniques and Principles in Language
　　Teaching. Second Edition*. Oxford: Oxford University Press.
Laufer, B. and Hulstijn, J. (2001) Incidental vocabulary acquisition in a
　　second language: The construct of task-induced involvement. *Applied
　　Linguistics*, 22, 1-26.
Leonard, T. J. (2001) *Team-teaching Together: A Bilingual Resource
　　Handbook for JTEs and AETs*.［『ティーム・ティーチング成功の秘訣』佐藤
　　ちえり訳］大修館書店。
Lightbown, P.M. and Spada, N. (2013) *How Languages Are Learned*. 4th
　　edition. Oxford University Press.
Long, M. (1983) Native speaker/non-native speaker conversation and the
　　negotiation of comprehensible input. *Applied Linguistics* 4, 126-141.
Lynch, T. (1996) *Communication in the Language Classroom*. Oxford
　　University Press.
松香洋子（2000）『アメリカの子供が「英語を覚える」101 の法則－日本人には

目からウロコの発音術 -』講談社

Melka, F. (1997) Receoptive vs. productive aspects of vocabulary. In N. Schmiyy and M. McCarthy (eds.), *Vocabulary: Description, Acquisition and Pedagogy*, Cambridge University Press, 84-102.

McArthur, T. (1996) English in the world and in Europe. In R. Hartmann(ed.). *The English Language in Europe*, 12-13.

McArthur, T. (1998) *The English Languages*, 97. Cambridge: Cambridge University Press.

McCrum, R. (2010) Globish: *How the Eglish Language Became the World's Language*. London: W. W. Norton & Company.

文部省（1988）「教育公務員特例法 (改正）」http://law.e-gov.go.jp/htmldata/S24/S24HO001.html（2012 年 8 月 20 日引用）

文部科学省（1992）「学制百二十年史」ぎょうせい

文部科学省（2003）『中学校学習指導要領解説外国語編』開隆堂。

文部科学省（2005）「優れた教師が備えるべき資質・条件」(中央教育審議会義務教育特別部会（第 3 回）議事録・配布資料［梶田委員提出資料］）http://www.mext.go.jp/b_menu/shingi/chukyo/chukyo6/gijiroku/05032401/teisyutu002.htm（平成 24 年 4 月 7 日引用）

文部科学省（2006）中央教育審議会初等中等教育分科会 外国語専門部会（第 13 回）議事録・配布資料 [資料 3-2] http://www.mext.go.jp/b_menu/shingi/chukyo/chukyo3/015/siryo/-6032707/005/001.htm（2010 年 4 月 10 日引用）

文部科学省（2007）「新学習指導要領の基本的な考え方」http://www. mext. go.jp/a_menu/shotou/new-cs/idea/index.htm（平成 24 年 3 月 14 日引用）

文部科学省（2008a）「幼稚園，小学校，中学校，高等学校及び特別支援学校の学習指導要領等の改善について（中央教育審議会答申）http://www.mext.go.jp/b_menu/shingi/chukyo/chukyo0/toushin/ 1216828.htm（平成 24 年 3 月 12 日引用）

文部科学省（2008b）「学士課程教育の構築に向けて（中央教育審議会答申 http://www.mext.go.jp/b_menu/shingi/chukyo/chukyo0/toushin/ 1217067.htm（平成 24 年 3 月 31 日引用）

文部科学省（2008c）「新学習指導要領・生きる力」http://www.mext.go.jp/a_menu/shotou/new-cs/index.htm（平成 24 年 4 月 13 日引用）

文部科学省（2008d）「今後 5 年間に総合的かつ計画的に取り組むべき施策」（教育振興基本法について—「教育立国」の実現に向けて—（答申）http://www.mext.go.jp/b_menu/shingi/chukyo/chukyo0/toushin/08042205/004.htm（平成 24 年 4 月 16 日引用）

文部科学省（2010a）『高等学校学習指導要領解説 外国語編・英語編』開隆堂。

文部科学省（2010b）http://www.mext.go.jp/component/a_menu/education/detail/_icsFiles/afieldfile/2010/12/24/1300327_10.pdfplus personal communication with MEXT staff.

文部科学省（2011a）「中学校学習指導要領」http://www.mext.go.jp /
component/a_menu/education/micro_detail/__icsFiles/afieldfi
le/20110105/1234912_010_1.pdf（平成 24 年 6 月 20 日引用）

文部科学省（2011b）「地方公務員法 (改正)」http://law.e-gov.go.jp/htmldata/
S25/S25HO261.html（2012 年 8 月 20 日引用）

文部科学省（2012a）「新学習指導要領・生きる力」http://www.mext.go.jp/a_
menu/shotou/new-cs/index.htm（平成 24 年 6 月 25 日引用）

文部科学省（2012b）「教職生活の全体を通じた教員の資質能力の総合的な向上方
策について（審議のまとめ）」（中央教育審議会「教員の資質能力向上特別部会」）
http://www.mext.go.jp/b_menu/shingi/ chukyo/chukyo11/sonota/1321079.
htm（2012 年 8 月 18 日引用）

文部科学省（2012b）「教員免許更新制」http://www.mext.go.jp/a_menu/
shotou/koushin/001/1316077.htm（2019.6.9. 検索）

文部科学省（2016）「幼稚園、小学校、中学校、高等学校及び特別支援学校の
学習指導要領等の改善及び必要な方策等について（答申）」http://www.mext.
go.jp/b_menu/shingi/chukyo/chukyo0/toushin/1380731.htm（2019 年 9 月
30 日引用）

文部科学省（2017a）「小学校外国語活動・外国語研修ハンドブッ
ク」http://www.mext.go.jp/a_menu/kokusai/gaikokugo/__icsFiles/
afieldfile/2017/07/07/1387503_1.pdf（2019 年 9 月 30 日引用）

文部科学省（2017b）「小学校学習指導要領（平成 29 年告示）解説　外国語活動・
外国語編」http://www.mext.go.jp/component/a_menu/education/micro_
detail/__icsFiles/afieldfile/2019/03/18/1387017_011.pdf（2019 年 9 月 30 日
引用）

文部科学省（2017c）「中学校学習指導要領（平成 29 年告示）解説　外国語
編」http://www.mext.go.jp/component/a_menu/education/micro_detail/__
icsFiles/afieldfile/2019/03/18/1387018_010.pdf（2019 年 9 月 30 日引用）

文部科学省(2017d)「報道発表 : 教員勤務実態調査（平成 28 年度）の集計（速報値）
について（概要）」http://www.mext.go.jp/b_menu/houdou/29/04/__icsFiles/
afieldfile/2017/04/28/1385174_001.pdf（2019.06.09 検索）

文部科学省（2018a）「『外国語活動・外国語の目標』の学校段階別一覧表」http://
www.mext.go.jp/component/a_menu/education/micro_detail/__icsFiles/afi
eldfile/2019/03/28/1407196_26_1.pdf（2019 年 9 月 30 日引用）

文部科学省（2018b）「『外国語活動・外国語の言語活動の例』の学校段階別一覧
表」http://www.mext.go.jp/component/a_menu/education/micro_detail/__
icsFiles/afieldfile/2019/03/28/1407196_28_1.pdf（2019 年 9 月 30 日引用）

文部科学省（2018c）「高等学校学習指導要領（平成 30 年告示）解説　外国語
編　英語編」http://www.mext.go.jp/component/a_menu/education/micro_
detail/__icsFiles/afieldfile/2019/03/28/1407073_09_1_1.pdf（2019 年 9 月
30 日引用）

文部科学省（2019a）「児童生徒の学習評価の在り方について（報告）」 http://www.mext.go.jp/b_menu/houdou/31/01/__icsFiles/afieldfi le/2019/01/21/1412838_1_1.pdf（2019 年 9 月 30 日引用）

文部科学省（2019b）「〔別紙 4〕各教科等・各学年等の評価の観点等及びその 趣旨（小学校及び特別支援学校小学部並びに中学校及び特別支援学校中学 部）」http://www.mext.go.jp/component/b_menu/nc/__icsFiles/afieldfi le/2019/04/09/1415196_4_1_2.pdf（2019 年 9 月 30 日引用）

文部科学省教育課程課・幼児教育課編（2017）『初等教育資料 2 月号臨時増刊』 東洋館出版社。

武藤騏雄（1974）『英単語連想記憶術 第 1 集』青春出版社。

Nation, I.S.P. (1990) *Teaching and Learning Vocabulary*. Heinle & Heinle.

Nation, I.S.P. (2001) *Learning Vocabulary in Another Language*. Cambridge University Press.

根岸雅史他（2015）「中高の英語指導に関する実態調査 2015」ベネッセ総合研究 所：http://www.arcle.jp/report/2015/pdf/1221_01.pdf（2019.06.08 検索）

Nerrière, J-P. and D. Hon (2011). *The Globish the World Over*. International Globish Institute.

Nilsen, D.L.F. and Nilsen A. P. (2002) *Pronunciation Contrasts in English*. Long Grove, Illinois: Waveland Press.

新多了（2018）「英語学習の共通性：第二言語習得プロセス」酒井英樹・廣森友人・ 吉田達弘（編）『「学ぶ・教える・考える」ための実践的英語科教育法』90-115. 大修館書店。

Nunan, D. (1989) *Designing Tasks for the Communicative Classroom*. Cambridge: Cambridge University Press.

OECD (Organization for Economic Cooperation and Development) (1997). The Definition and Selection of Key Competencies. http://www.oecd.org/ dataoecd/47/61/35070367.pdf (accessed 15 February 2012)

小川邦彦（1999）『使える英語の教え方・学び方』大修館書店。

岡部幸枝・松本茂（編著）(2010)『高等学校　新学習指導要領の展開外国語科英語編』 明治図書。

大谷泰照（2007）『日本人にとって英語とは何か─異文化理解のあり方を問う』 大修館書店。

近江誠（1984）『オーラル インタープリテーション入門』大修館書店。

小篠敏明（1995）『Harold E. Palmer の英語教授法に関する研究─日本における 展開を中心として─』第一学習社。

Prabhu, N. (1987) *Second Language Pedagogy: A Perspective*. Oxford: Oxford University Press.

Prator, C. H. (1976) In search of a method. In *English Language Forum*, 14(1), 2-8.

Qian, D. (2002) Investigating the relationship between vocabulary knowledge and academic reading performance: An assessment perspective. *Language Learning*, 52(3), 513-536.

Richards, J. C. and Rodgers, T. S. (2001) *Approaches and Methods in Language Teaching* (2nd ed.). Cambridge: Cambridge University Press.

Rivers, Wilga M. (1981) *Teaching Foreign-Language Skills*. University of Chicago Press.

Ruiz de Zarobe, Y. and Catalán, R. M. J (eds.) (2009) *Content and Language Integrated Learning—Evidence from Research in Europe*. Bristol: Multilingual Matters.

笹島茂（編）（2011）「CLIL 新しい発想の授業 – 理科や歴史を外国語で教える?!」三修社。

佐藤学（2000）『「学び」から逃走する子どもたち』（岩波ブックレット No.524）岩波書店。

Savignon, S. (2005) Communicative language teaching: Strategies and goals. In E. Hinkel (ed.) *Handbook of Research in Second Language Teaching and Learning*, 635-651. New Jersey: Lawrence Erlbaum Associates.

関原寛明（2019）『山梨大学教育学部附属中学校　研究紀要（平成 30 年度）』。

白畑知彦・若林茂則・村野井仁（2010）『詳説 第二言語習得研究—理論から研究法まで』研究社。

鈴木孝夫（1973）『ことばと文化』岩波書店。

Swan, M. (1980) *Practical English Usage*. Oxford University Press.

Swain, M. (1985) Communicative competence: Some roles of comprehensible input and comprehensible output in its development. In S. Gass and Madden, C (Eds.), *Input in second language acquisition*, 235-253, Newbury House.

高島英幸編（2005）．『文法項目別 英語のタスク活動とタスク』9. 大修館書店。

竹林滋著（1981）『英語のフォニックス』研究社。

Takebayashi, S. (1984) *A Primer of Phonetics* (2nd ed). Tokyo: Kenkyusha Publishing Co.

竹林滋 (1996)『英語音声学』研究社。

田中茂範・武田修一他（2019）『PRO-VISION English Communication I NEW EDITION』桐原書店。

T.D. Minton 他『Revised POLESTAR English Expression II』数研出版。

The All England Lawn Tennis Club (Championships) Limited (2019) BBG at The Championships. https://www.wimbledon.com/en_GB/atoz/ball_boys_and_ball_girls.html（2019 年 9 月 30 日引用）

巽俊二（2001）『ティーム・ティーチングの進め方—指導改善の視点に立って』教育出版。

寺内正典・窪田三喜夫・小磯敦・森秀夫（編著）（1997）『リーディング・ストラ

テジー』三修社。

手島良（2011）「日本の中学校・高等学校における英語の音声教育について―発音指導の現状と課題―」『音声研究』第 15 巻第 1 号, pp. 31-43。

東後勝明（2009）『必携　英語発音指導マニュアル』北星堂。

卯城祐司（1992）「英語科におけるティーム・ティーチングと外国語事情Ⅲ：検定教科書を用いたティーム・ティーチング」『オーラル・コミュニケーション展開事例集 2』一橋出版。

若林俊輔編（1986）『英語の単語：つづりと発音』三省堂。

渡部良典・池田真・和泉伸一（2011）『CLIL（クリル）内容言語統合型学習 上智大学外国語教育の新たなる挑戦 第 1 巻 原理と方法』ぎょうせい。

Wilkins, D. A. (1976) *Notional Syllabuses*. London: Oxford University Press.

山梨県北杜市立高根西小学校（編）（2010）『平成 22 年度外国語・英語活動計画』「指導形態」。http://www.takane-nishi.city-hokuto.ed.jp/img/kenkyu/pdf/sidoukeitai.pdf（2012 年 5 月 12 日引用）

柳善和（2009）「小学校でのメディア活用法」『英語教育』第 58 巻第 8 号 16-22, 大修館書店

横須賀薫（2010）『教師養成教育の探求』25 & 52. 秋風社。

吉田研作（2005）『東アジア高校英語教育 GTEC 調査―高校生の意識と行動から見る英語教育の成果と課題』ベネッセ・コーポレーション。

吉島茂・大橋理枝他訳編（2004）『外国語教育Ⅱ　外国語の学習，教授，評価のためのヨーロッパ共通参照枠』2. 朝日出版社。〔Council of Europe (2001). *Common European Framework of Reference for Languages: Learning, Teaching, Assessment*. Cambridge: Cambridge University Press.〕

Photo
p. 55 © Electrolito(https://upload.wikimedia.org/wikipedia/commons/3/32/Chuao_003.JPG) p. 55 ©Brantz Mayer (https://upload.wikimedia.org/wikipedia/commons/b/b9/ The_inspection_and_sale_of_a_slave.jpg)

索　引

和文索引

英文索引

著者紹介

石田雅近（いしだ　まさちか）
◉執筆担当：序章, 4章, 8章, 15章, 16章, 19章, 終章。
◉専門分野：英語教育（英語教員養成・現職英語教員研修, 教材論, 指導方法論）。
早稲田大学卒業, 東京外国語大学卒業, ハワイ大学修士課程修了。ハワイ大学助手, 英語教育協議会（ELEC）研修所専任講師を経て, 清泉女子大学教授, 同名誉教授。
◉主な著書：『英語教員の成長―求められる専門性』（「英語教育学大系第7巻」共著, 大修館書店, 2011年),『現職英語教員の教育研修の実態と将来像に関する総合的研究』（2000～2003年度科学研究費研究）,『Hello there! I』（検定教科書, 共編著, 東京書籍, 1988～2012年）など。

小泉　仁（こいずみ　まさし）
◉執筆担当：序章, 1章, 3章, 6章, 8章, 15章, 19章, 終章。
◉専門分野：英語教育（児童英語教育研究, 韓国英語教育課程研究, 学習指導要領研究）。
東京教育大学卒業, 東京大学大学院修士課程修了。神奈川県立高等学校教諭, 東京学芸大学附属高等学校教諭, 文部省派遣キャンベラ大学留学, 文部省・文部科学省教科書調査官, 近畿大学教授を経て, 東京家政大学教授。
◉主な著書：『新訂版英語科教育の展開』共著, 新潮社, 2004年),『小学校英語活動と中学校英語の連携についての総合的研究―研修の実態と教員意識の調査』（2007～2009年度科学研究費研究),『Here We Go!』（検定教科書, 共編著, 光村図書, 2020年～）など。

古家貴雄（ふるや　たかお）
◉執筆担当：2章, 5章, 9章, 14章, 17章。
◉専門分野：英語教育（語彙習得, 教員教育, 英語教員養成論, 英語教育史）。
中央大学卒業, 静岡大学修士課程修了。静岡県・山梨県立高等学校教諭, 中央大学博士後期課程満期退学。上越教育大学助手を経て, 山梨大学教育学部教授。
◉主な著書：『オーラルコミュニケーション　テストと評価』（共著, 一橋出版, 1995年),『教室運営の方法と実際』（アンダーウッド著, 共訳, 桐原書店, 1996年）など。

加納幹雄（かのう　みきお）
◉執筆担当：4章, 10章, 11章, 12章, 16章, 18章。
◉専門分野：英語教育（英語教科教育学, 英語教育行政, 英語教員養成）。
広島大学卒業, 広島大学大学院博士課程前期修了。岐阜県立高等学校教諭, 岐阜県教育委員会事務局指導主事, 文部省・文部科学省教科調査官, 岐阜県立高等学校校長, 金沢大学教授を経て, 岐阜聖徳学園大学教授。
◉主な著書：『観点別学習状況の評価規準と判定基準』（共著, 図書文化, 2011年),『中学校新学習指導要領の展開』（共著, 明治図書, 2017年）など。

齋藤嘉則（さいとう　よしのり）
◉執筆担当：7章, 13章。
◉専門分野：英語教育（授業研究, 学習指導要領研究, 方法論, 教材論, 評価論）。
宮城教育大学卒業, 宮城教育大学大学院修士課程修了（教育学修士）。仙台市立中学校教諭, 教頭, 校長, 仙台市教育局学校教育部教育センター指導主事, 同教育指導課課長, 文部科学省教科書調査官, 宮城教育大学教職大学院准教授, 香川大学教職大学院教授を経て, 現在東京学芸大学教職大学院教授。
◉主な著書：『ヨーロッパ言語共通参照枠（CEFR）から学ぶ英語教育』（キース・モロー著, 共訳, 研究社, 2013年),『小学校英語指導の実際～明るく, 楽しく, 確かな指導のために～』（共著, 美巧社, 2017年),『中学校英語教室における有効な英語教授法モデル創出のための実践的研究』（2009年度科学研究費研究）など。

［改訂版］新しい英語科授業の実践
―グローバル時代の人材育成をめざして

2013 年 11 月 1 日　初版第 1 刷発行
2020 年 1 月 20 日　改訂版第 1 刷発行
2021 年 11 月 15 日　改訂版第 4 刷発行

著　者　　石田雅近

小泉　仁

古家貴雄

加納幹雄

齋藤嘉則

発行者　　福岡正人
発行所　　株式会社　金星堂
（〒 101-0051）東京都千代田区神田神保町 3-21
Tel. (03) 3263-3828（営業部）
(03) 3263-3997（編集部）
Fax (03) 3263-0716
http://www.kinsei-do.co.jp

編集担当　池田恭子・松本明子
印刷所・製本所／倉敷印刷株式会社
組版／結城康晴
ISBN978-4-7647-4111-9　C1082